学前教育专业新形态系列教材

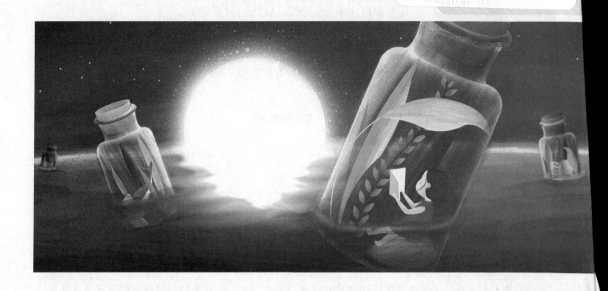

幼儿教师
师德修养与专业发展

第2版

李文治 熊芳 ◎ 主编

人民邮电出版社

北 京

图书在版编目（CIP）数据

幼儿教师师德修养与专业发展 / 李文治，熊芳主编
. -- 2版. -- 北京 : 人民邮电出版社，2023.1（2023.7重印）
学前教育专业新形态系列教材
ISBN 978-7-115-59919-3

Ⅰ. ①幼… Ⅱ. ①李… ②熊… Ⅲ. ①幼教人员－师
德－教材 Ⅳ. ①G615

中国版本图书馆CIP数据核字(2022)第156935号

内 容 提 要

本书共7章，主要内容包括幼儿教师职业与道德修养、幼儿教师师德修养的内涵及其体现、幼儿园人际关系中的师德修养、幼儿教师师德修养的养成、法律法规视角下的幼儿教师师德修养、幼儿教师的角色定位与职业行为、幼儿教师的专业发展及其规划。

本书既可以作为高等院校学前教育专业幼儿教师师德修养与专业发展等相关课程的教材，也可以作为各类教育学院、教师进修学校的学生接受继续教育的参考用书。

◆ 主　　编　李文治　熊　芳
　　责任编辑　连震月
　　责任印制　王　郁　彭志环
◆ 人民邮电出版社出版发行　　北京市丰台区成寿寺路 11 号
　　邮编　100164　电子邮件　315@ptpress.com.cn
　　网址　https://www.ptpress.com.cn
　　河北京平诚乾印刷有限公司印刷
◆ 开本：787×1092　1/16
　　印张：13.25　　　　　　　　　2023 年 1 月第 2 版
　　字数：273 千字　　　　　　　2023 年 7 月河北第 2 次印刷

定价：49.80 元

读者服务热线：(010)81055256　印装质量热线：(010)81055316
反盗版热线：(010)81055315
广告经营许可证：京东市监广登字 20170147 号

目　录

目　录

第一章

幼儿教师职业与道德修养

【本章结构】

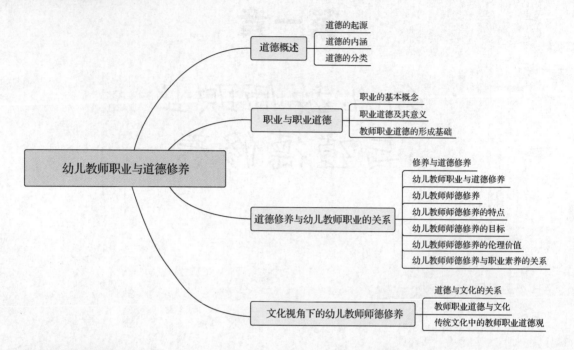

幼儿教师职业与道德修养
- 道德概述
  - 道德的起源
  - 道德的内涵
  - 道德的分类
- 职业与职业道德
  - 职业的基本概念
  - 职业道德及其意义
  - 教师职业道德的形成基础
- 道德修养与幼儿教师职业的关系
  - 修养与道德修养
  - 幼儿教师职业与道德修养
  - 幼儿教师师德修养
  - 幼儿教师师德修养的特点
  - 幼儿教师师德修养的目标
  - 幼儿教师师德修养的伦理价值
  - 幼儿教师师德修养与职业素养的关系
- 文化视角下的幼儿教师师德修养
  - 道德与文化的关系
  - 教师职业道德与文化
  - 传统文化中的教师职业道德观

【导入案例】

一天，古希腊哲学家苏格拉底像往常一样，赤脚敞衫地来到市场上。突然，他一把拉住一个过路人说道："我有一个问题不明白，想向您请教。人人都说要做一个有道德的人，但道德究竟是什么？"那个人回答道："忠诚老实，不欺骗人。"

苏格拉底问："您说道德是不欺骗人，但和敌人交战的时候，我军将士千方百计地去欺骗敌人，这能说是不道德吗？"

答："欺骗敌人是道德的，但欺骗自己的人就不道德了。"

问："和敌人作战时，我军被包围了，处境险恶。为了鼓舞士气，将领们欺骗士兵说我们的援军就要到了，大家奋力突围，结果成功了。这种欺骗能说是不道德的吗？"

答："那是在战争中出于无奈才这样做的，我们在日常生活中就不能这样。"

问："我们常常会遇到这样的情况，儿子生病了，又不肯吃药，父亲骗儿子说那不是药，是一种十分好吃的东西。请问这也是不道德的吗？"

那人只好承认："这种欺骗行为是道德的。"

苏格拉底又问："不骗人是道德的，骗人也可以是道德的。也就是说，道德不能用骗人不骗人来说明。那究竟要用什么来说明呢？您告诉我吧。"

那人只好说："不知道什么是道德就不能做到有道德，知道了什么是道德就能做到有道德。"

苏格拉底高兴地说："您真是位伟大的哲学家,您告诉了我道德就是关于道德的知识,使我明白了一个长期困惑我的问题,我衷心地谢谢您。"

从这个案例里,你理解什么是道德了吗?没有的话,我们可以在接下来的学习中深入了解。

【本章学习要点】

了解道德的起源、内涵、分类。

了解职业及职业道德的重要意义。

理解道德修养与幼儿教师职业的关系。

理解文化与幼儿教师职业道德修养的关系。

第一节 道德概述

理解道德的概念是对教师职业道德进行理解和掌握的基础,只有正确地理解道德是什么,我们才能全面和深入地掌握师德的内涵和基本要求,才能通过自身的修为,把道德变成一种职业的操守,自觉地去做一个有职业道德的人。为了对道德有更直观的认识,我们首先从道德的起源来谈谈什么是道德。

一、道德的起源

"道德"一词在我们的日常生活中很常见,但具体什么是道德,却很少有人能说出一个所以然来。在搞清楚什么是道德之前,我们先追源溯流来厘清"道德"的形成过程。

中国古代对道德的思考可以追溯到殷商时期,在出土的商朝甲骨文中,已经有了"德"字。西周初期,人们已具有"明德"的思想。《尚书·康诰》中的"克明德"和"德裕乃身"、何尊铭文中的"恭德",都含有修身正心、教化人民的意思,要求人们按照当时的规范去行事而有所得。在早期的典籍中,"道"与"德"是分开使用的,"道"表示事物运动和变化的规则,后衍生为判断人的行为是否正当的标准;"德"表示对"道"的认识,践履而后有所得,是人精神层面的"德行""品德"的意思。

| 拓展阅读 |

何尊是中国西周早期一个名为"何"的西周宗室贵族所做的祭器,1963年出土于陕西省宝鸡市宝鸡县贾村镇(今宝鸡市陈仓区),收藏于宝鸡青铜器博物院。

> 尊内底铸有铭文12行122字，其中"宅兹中国"为"中国"一词迄今发现的最早的文字记载。铭文记述的是成王继承武王遗志，营建东都成周之事。铭文上有"恭德"的记载。

先秦思想家老子所著的《道德经》一书对"道"与"德"有了明确的阐述。老子说："道生之，德畜之，物形之，势成之。是以万物莫不尊道而贵德。道之尊，德之贵，夫莫之命而常自然。"其中"道"指自然运行与人世共通的真理，而"德"指人世的德行、品行、王道。德的本义实为遵循道的规律来使自身发展变化的事物。当时，道与德是两个概念，并无"道德"一词。"道德"二字连用始于荀子《劝学》篇："故学至乎礼而止矣，夫是之谓道德之极。"荀子在这里用"道德"一词指出了做人的最高境界。

道德的形成与发展源于人类社会中个体自身生存和发展的需要，源于人们日常生活中关系的均衡。人类社会从产生之日起，就形成了"人与人""人与族群"的复杂关系，人们在其中不可避免地需要调节"人与人之间"及"个体与族群之间"的关系。由此，人们意识到应建立起一种人人和谐相处的理想社会。经过长时间的磨合与重构，人们逐渐理性思考并摸索创建出一系列解决矛盾和平衡利益关系的规则，以对人的现实行为做出善恶的评价，并以此来规范引导人的行为。道德在调节社会生产生活关系过程中产生和发展，随着社会生产生活关系的发展不断调整、逐渐稳定，成为一套约定俗成的行事法则。道德的产生始于人类对和谐社会的向往，贯穿关系的调整与均衡始终。道德就是协调个人与社会、个人与他人之间的关系，使其达到和谐与统一的基本法则。

道德源于人类的社会生产和生活实践，它是一定社会经济关系的产物，从这个意义上来说，不同的社会经济文化背景下的具体道德观念是不同的，如中国的集体主义和西方的个人主义价值观下的道德观念便有所区别。在同一个经济文化背景下的群体中，作为经济关系集中表现的利益关系直接决定一个时代、一个社会现实道德的原则与规范。如"奉献精神"，是人们在社会生活中自然存在的美德，也是群体利益关系的时代需求使然。但从理性的高度来看，道德是在一定社会经济基础之上产生的一种社会意识形态。从产生条件的角度看，社会关系的形成和个体意识的产生是道德产生的前提。从道德形成和发展的现实动力来看，社会分工及生产力的发展起到了举足轻重的作用。在复杂的社会关系和社会交往中，分工使个人利益与所有交往者的共同利益之间有可能发生矛盾冲突，而共同的利益又是需要共同维护的，因为只有存在共同利益，社会的分工、交往活动和社会管理才成为可能。

二、道德的内涵

（一）道德的基本概念

究竟什么是道德？古今中外的先贤关于道德的论述很多。苏格拉底认为道德就是关于道德的知识，要做到有道德，首先要明白什么是道德。康德认为道德是行动时所遵照的准则，起点是"善良意志"，是人的一种理性存在。老子的《道德经》里的道德是"天地万物运行规律""无为无欲无争""厚德载物"等。孔子认为道德与"仁""义"相关，是规定人的修养和行为的要求。只不过"仁"和"义"的含义太广泛，不具体规范时，道德易被误解。这些概念都有些偏颇和难以把握。

"道德"概念包含两个要素，一个是"道"，另一个是"德"。"道"是指特定社会中调整人们之间及个体与社会之间的关系的行为规范，是一种外在要求，具有社会性和他律性。"德"是个体修炼的效果，是一种内在状态，是个体之所得，具有个体性和自律性。在中国道德智慧的文化母体中，"德"与"得"是相通的，即所谓"德者，得也。""得"有两层含义。一是"得道"，即个体分享、获得了作为普遍生活原则的"道"，进而凝结为自己的"德行"。这揭示了"道"与"德"的关系。在这里，"德"便具有"外得于人，内得于己"之意。二是"得于人"之意，"德"是"得"的途径和方法，"得"是"德"的目的和指向。这就是"德得相通"，它指出了"得"与"德"的关系。在我国道德发展史上，"德"与"得"关系的实质就是义利关系。"德"者义也，"得"者利也。重义轻利是我国道德的价值取向，影响着包括师德在内所有道德内容的构建，如忘我、舍己等一直就是我国社会公德、职业道德、家庭道德中的美德。

（二）道德的特性

道德作为一种社会意识形态，是一种特殊的社会关系调节方式，这种特殊首先表现在它对社会行为的调节具有非强制性，这是道德调节社会关系的第一个特性。它不像法律一样通过国家特设机构，如法院、监狱，使用强制性手段和方式发生作用，而是通过社会舆论、风俗习惯、内心信念、榜样感化、思想教育等被个体内化为比较恒定的自我行为意识对个体行为产生作用，从而达到广泛持久地调整人际关系的目的。

道德调节社会关系的第二个特性是自律性。道德强调个体对自己的行为自觉、内省。当社会的约定俗成的行事规定被个体所认同、接受并内化为个体的道德准则，从而使个体倾向于自觉地用这些规定来约束自己的行为时，遵守这些规定将使个体身心愉悦，而违背这些规定则可能使个体遭受发自内心的"良心"谴责，其伦理性较强。在个体坚持践行道德的过程中，道德变成了个体的修养性习惯和行为。

道德调节社会关系的第三个特性是节制性。这体现在典型的义利之辨的古老命题中。就是说，道德要求个体在"利"上做出必要而合理的节制，提倡的是舍利取义的德行准则，以必要的自我利益的节制和牺牲为前提来调节个体与个体以及个体与群体之间的利益冲突。至此，我们发现了一个有趣的事实：道德因利益纠纷而产生，孕育于利益这个母体中，但一味追逐个人利益又是和道德要求背道而驰的。

长期以来，人们对"义利关系"往往存在误解。误解有两个极端的表现，其中一个是传统社会里那种羞于谈利益的风气。即使在今天，一些人说起"公益""道德"，似乎就觉得它们不能跟财富、商业有任何关系。这种观念常常让许多事做不成，人际关系也变得十分扭曲。这种对于"义"的误解引起了一些人的反感，于是使其走向另一个极端，那就是彻底地否定"重义轻利"的原则。这些人会认为现代社会就应该理直气壮地追求"利"，讲究"义"已经是过时的观念。受这种观念影响的后果则是人们为了"利"而无所不用其极——在我们生活中，这样的例子并不少见。我们认为，这两种认识都狭隘地理解了"义"和"利"，即把"利"狭隘地等同于金钱、名声等好处，同时把"义"看作它的对立面。

从客观上来讲，所谓"义"，其实就是人们通常讲的"做好本职工作"或者"演好自己的角色"，就是人们提倡的"本分"，也就是把心思放在自己的社会位置所要求的那些正当事务上面。这并没有排斥待遇、荣誉方面的考虑，因为世间绝大多数的工作，都是要有一定的财力、物力作为保障的。以幼儿教师的工作为例，"义"就是专心于关心爱护幼儿，专心于幼儿园的一日生活常规及活动组织工作。我们同时也应该去为自己争取比较体面的待遇，包括薪资、职称、头衔、荣誉、稿酬、项目费、课时费等。如果所有这一切都是围绕做好自己的工作进行的，如用心打磨自己的作品，提升讲课水平，以便更好地服务幼儿、满足学术界和社会公众的需要，这就是"义"；相反，当幼儿教师把待遇等当成目的，而把教学科研工作当成手段、工具，那就是本末倒置，说得严重些，就是"见利忘义"。

三、道德的分类

道德的分类方式有许多，从社会生活和社会活动的角度来划分，道德可分为社会公德、职业道德和家庭道德。

社会公德即社会公共道德，简称"公德"，是指存在于社会群体中间的道德，是生活于一定社会关系中的人们为了群体的利益而约定俗成的"什么应该做"和"什么不应该做"的行为规范。例如，在公共场所不能大声喧哗、不随地吐痰、严禁吸烟等。社会公德在本质上是一个群体、一个民族或一个国家，在历史长河中、在社会实践活动中积淀下来的道德准则、文化观念和思想传统。它对维系社会公共生活和调节人与人之间的关系具有重要作用。"公德"与"私德"相对，这里的"公德"是指与组织、集体、民族、国家、社会等有关的道德，而"私德"则指个人的品德、作风、习惯以及个人私生活中的道德。

职业道德指人们在职业生活中应遵循的基本道德，即一般社会道德在职业生活中的具体体现。它是职业品德、职业纪律、专业胜任能力及职业责任等的总称，属于自律范围。它通过公约、守则等对职业生活中的某些方面加以规范。不同的职业有不同的规范和要求，职业道德是与人的职业角色和职业行为相联系的一种高度社会化的角色道德，以权利和义务为基础，是在工作中协调个体、群体与社会之间的关系的职业行为准则和规范系统。它是同人们的职业活动紧密联系的，具有职业特征的道德准则和规范，是担任一定职业角色的个体和群体所应该自觉遵守的特殊道德。随着社会经济的发展，职业关系成为人类社会关系中的主体，职业道德便成为整个社会道德体系的重要组成部分。例如，医生的职业道德是治病救人，警察的职业道德是除暴安良，幼儿教师的职业道德是为人师表、教书育人。

家庭道德是指调整家庭成员之间的关系的道德原则和规范。家庭道德倡导夫妻之间以诚相待、互敬互爱，尊敬长辈，赡养父母，抚养教育子女等。随着时代的变迁，家庭的功能、结构，以及家庭观念都有很大的变化，家庭道德出现了很多新的特点，如家庭成员的民主、平等对话，尊老爱幼更注重心理层面等，这些都值得我们去提倡。

第二节　职业与职业道德

一、职业的基本概念

职业是人类社会劳动过程中的分工现象，是人们在社会生活中所从事的专门业务和对社会所承担的一定职责，是个体利用自身专门的知识和技能，参与社会分工，服务社会，为社会创造物质财富和精神财富，同时获取合理报酬作为生存、生活的物质来源，并满足精神需求的工作。

（一）职业的性质

1. 职业的社会性

职业是人类在劳动过程中的分工现象，它体现的是劳动力与劳动资料之间的结合关系，其实也体现出劳动者在劳动过程中结成的人与人之间的关系。劳动产品的交换体现的是不同职业之间的劳动交换关系。这种劳动过程中结成的人与人之间的关系无疑是社会性的，人们的劳动交换反映的是不同职业之间的等价关系，这反映了职业活动和职业劳动成果的社会属性。

2. 职业的规范性

职业的规范性有两层含义：一是指职业的运作和操作有一定的规范性，二是指职业道德的规范性。不同的职业在其劳动过程中都有一定的操作规范要求，这是在技术层面保证职业活动正常进行的专业性要求。当不同职业在对外展现其对他人的服务时，还存在一个伦理范畴的规范性，即职业道德。这两种规范性构成了职业规范的内涵与外延。

3. 职业的经济性

职业的经济性，是指人们在职业劳动过程中获得经济利益的特性，带有一定的功利性。职业活动既满足从业者自己的需要，同时也满足社会的需要。从业者只有把职业的个人需要与社会需要相结合，其职业活动及职业生涯才具有生命力和意义。

4. 职业的技术性和时代性

职业的技术性指不同的职业具有不同的技术要求，表现为从业者必须具备一定的专业知识和能力才能够从事和胜任。职业的时代性指由于科学技术的发展引起生产力的变化，使人们的生活方式、习惯等产生变化，从而为职业打上了时代的"烙印"，如微商、网络直播主播等就是最近几年随着互联网兴起而发展起来的职业。

（二）职业的类型

根据职业活动情况，按照不同的分类标准，职业可分为不同的类型。

1. 按脑力劳动和体力劳动的性质、层次进行分类

这种分类方法把工作人员划分为"金领"工作人员、"粉领"工作人员、"白领"工作人员和"蓝领"工作人员四大类。"金领"工作人员一般是具有较好的教育背景，在某一行业有所建树的资深人士。"粉领"工作人员是指在家工作的自由职业者。"白领"工作人员是指具有专业性和技术性要求的工作的从业者，如经理和行政管理人员、销售人员。"蓝领"工作人员是直接从事生产一线工作的人员，如非运输性的技工、运输装置机工人、服务性行业工人。采用这种分类方法，可以明显地表现出职业的分工性。

2. 按心理的个别差异进行分类

这种分类方法根据美国著名的职业指导专家霍兰德创立的"人格—职业"类型匹配理论，把人格类型划分为 6 种，即现实型、研究型、艺术型、社会型、企业型和常规型。与其相对应的是 6 种职业类型。

3. 依据各个职业的主要职责或从事的工作进行分类

国际标准职业分类把职业分为 4 个层次，共 8 个大类，83 个小类，284 个细类，1506 个职业项目，总共列出职业 1881 个。其中 8 个大类是①专家、技术人员及有关工作者；②公务员和企业经理；③事务性工作者和有关工作者；④销售工作者；⑤服务工作者；⑥农业、牧业、林业工作者及渔民、猎人；⑦生产及有关工作者、运输设备操作者和劳动者；⑧不能按职业分类的劳动者。这种分类方法便于提高国际职业统计资料的可比性和开展国际交流。

二、职业道德及其意义

不同的职业在其劳动过程中都有一定的操作规范性，这是保证职业活动正常进行的专业性要求。当不同职业在对外展现其对他人的服务时，又存在一个伦理范畴的规范性，即职业道德。

职业道德，就是与人们的职业活动紧密联系的符合职业特点所要求的道德准则、道德情操与道德品质的总和，它与人们的职业生活紧密相连。它既是对本职人员在职业活动中的行为标准和要求，又是职业对社会所承担的道德责任与义务。职业道德是一般社会道德在职业生活中的特殊要求，在范围上具有有限性，内容上具有稳定性和连续性，形式上具有多样性。

遵守职业道德是从业之本，它是促使个人做好本职工作的前提，促进行业发展的基础，

推动社会进步的动力。如果某一商业品牌发生道德与诚信事件，其对整个行业来说几乎会造成毁灭性的打击；与此相关的整个产业链条，也可能面临一个冰冷刺骨的"寒冬"；无论是在国际市场还是国内市场，几十年发展起来的行业声誉也可能毁于一旦，遭遇的巨大的信誉损失和经济损失是无法估量的且长时间难以挽回的。

教师职业道德则是指教师在从事教育教学工作时所应遵循的行为规范和必备的品德总和。它从道义上规定了教师在教育教学过程中以什么样的思想、情感、态度和作风去对待他人、处理问题、做好工作、为社会尽职尽责。它是教师行业的特殊道德要求，是调整教师与学生、教师与教师、教师与学校领导、教师与学生家长以及教师与社会其他方面关系的行为准则，是一般社会道德在教师职业中的特殊体现。

教师必备的品德是指教师应具备的道德品质，一般称为教师的品格、品行、品性或德行。它是一定社会或一定阶层的道德原则、规范在教师思想和行为中的体现和凝结，是每个教师在一系列的道德行为中所表现出来的比较稳定的特征和倾向。它是教师教书育人、塑造完美人格的必要条件。教师个人品德是其职业道德修养达成的前提。任何一个勤勉、无私、尊重他人、为人正派的教师在职业生涯中都会显示出崇高的职业操守。这些品质在每年评选出的"全国教书育人楷模"荣誉称号获得者身上就可以见到。

> **┢ 小思考 ┦**
>
> 2020年度全国教书育人楷模：贵州省毕节市赫章县城关镇中心幼儿园教师何梅。
>
> 何梅，2006年参加工作，2016年加入中国共产党。在14年的教学生涯中，她凭着爱幼儿、爱教育的初心，实现了从小学教师转岗幼儿教师，从门外汉到业内行家里手的转变。何梅是贵州省6000名学前转岗教师中的一员，专业上的短板让她不敢放慢学习的脚步。何梅说："别人休息的时候我在学习，别人玩耍的时候我在学习，别人旅游的时候，我到其他幼儿园观摩学习……"2013年，何梅在上海的培训活动中，才真正搞清楚了幼儿区域活动是什么。回来后她把培训所学的内容运用到自己班级的教学中，成熟后向全园推广。
>
> 由于园里经费紧张，采购的教学用具很难满足教学需求，何梅就在网络上学习自制教具，利用家乡的自然材料、废旧材料和幼儿们一起做玩具，用树叶、小石头做贴画，用竹子做高跷，用矿泉水瓶做气球小推车，用色拉油桶做浮沉小实验，用废旧光盘做光盘气球船……幼儿们有了丰富的教学玩具，也就越来越喜欢上幼儿园，对能变废为宝的"超人"何梅老师也越来越信任和依赖。
>
> 从何梅身上，我们学到了什么？

三、教师职业道德的形成基础

教师职业道德是离不开一定的社会物质和文化基础的，受当时社会占主导地位的思想意识、道德原则和规范的影响，同时又必然要借鉴和吸收以往其他民族和社会的教师职业道德思想的合理因素和精华部分。教师教育教学过程中客观存在的各种利益关系是教师职业道德产生和形成的客观根据。我们可以从以下几个方面分析教师职业道德的形成基础。

第一，教育教学实践是教师职业道德形成的客观基础。

"安吉游戏"是幼儿园日常开展的以幼儿自发性的、开放性的户外运动为特征的综合性游戏。在幼儿园进行"安吉游戏"时，很多老师为了充分发挥幼儿的天性，让幼儿自己当导演，自己组织游戏，老师只是作为一个指导者参与其中。老师也不怕麻烦，在这个游戏过程中，幼儿弄脏衣服是常事，老师都会耐心地帮幼儿准备场地和打扫活动场地。在游戏空间和游戏区域的设置上，老师也花了很多的心思：结合园区的环境特点进行场地的建设，因地制宜地为幼儿创设专门的大型游戏场所。老师不厌其烦地做游戏准备，让幼儿有足够的时间去玩游戏，让幼儿更充分地体会游戏的乐趣，幼儿的身心由此获得了极大的解放。

老师完全把促进幼儿发展的权益放在第一位。权益是道德的基础，道德是权益的反映。教师职业道德同样是教育劳动实践中各种权益关系的反映，也就是说，教育劳动实践中客观存在的各种权益关系是教师职业道德产生和形成的客观根据。在教育劳动实践中，主要有以下几方面的权益：教师个人权益、幼儿个人权益、教师集体权益和社会教育事业权益，即教师、幼儿、集体和社会彼此之间存在着密切的权益关系。尽管在不同的社会制度和教育制度下，这些权益关系的性质和状况有所不同，尽管随着人类文明的进步和社会教育的发展，这些权益关系的状况在不断改进和完善，但是，只要存在权益关系，矛盾和冲突就在所难免。这些矛盾和冲突有时是公开的，有时是隐蔽的；有时责任在这一方，有时责任在那一方。这些矛盾和冲突往往会深刻影响教育劳动的条件，影响教师的威信和劳动情绪，影响教师劳动行为方式的选择和教育过程的顺利进行，从而最终影响整个社会教育事业的发展。要保证教育劳动实践顺利而有效地进行，就需要有一些机制来调节各种权益关系和矛盾。虽然教育行政制度和各种奖惩措施等在调节权益关系和矛盾、指导教师行为方面起着重要作用，但是，这些行政手段往往无法迅速、准确地反映出教育过程中随时产生的各种难以预料的矛盾，因而难以及时、有效地进行调节。

教育教学实践中的道德调节则是一种灵活、有效、时时处处都能起指导和监督作用的调节机制。这种道德调节机制应当来自与教师密切合作和交往的人，更应当来自教育活动的主体即教师自身。这种来自教师方面的道德调节机制就是教师职业道德。它通过对教师的思想和行为进行灵活的、内在的、自觉的引导和监督，实现对教育过程的调节作用。所以说教师职业道德是基于教育劳动中的权益关系、保证教育劳动顺利进行这一客观需要而产生和形成的。作为一种调节机制，它通过社会舆论和教师自我修养，特别是通过教师在内化职业道德基础上所形成的职业良心、职业理想、职业信念等更为根本的调节机制，来引导和支配教师在教育劳动中的行为，鼓励和支持他们采取有益于教育过程的行为，反对和阻止他们采取不利于教育过程的行为，帮助他们与教育过程的其他参加者以及社会各方面建立起协调一致的良好关系，以便顺利地进行教育活动，完成教育任务，实现教育目的。

第二，生产关系和阶层权益的制约是教师职业道德形成的存在基础。

教师职业道德作为道德的一个部分，是一种社会意识现象，因此，它必然要受到一定社会生产关系的制约。教师职业道德是在教师职业劳动中形成的，但它又必然要被置于主流的思想意识、道德原则的制约和影响之下，因此，教师职业道德是一定社会中占主体地位的阶层的道德原则和规范在教育领域中的具体体现，是当时社会占主导地位的思想意识、道德原则和规范与教育劳动实践相结合的产物。

第三，吸收和借鉴优秀的师德风范是教师职业道德形成的社会基础。

一定社会教师职业道德的产生和形成，一方面要反映当时社会的生产关系；另一方面，又必然要充分借鉴和吸收历史上一切有价值的师德思想。在中外教育史上，许多思想家、教育家都曾提出丰富的、有见识的师德思想，并在他们的教育实践中为后人树立了良好的师德榜样。例如，我国古代伟大的思想家、教育家孔子，就对教师职业道德有过深刻思考和系统论述。他所提出的"有教无类"、平等施教、对幼儿一视同仁的思想，以身作则、率先垂范、重"言教"更重"身教"的思想，以及热爱幼儿、乐于教诲的思想等都是很有价值的师德思想。更为可贵的是，孔子不仅在理论上提出了这些思想，还在自己的教育行为中贯彻了这些思想。又如，被称为"教师的教师"的19世纪德国著名教育家第斯多惠非常重视教师的自我道德修养。作为一名教师，他选择把培养和教育下一代的事业作为自己一生的使命。他希望引导别人走正确的道路，激发别人对真和善的渴求，使别人的素质和能力得到更高的发展。因此，教师应当首先发展自己的这些品质。第斯多惠还特别强调教师要具有崇高而坚定的事业信念。在中外教育史上，还有许多伟大的教育家，他们都曾对教师职业道德进行过深刻的思考和研究，他们所提出的师德思想，虽然不可避免地存在特定的时代和阶层的局限，但其中包含的合理成分和精华部分，以及他们在实际教育行为中所表现出来的师德精神，无疑是值得后人继承和借鉴的。事实证明，任何社会的教师职业道德的形成和发展，都离不开对历史上教师职业道德的批判继承以及对他国师德和伦理的借鉴。

综上所述，任何一个时代的教师职业道德，都是在教育教学实践基础上产生和形成的，既受一定社会生产关系和阶层利益的制约，又在批判继承历史上优秀教师道德遗产的基础上不断发展，这是教师职业道德形成和发展的一般规律。

第三节 道德修养与幼儿教师职业的关系

长沙师范学院从2011年开始就承担湖南省幼儿教师国家级培训工作，承办了近百场次的园长和骨干教师培训活动。管理团队在培训过程中发现，国内外知名的园所管理者和优秀的教师都有着共同的特点：心里始终装着孩子和他人。在公共场合，他们总是保持微笑，轻言细语，做任何事都把"谢谢""不好意思"挂在嘴边，从不显示自己的优越感，不让对方感到难堪。他们和朋友、同事、小朋友交往时，会关注对方的情绪和感受，能察觉对方的尴尬，并不动声色地去化解，绝不会让它演化为彼此心里的不痛快。他们理解他人，能一视同仁地对待他人，能够包容他人存在的认知盲区，接纳他人的不同，照顾他人的自尊。他们默默地做完自己的事情，从不张扬。

有人说："你让人舒服的程度，决定着你能抵达的高度。"美丽的外貌、丰富的学识、聪明的头脑或许能吸引他人的注意，但良好的涵养才是让人尊重和喜欢的关键。涵养就是修养的具体体现。

一、修养与道德修养

修养是人在理论、知识、艺术、思想等方面达到一定水平的综合能力与素质的体现。修养是个体魅力的基础，个体其他一切吸引人的长处均来源于此。它要求个体培养高尚的品质和正确的待人处世的态度，求取学识品德之充实完美，具有自主、自觉、内省等特征。它概括起来包含两层含义：一是用作"动词"时，指个体在思想、政治、道德品质、知识技能等方面所进行的自我改造、自我磨炼、自我剖析、自我提高、自我教育；二是用作"名词"时，指个体在长期进行的自我改造、自我磨炼、自我剖析、自我提高、自我教育等活动后，在行为举止、仪表风度、情感心态和待人处事等方面所达到的水平。

道德修养是指个人为实现一定的理想人格而在意识和行为方面进行的道德上的自我锻炼，以及由此达到的道德境界。提高道德修养是个体不断进行自我教育的过程。道德修养的实质是人们按照社会生活和社会道德的要求，对自己的道德意识和品质进行的自我改造和自我完善。提高道德修养是人们不断进行自我斗争的过程。不同社会、时代和阶层的道德修养有不同的目标、途径、内容和方法。提高道德修养是经济和社会发展的要求和原则。

教师职业道德修养是道德规范在教师这一职业中的具体体现，指教师在从事教育劳动过程中形成的比较稳定的道德观念、行为规范和道德品质的总和。它是调节教师与他人、与集体及社会相互关系的行为准则，是一定社会对教师职业行为的基本要求与概括。它是在教育这一大环境的引导和作用下，教师自我形成、发展与完善的一种品质。

二、幼儿教师职业与道德修养

幼儿教师是教师队伍中不可忽略的重要力量。幼儿教师职业的产生、发展与幼儿教育的历史发展有着十分密切的联系。幼儿教育的发展历经几千年的变化，随着历史的变迁、社会制度的发展而起起落落。但总体来说，在人类精神文明和物质文明不断丰富的背景下，幼儿教育整体上是不断前进的。在幼儿教育的前进过程中，幼儿教师这一职业也经历了各种变迁。

（一）幼儿教师职业的诞生

幼儿教育贯穿人类社会的产生、成型和发展。有了人类社会，就有了对幼儿的抚养和培育。将人类生活的经验传承给下一代，延续整个人类的发展也就成了人类社会生活的一项重要工作。伴随着社会生产力的发展，专门从事幼儿教育的工作者也诞生了。幼儿教师职业的源起与幼儿教育的历史发展有着十分密切的关系。原始社会就已经有了幼儿教育的萌芽，但是，作为幼儿教育的专门工作者——幼儿教师，无论是在我国还是西方国家，都是随着近现代幼儿教育的兴起才诞生并且逐步发展的。

1. 中国幼儿教师职业的诞生

我国从宋朝开始就有了"蒙童"教育及《三字经》《百家姓》等蒙学教材。

1903 年 9 月，清政府湖北巡抚端方在武昌创办了我国第一所家办幼儿教育机构"湖北幼稚园"，并拟订《湖北幼稚园开办章程》，创办"保育科"，招收 15～35 岁女子进行培训，学习幼稚师范课程。

1904 年 1 月 13 日，清政府颁布了《奏定蒙养院章程及家庭教育法章程》（以下简称《章程》）。它是"癸卯学制"的一部分，是中国第一部学前教育法规。蒙养院作为中国学前教育机构正式诞生。蒙养院招收 3～7 岁的幼儿，附设在育婴堂和敬节堂内，其教师称为"保姆"，其师资及相关培训都非常有限。《章程》认为蒙养教育是国民教育的基础，这充分肯定了学前教育的重要意义和作用。

1904 年，中国颁行"癸卯学制"以后，西方国家开始在我国开办幼稚师范学校。1912 年，英国创办的厦门幼稚园教师训练班发展成为怀德幼稚师范学校，这是西方国家在我国最早设立的一所独立的幼儿师范学校，招收对象为高小毕业学生，学制为两年。幼儿师范学校的建立，标志着专门从事幼儿园教育的工作者——幼儿教师的诞生。

当时，幼儿教师的主要职责为①养护幼儿；②发展幼儿身体；③养成幼儿有相当之习惯；④养成幼儿有相当之知识与技能；⑤与家庭联络并谋求家庭教育改革良方；⑥研究幼儿等。其中，以养护幼儿为最重要的责任。

2. 西方国家幼儿教师职业的诞生

虽然我国从宋朝开始就有了"蒙童"教育及《三字经》《百家姓》等蒙学教材，但幼儿教师作为一个职业却源于西方国家。1837 年，德国教育家福禄贝尔创办了一所名为"发展幼儿活动本能和自发活动的机构"的幼儿游戏活动机构，招收 3～7 岁的幼儿。1840 年，福禄贝尔为这个机构创造了一个新词——幼儿园，故其成为世界上第一所幼儿园。同时，他在欧洲给妇女提供了就业岗位——幼儿教师，这标志着幼儿教师职业的诞生。在福禄贝尔的幼儿园，幼儿教师以游戏和手工为主要活动，对幼儿进行引导。

（二）21 世纪幼儿教师职业的新发展

进入 21 世纪，我国已形成了多渠道、多层次、多规格、多形式的幼儿师范教育体系，培养的幼教人才大量涌现，幼儿教师职业的社会认可度也逐步提升。

1. 数量的变化

根据教育部发展规划司公布的数据，截至 2020 年 6 月，我国幼儿园教育阶段学前教育教职工人数为 492 万人，其中专任教师人数为 276 万人，比 2016 年增加了 71 万人。从数据上可以看出，幼儿教师数量迅猛增加。同时，随着人们对幼教事业的重视，幼儿教师的培养与发展规模越来越壮大，专门培养幼儿教师的师范院校或以幼儿师范命名的院校越来越多，每年培养出来的准幼儿教师越来越多，培养的学历层次也越来越高。值得一提的是，到了 21 世纪，民办幼儿园如雨后春笋般冒出来，民办幼儿园的幼儿教师已经成为我国幼儿教师队伍的主体。

2. 学历的提升

《中华人民共和国教师法（修订草案）（征求意见稿）》第十六条规定，取得幼儿园教师资格，应当具备高等学校学前教育专业专科或者其他相关专业专科毕业及其以上学历。从最近的国培调研数据看，在我国中西部地区的幼儿园中，虽然中等幼儿师范（中专）学历的专任教师数量仍占多数，但可喜的是，本、专科毕业学历的专任教师比例在年年攀升，并逐渐向与中专学历的专任教师数量持平、超越的方向发展；教师队伍中研究生学历的从业人员数量逐年增加；已经没有初中及以下阶段毕业的从业人员。由此可见，整个教师队伍的学历水平呈逐步上升趋势。

同时，在幼儿园的准入环节，不少地区已经将幼儿园阶段纳入了编制统筹范畴，在每年的招聘中，幼儿教师已经占据一定比例，如贵州省将幼儿教师招聘纳入了特岗教师招聘当中，并且招聘数量庞大。2021 年湖南省长沙市望城区在编幼儿教师已达到 43 人，并且连续多年每年都向社会招聘 10 人以上带编幼儿教师。据 2021 年的一项调研数据，幼儿园在招聘时普遍对幼儿教师学历的起始要求是幼儿师范大专学历。幼儿园的档次对学历的要求凸显了学历在幼儿教师行业中的重要性，不少幼儿园已经将招聘的要求提升到了本科甚至是研究生的层次。还有些幼儿园在学历上提高要求的同时，要求应聘者拥有相关的职业技能证书。

3. 专业性的进步

（1）专业性的进步体现在职业法律法规的完善上

为促进幼儿教师专业发展，建设高素质幼儿教师队伍，根据《中华人民共和国教师法》，教育部于 2012 年印发了《幼儿园教师专业标准（试行）》（以下简称《专业标准》）。《专业标准》从幼儿教师的专业理念与师德、专业知识和专业能力三大方面对从业人员提出要求，成为开展保教活动的基本规范，是引领幼儿教师专业发展的基本准则，也是幼儿教师培养、准入、培训、考核等工作的重要依据。在《专业标准》的大力推行下，我国幼儿教师的专业性得到很大程度的提升。与此同时，教育部等部委从 2011 年开始开展全国范围内的幼教国培工作。目前，在每年的培训中，幼儿教师数量不断攀升，培训内容不断更新，培训形式变得多样化，大大提升了幼儿教师的专业水平，引领了幼儿教师的专业成长。2021 年颁布的《家庭教育促进法》进一步促进了学前教育和家庭教育的密切配合和共同发展。

（2）专业性的进步体现在学科理论更注重科学性和严谨性上

随着社会的进步、经济的发展，教育学和心理学的理论支撑在学前教育阶段得到前所未有的重视。幼儿周边产品的研发逐渐成为经济发展的一个强有力的支撑。同时随着家庭经济收入的增加、个人素质的提高，社会及家庭对学前教育的认识逐渐全面，早期教育、胎教等与幼儿教育的结合更加密切。

（3）专业性的进步体现在幼儿园一日生活和活动常规实践中

在幼儿园一日生活和活动常规实践中，幼儿教师在遇到问题时会站在专业理论的角度去分析，运用科学的手段和方法去解决。幼儿教育与小学教育的教育对象，都是身心正在发展的个体，都处在不成熟、不完善的阶段，都需要教师细心照顾和耐心教育。相比之下，幼儿教育的教育对象更加具有不成熟性，更加缺乏自我保护的意识和独立生活的能力，因此，幼儿教师更需要有专业的意识和专业的能力去处理幼儿的一日生活。幼儿教师在与幼儿的交往过程中，需要更加耐心地教导每一个幼儿，更加细致地照料幼儿的生活。在幼儿的一日生活中，幼儿的表现和平时的表现有差异时，幼儿教师应该有敏锐的洞察力。如一日生活环节中的幼儿午睡时，值班教师对幼儿睡眠的个体差异必须细心了解，"对症下药"，用正确的心态去看待不同个性的幼儿，根据幼儿不同的个性需要做出调整，仔细观察幼儿的状态，掌握幼儿的午睡情况。遇到晚睡早起，中午不想睡觉，精力还特别充沛的幼儿，幼儿教师可以把他们的午睡时间推迟几分钟，允许他们在自己身边叠纸、看书等，让他们兴奋的神经系统慢慢平静下来，使周围安静的气氛勾起他们的睡意。

幼儿教师在管理上也要细心。幼儿午睡时，幼儿教师必须来回检查，做到"一听""二看""三摸""四做"。"一听"是听听幼儿的呼吸是否正常；"二看"是看看幼儿的神态，严密注视幼儿的举动有无异常，如果发现问题，要及时处理；"三摸"是摸摸幼儿的额头，主要是确定其体温有无异常；"四做"是为个别踢被子的幼儿盖好被子。

午睡期间，幼儿园要安排行政领导值班，进行巡回检查，即检查值班教师是否认真值班，并对幼儿的午睡情况进行了解并做记录，从而及时发现问题、处理问题，杜绝意外事故的发生。此外，幼儿园还要及时建立幼儿午睡突发安全应急处理预案。

4. 对师德的高度重视

2018年，教育部印发《新时代幼儿园教师职业行为十项准则》，对教师职业行为提出要求、划定底线。2019年12月，教育部等七部门印发《关于加强和改进新时代师德师风建设的意见》，强调评价教师队伍素质的第一标准是师德师风，把师德师风建设作为教师队伍建设的首要任务，着力健全师德师风建设长效机制，用制度的力量确保师德师风建设常态化、机制化。

在实践层面，教育部自2016年3月起实行的新修订的《幼儿园工作规程》，将幼儿园培养目标由旧版本中的"体、智、德、美全面发展"改为"德、智、体、美等方面全面发展"，将对幼儿的品德教育放到了第一位，这也就意味着幼儿教师作为与幼儿直接相关的品德的影响者和行为的示范者，就应该是一个有德行和操守的人。历年的全国幼儿教师资格证统一考试和各地的教师招聘都把师德作为考试的重点模块，凸显出师德在教育教学中的重要地位和教育部门对师风示范的重视。

（三）幼儿教师职业的作用

幼儿教育是幼儿人生教育阶段的起始，幼儿的道德情操、行为言谈、行为习惯和意志品质的培养离不开幼儿园的启蒙。幼儿教育事关民族的繁荣和国家的昌盛，是整个国民人文素质体系的根基。

1. 幼儿教师促进下一代健康成长

幼儿是社会的希望、国家和民族的未来。幼儿机体各组织器官还没有发育成熟，神经系统的机能处在不断发展和完善之中，免疫功能较差，他们缺乏自我保护和独立生活的能力，因此，幼儿教师首先担负着保护幼儿身心健康和成长的责任。幼儿教师要保护幼儿身心健康，根据幼儿身体发展的特点，照顾幼儿的日常生活，保护幼儿身体不受损伤，为幼儿创造最佳的生活条件，保证幼儿身心健康成长。幼儿教师要坚决杜绝过失行为，为幼儿今后的发展打下良好的基础。幼儿教师的工作关系到千家万户，直接影响着下一代的健康成长，其意义是不可低估的。

2. 幼儿教师忠实地传递着人类的文化和文明

幼儿教师不仅担负着促进下一代身心健康成长的光荣任务，而且忠实地传递着人类的文化和文明，对人类社会的延续和发展起着桥梁作用。正如唐代学者韩愈所说："师者，所以传道授业解惑也。"随着生产力的发展、社会的不断进步，人类对自然和社会的认识日益深刻，科学知识的门类和内容日益丰富，幼儿教师在促进幼儿形成良好的学习态度、培养积极的学习习惯方面的作用也愈加显著。因此，如果没有幼儿教师采用有效的方式方法让幼儿在幼儿园形成很好的学习行为和生活习惯，幼儿未来要在很短的时间内掌握人类积累下来的知识财富是一件比较困难的事情。

幼儿期是一个人获得知识、逐渐成长的启蒙时期，这一时期的幼儿对生活的向往、对知识的渴求非常执着。幼儿教师正是在这样美好的时刻，不仅要通过幼儿在幼儿园一日生活的各项活动打开他们学习知识的大门，帮助他们用思维的碰撞燃起知识的火花，让幼儿把天真、可爱、活泼带到五彩缤纷的生活中去，还要逐步传递给幼儿获得新知识和新思想的勇气，激发他们萌生推动社会前进的思想。幼儿教师在把人类社会发展的历程中累积的知识精华传授给幼儿的同时，又要发展他们的智力，使他们在将来的社会实践中能够创造新知识。

3. 幼儿教师促进幼儿全面发展

幼儿教师的作用不仅是保护幼儿身心健康成长、传授现存的知识，更重要的是改变和培育他们，让他们成为社会所需要的人。幼儿阶段是人生的奠基阶段，幼儿教育关系到一个人一生的发展。未来一代要在德、智、体、美等方面得到和谐全面的发展，具有开拓创新精神，是需要通过教师来实现的。幼儿教师是一代又一代新人的启蒙教师，在幼儿成长中起着主导作用。幼儿是活生生的有思想、有感情的人，他们的心灵需要幼儿教师用心去塑造。幼儿教师要按照教育目的，结合幼儿的年龄特点和身心发展水平，有目的、有计划地利用一切可以利用的外界条件，精心地进行加工和创造，使他们在德、智、体、美等方面全面发展，为他们的一生打下坚实且重要的基础。幼儿身体和心理的健康成长，智力的发展以及道德品质、行为习惯与个性的形成，都与幼儿教师的精心培养分不开，幼儿成长处处凝聚着幼儿教师的辛勤劳动。

4. 幼儿教师是提高我国教育科学水平不可忽视的力量

学前教育理论来源于幼儿园教育实践，幼儿园既是幼儿教育的阵地，也是科学研究的重要场所。为了使幼儿教育工作"面向现代化、面向未来"，我们必须重视幼儿教育的科学研究工作，提高幼儿教师的科学水平，建设具有中国特色的幼儿教育学。目前，越来越多的幼儿园开始进行园本教研，用行动研究来解决一日生活中的教育问题。越来越多的幼儿教师开始承担科研项目，开发园本课程，并取得了可喜的成果。在新形势下，许多新问题摆在幼儿教师面前，需要幼儿教师在工作中不断探索创新、反复实践、总结经验，为幼教事业的发展贡献力量。幼儿教育是我国教育事业的重要组成部分，祖国是花园，幼儿是花朵，幼儿教师则是辛勤的园丁。幼儿教师通过直接培养人才，对社会的延续、进步和发展起着承前启后的作用，在推动科学发展与提高生产力水平方面承担着重大责任。随着社会的发展，幼儿教师的作用愈加重要。

（四）幼儿教师职业的性质

性质是指事物本身所具有的与其他事物不同的根本属性。幼儿教师职业的性质即幼儿教师这个职业所具有的特性。

教师是什么？教师是履行教育教学职责的专业人员，肩负着教书育人、培养社会主义事业建设者和接班人、提高民族素质的使命。

这一定义包含以下两个方面的内容。

第一，教师职业是一种专门职业，教师是专业人员。

教师是从事教育教学的专业人员，其工作具有专业性，这是教师职业的基本性质。教师职业具有自己独特的职业要求和执业条件，有专门的培养制度和管理制度。

（1）教师职业的专业性既包括学科专业性，也包括教育专业性。国家对教师任职既有规定的学历标准，也有必要的教育知识、教育能力和职业道德要求。

（2）国家对教师的教育有专门的机构、专门的教育内容和措施。

（3）国家有对教师资格和教师教育机构的认定制度和管理制度。

（4）教师的职业成长要经过比较长时间的专业训练才能实现。教师专业发展是一个持续不断的过程，教师专业化也是一个发展的概念。它既是一种状态，也是一个不断深化的过程。

第二，教师是教育者，教师职业是促进个体社会化的职业。

（1）教师职业以培养人、服务于社会为宗旨。在个体社会化的过程中，承担教化任务的是教师。他们根据一定的社会要求，向年轻一代传授人类长期积累的知识经验，规范他们的行为品格，塑造他们的价值观念，引导他们把外在的社会要求内化为个体的素质，实现个体的社会化。

（2）教师在自己的专业范围内有一定的自主权，如教育内容的选择权、教育时机的把握权等。

（3）教师有专业团体作为自己专业引领的机构。

1966 年 10 月，国际劳工组织联合国教科文组织在《关于教师地位的建议》中提出，教师工作应被视为一种专门职业，是一种要求教师经过严格的训练和持续的学习获得并保持专业知识和专门技能的职业。1985 年 1 月，第六届全国人大常委会第九次会议确定，每年的 9 月 10 日为我国教师节。1993 年，《中华人民共和国教师法》颁布，其中第三条指出："教师是履行教育教学职责的专业人员，承担教书育人，培养社会主义事业建设者和接班人，提高民族素质的使命。"这是我国第一次从法律角度确认了教师的专业性质。

幼儿教师职业的性质与教师职业的性质基本一致。从幼儿教师与幼儿关系的性质上来看，幼儿具有明显的向师性。相对于家长，幼儿教师在幼儿的心目中更具权威地位，有时家长不能有效地说服幼儿，只能采取告诉老师这样的方法让幼儿听话。因此，幼儿教师对幼儿的教导、要求更能激发幼儿形成或改变自身观念和行为的动机，幼儿更容易接受幼儿教师对自身观念和行为的要求。这也就不难解释为什么有些幼儿在家里和在幼儿园的行为表现截然不同。幼儿教师的权威地位，以及幼儿在与同伴交往中形成的角色意识，让幼儿特别是年龄较小的幼儿，更多地把幼儿教师作为模仿认同的对象。从这个意义上讲，幼儿教师的影响往往具有效力。

从影响时间的角度上来看，绝大多数幼儿在进入幼儿园以后，一周有 5 天时间在学校度过，每天在学校与幼儿教师相处的时间有 5～8 小时，如果每学年以 40 周计算，幼儿在幼儿园的小、中、大班，足足有 3000～4800 小时与幼儿教师一起度过。在如此漫长的时间中，幼儿教师能够在多个方面对幼儿的身心发展产生重要的影响。

从幼儿教师职业的性质来看，《教师法》确认了教师的专业性质，《专业标准》中指出："幼儿园教师是履行幼儿园教育教学工作职责的专业人员，需要经过严格的培养与培训，具有良好的职业道德，掌握系统的专业知识和专业技能。"这肯定了幼儿教师同其他阶段教师一样，是从事教育的专业人员，具有专业性。第一，幼儿教师职业同其他阶段教师职业一样，是以培养人、服务于社会为宗旨的。第二，幼儿教师的职业成长要经过比较长时间的专业训练。第三，幼儿教师在自己的专业范围内有一定的自主权力，能够通过自己的专业性对教育教学活动进行判断和选择。第四，从事幼儿教师职业要取得相应资格证书。第五，国家对幼儿教师职业有明确的专业标准。

幼儿园教育是我国教育制度的基础阶段，与其他教育阶段有着十分密切的联系，同时也有着十分显著的区别。与幼儿园教育联系最为密切和相近的教育阶段为小学教育，两者是相互衔接的两个教育阶段，幼儿园教育阶段的教育对受教育者的影响，直接关系着受教育者在小学教育阶段的表现。由于两者所属教育阶段不同，其教育性质、课程设置、教学方式等都有着很大的不同，幼儿教师与小学教师在一定程度上也有着明显的区别。

三、幼儿教师师德修养

幼儿教师师德修养，是指从事学前教育的人员在道德意识和道德行为方面的自我锻炼及自我改造中所形成的职业道德品质以及达到的职业道德境界。这是一种自律行为，关键在于"自我锻炼"和"自我改造"。本书采用职业道德修养而不是职业道德的说法，是因为职业道德修养更强调在职业行为中个人的修身养性以及个人内涵的提升，而不仅仅是个人被动承受一种职业规范的约束，更重要的是把个人修养的发展作为一个人的基本要素去衡量。任何一个从业人员的职业道德素质的提高，一方面靠他律，即社会的培养和组织的教育；另一方面就取决于个人自己的主观努力，即自我修养。两个方面缺一不可，而且后者更加重要。

四、幼儿教师师德修养的特点

幼儿教师师德修养在一定层面上是幼儿教师职业规范的展现，与幼儿年龄阶段的特点有一定的相关性，所以，其呈现出以下特点。

（一）教师是一个有道德的人

道德有私德与公德之分。私德是私人生活中的道德规范，指个人品德、修为、作风、习惯以及个人生活中处理爱情、婚姻、家庭问题及邻里关系的道德规范。作为职业道德的师德在性质上属于公德。但在大众看来，教师应该是在公德和私德上德行完美的人，师德的崇高性对教师个人的德行修养也提出了较高的要求，师德不再是一个单纯的公德问题，它被理解为教师的道德，涵盖着教师个体道德层面的内容。现实中，教师也只是一个从事着普通工作的平凡人，教师的个人道德是教师自我追求的一种道德，是私人的，脱离了校园这个环境，教师可以不境界超群，但一定要有基本的意识，得注意自己的言行。教师的个人道德在校园内就很可能演化成直接影响幼儿的道德成长的因素。教师的个人私生活，只要不影响社会公德，是应该被认可的。

幼儿园教育是幼儿成长历程中学校教育的第一站，幼儿教师不仅要肩负起幼儿生活能力培养以及智力开发的重任，还要帮助幼儿树立正确、健康的道德意识，幼儿教师的个人德行和修养直接影响着幼儿身心的发展。幼儿教师要在幼儿园教育教学过程中帮助幼儿逐渐形成社会性特征，帮助幼儿顺利地实现从自然人到社会人的初期转变，让幼儿在学习与游戏的过程中，逐渐形成良好的道德品质。

幼儿教师自身的道德水平对幼儿道德能力的形成会起到重要的熏陶作用。为了有效地实现教育的目标，幼儿教师必须拥有高尚的道德品质，并且具备自觉传播道德理念的行为意识，在开展幼儿教育工作的过程中时刻注意自身的角色定位，自觉地践行职业道德。

（二）教师是一个道德的示范者

教师不仅要向幼儿传授专业知识，而且要在各方面为幼儿做表率。我国的传统教育理论对于教师的职业道德做出了"学高为师，身正为范"的科学解释，阐述了教师在道德行为方面所发挥的示范作用。因为幼儿教师面对的教育对象是身心发展水平低、辨别是非能力差但模仿能力极强的幼儿，所以，在整体教育的过程中，幼儿教师的职业道德会产生高度的示范性，这种榜样作用是其他教育手段所不能替代的。

幼儿有很强的向师性，他们通常会认为教师是最值得尊敬和崇拜的人，他们会主动模仿教师的言行举止，教师的思想品德、生活习惯等都会潜移默化地熏陶和感染幼儿的性格和品质；他们不能接受某个教师，便会采取如撒谎、不愿上幼儿园等逃避的方式去应对，这在一定程度上会对幼儿的品德行为造成负面影响。教育家第斯多惠认为，在学校教育中，一个教师最重要的就是要做到为人师表，因为教师是幼儿眼中的权威人士，是幼儿在现实生活中活生生的榜样。因此，师范生在接受学校教育时，必须提高自身的职业道德水平。如果一个教师对待工作认真负责，关心幼儿，平等对待每一个幼儿，就能够赢得幼儿的尊重；相反，如果教师对待工作态度消极，常常辱骂幼儿，对幼儿不能一视同仁，那么这个教师必定得不到幼儿的尊重。

（三）生命理念下的师德修养

师德修养是教师这一职业的灵魂，也是教师这一职业的生命，其在教师日常工作中的体现，便是对生命的尊重。首先体现为幼儿教师对幼儿的尊重，其次体现为幼儿教师对自身可持续发展的重视。

教师教育获得成功是其教育力量的源泉，这种成功是建立在对生命个体的尊重之上的，体现为幼儿教师关注每一个幼儿的成长。幼儿教师面对的是一群柔弱的幼儿，对幼儿的爱，是幼儿教师师德修养的体现。幼儿是一个个生动活泼的生命体，每个人都是独一无二的，幼儿教师要培养他们成长成才。

首先，幼儿教师要尊重幼儿，从思想上、情感上尊重他们的人格，尊重他们的个性，要蹲下来和幼儿寻求平等的对话，还要留一份纯真，要学会从幼儿的角度去思考问题。有的幼儿教师看到幼儿的所作所为没有完全按照自己的指令来进行，便很恼怒，大声地对幼儿进行训斥，甚至进行体罚，这便是一种典型的对幼儿生命的不尊重。从教育的角度来说，我们要学会赏识幼儿，要对教育对象永不放弃，尤其是要给予特殊群体关爱和期待。在幼儿园活动的组织过程中，幼儿教师应该以幼儿为主体，建立正确的儿童观和学生观，帮助幼儿去探索学习，学会合作。幼儿教师的主要任务是引导和支持幼儿的活动，将日常活动过程变成一个师生情感交融、价值共享、共同成长、共同探索求知、享受生命体验的完整的教学过程。

其次，幼儿教师自身要经历一个生命成长的过程，幼儿教师的师德修养立足于幼儿教师本身的生命成长过程。师德修养是幼儿教师职业及个人生存的基础，优良的师德修养是幼儿教师职业发展的动力。我们并不要求每一个幼儿教师都师德高尚，但是我们必须要求每一个幼儿教师在工作的过程中必须具有人性的温度，遵守最基本的幼儿教师职业道德守则。幼儿教师的工作对其自身来说不只是为了生存，也是为了自身的充实和发展。每一个幼儿教师不但要在日常的活动过程中学会通过反思和总结来提高自己，同时也要不断地学会自我学习，养成读书的习惯，经常参加教育科研活动，参加各种幼儿教师培训，提高自己、充实自己，成为可持续发展的幼儿教师。

（四）职业幸福感的源泉

荷兰哲学家斯宾诺莎曾说："幸福不是美德的报酬，而是美德本身。"教师所获得的幸福感来自自身的修养。教育是摆渡，把一群又一群年轻的人送往知识的彼岸。教育过程本身就是追求幸福和创造幸福的过程。教师是专门与人的心灵世界打交道的人，是各种职业中最能直接感受到他人感情的职业之一。教师的职业幸福感来自欣喜地看到自己教的学生成长、成才。

幼儿教师的职业幸福感源自在工作中实现了自己的职业理想和目标，从而获得了物质和精神上的满足感。幼儿教师培养的是祖国未来的建设者和接班人，他们被誉为幼儿的第二任母亲，是托起明天的太阳的人。幼儿教师职业拥有其他任何职业都无法享受的幸福。幼儿对教师的爱、幼儿的天真无邪是幼儿教师职业幸福感的主要来源。幼儿教师面对的是一群天真烂漫的幼儿，他们相互交往的方式简单明了，交往的空间自由开放，只要给幼儿足够的爱心和耐心，幼儿必会回报幼儿教师足够的热情，所以幼儿教师可以永葆青春活力。一个师德高尚的幼儿教师在很多方面都能受到幼儿和他人的尊重和欢迎，这些尊重和欢迎能让幼儿教师收获到人生和事业的幸福感。

> **｜ 小思考 ｜**
>
> "网红"是时下非常流行的一个名词。一些多才多艺的幼儿教师在网络平台开通自己的直播号，通过自己的实力和专业素养输出专业知识，吸引了大量的粉丝，在网络世界受到追捧，成为"网红"。例如，有的幼儿教师教家长如何育儿，他们在做好本职工作之余也服务社会，同时也获得了一定的收益。
>
> 你觉得做"网红"违背了教师职业道德修养吗？

五、幼儿教师师德修养的目标

中国社会有悠久的道德文化传统，从国家政治的宏观层面到人们生活的微观层面，都有着肥沃的道德土壤，伦理道德已深深地植根于人们的思想观念、思维方式、行为方式和生活方式之中。人们对幼儿教师的职业道德修养也十分关注，所以，每一个幼儿教师都需要做好自己的本职工作，以自身成长引导幼儿，让教育成为一件美丽而幸福的事情。

幼儿教师是一个无上光荣的职业。幼儿教师应该有理想信念、有道德情操、有专业知识、有仁爱之心，其职业道德修养的目标主要包括以下几方面。

在职业情感上，幼儿教师要有深厚的幼儿教育情怀、坚定的职业信仰，树立崇高的职业道德理想和信念，常怀一颗敬畏之心，去面对一个个鲜活的生命，热爱幼儿教育事业、热爱幼儿。

在职业行为上，幼儿教师要以科学的教育理论武装自己的头脑，形成正确的教育观、教学观、儿童观，尊重教育规律和幼儿的身心发展规律，尊重幼儿、信任幼儿，知法懂法，科学保教，勇于创新。

在个人修为上，幼儿教师要勤于学习、不断进取，善于自我调节情绪，保持乐观的心态，积极向上；注重言行与涵养，与他人和谐相处，用自己的爱心和责任心、耐心和细心，促进每个幼儿茁壮成长。

六、幼儿教师师德修养的伦理价值

（一）伦理和道德的区别与联系

伦理侧重的是人身上某些情怀的发生与养成，最终演化为人的良好品质；道德就是用来彰显在人身上养成的品质。所以，我们习惯把道德称为道德品质，把人的优良品质也称为道德品质。当伦理表示现实中和谐有序的人际关系时，它侧重于人们如何行动才能建立起这种关系，一旦认识清楚之后，它就要求人们把这种规范固定下来，让人们去积极遵守。道德就表示人们认识到了这些规范。伦理与道德的关系如图 1-1 所示。

图 1-1 伦理与道德的关系

由此可见，伦理的概念大，道德的概念小，它们的关系是包含与被包含的关系。其中，道德部分与伦理部分重合，这也就是有些情况下两者相通、可以互相替换的原因。此外，伦理侧重于从人的内在要素出发，强调人的认识和关心，具有浓厚的人道主义色彩；道德侧重于从人的外在条件出发，强调对人的规范和约束，具有浓厚的社会情结和强烈的理性色彩。从个人与社会的关系来讲，伦理强调呵护人的心灵家园，给个人寻找心灵宁静与幸福的空间；道德强调信守社会集体利益，给社会集体寻找稳定和谐的次序。

（二）教师伦理与教师职业道德

教师伦理是教育伦理的重要范畴，与教师职业道德有明显的不同。教师制度伦理和教师德性伦理构成了教师伦理的全部内容，即伦理规范的要求和个人德行修养的统一。教师制度伦理是指教育制度本身蕴涵的伦理原则、道德追求和价值判断，以及对教师的道德要求与价值目标制度化的规则、规章、法规等的总称。教育伦理是指导教育主客体实践的规范体系，以及主体内化于心中的评价善恶的教育观念和教育精神。教师职业道德是指教师在职业生活中，调节和处理与事业、与幼儿、与同事、与集体、与社会等的关系时所应遵守的基本道德行为规范或准则，以及从中内化而成的道德观念或行为品质。

教师的劳动是一种人与人直接互动的劳动形式，教师需要为与其互动的人制造一种积极、愉悦、信任的情绪状态，教师在互动中要学会以适当的表情、动作和语气展示其积极的情绪。立德树人，是教育事业发展必须落实好的根本任务。教师在工作中所遵守的职业道德准则，特别是我们今天提倡的儿童观、教育观、教学观，都体现了对人的尊重和关怀，教师职业道德修养更倾向于教师的德性伦理。

（三）幼儿教师师德修养的伦理价值

伦理从其发展历程来说，是指人身上具备的与品质相关的一系列素质和如何达到这些素质的正确行为，是指完善人的内在品质和外在做法。向善是教育的核心伦理价值，作为幼儿教师职业品质中的核心部分，其表现为对幼儿深深的爱，甚至更多时候它是超越了师生关系的一种情感与精神。这种爱体现在教育内容、教育环节、教育进程、教育功能和教育效果诸多方面。这就是教师伦理在教师职业道德修养中的深刻体现。

无论是在我国还是在其他国家，伦理强调的是人应具备的优良品质，一个人在社会关系中所处的地位，很多时候是由他的个人品格所决定的，这也是构建和谐有序的人际关系的基础。幼儿教师师德修养更加侧重于个人的品质在职业行为中的良好展现，更加强调的是一种伦理的精神，而不仅仅是一种道德行为的遵守。

让受教育者得到幸福是教育伦理价值的诉求。伦理精神就是尊重人、关心人、爱护人、理解人、支持人、成就人，以人的本来面目来对待人，唤起人的主体意识，挖掘人的潜能，激发人的创造性，实现人的价值，让人健康成长、积极发展、幸福生活。这是幼儿教师在日常教育行为中，面对柔弱的幼儿时，选择合适的工作的方式方法的思想基础。

在户外活动中，有些幼儿喜欢独辟蹊径，不按照幼儿教师指定的规则去做，而是按照他们自己的意愿去做想做的事情，如玩滑滑梯时他们从滑梯底部往上爬，走独木桥时他们荡来荡去，这些都是存在安全隐患的行为。从教师职业道德的角度来讲，保护幼儿的生命安全是幼儿教师的首要任务，幼儿教师应该禁止幼儿的某些行为，这是关爱幼儿的体现。但也有幼儿教师意识到了禁止之后他们偷偷去做会更加危险，就组织大家都统一去做，并加强保护，从而满足幼儿的探索与猎奇心理，这也是关爱幼儿的体现。后者表现出的一种浓厚的伦理精神，是教师职业道德的升华。

七、幼儿教师师德修养与职业素养的关系

职业道德原则、规范渗透到社会生活的各个方面，对人们的生活产生了影响。人们在纷繁复杂的社会生活中，通过提高职业道德修养，可以从职业道德价值上确认自己的哪些思想和言行是正确的，哪些是不正确的，并不断提高自己的职业道德认识能力、陶冶自己的职

业道德情操、锻炼自己的职业道德意志、坚定自己的职业道德信念，从而对现实社会中出现的各种现象做出正确的道德判断和抉择，使自己的行为符合职业道德理想的要求，并在实践中磨炼成始终如一的职业道德习惯和职业道德行为，形成优秀的职业道德品质和高尚的职业道德人格，以不断适应社会发展提出的职业道德要求，促进个人的全面发展和自我完善。幼儿教师师德修养，更加注重教师个人的德行与在日常教育教学工作中所表现出来的职业道德品质，不仅包括教师所拥有的中庸、和善、温和、公正等品质，还包括在日常工作中表现出来的对幼儿的爱心、责任心。幼儿教师师德修养是一个幼儿教师私德与公德的完美结合；而职业素养偏重于教师职业能力方面，强调教师个人的素质和修养。两者都有对教师的道德层面的要求，但侧重点不同。

第四节　文化视角下的幼儿教师师德修养

一、道德与文化的关系

道德与文化的关系是密不可分的。首先，文化可以通过影响人们的道德心理来提升人们的道德素质。文化作为一种隐形的力量，在潜移默化当中改变了人们的习性、气质。其次，道德对文化也能够产生一定的影响。道德作为文化的重要组成部分，在文化的发展历程中，深刻地影响着文化的发展方向。接下来，我们对两者的关系进行详细的分析和探讨。

（一）文化的基本概念

文化是由人类长期创造形成的产物，同时又是一种历史现象，是人类社会与历史的积淀物。确切地说，文化是凝结在物质之中又游离于物质之外的，能够被传承的国家或民族的历史、地理、风土人情、传统习俗、生活方式、文学艺术、行为规范、思维方式、价值观念等，它是人类相互之间进行交流的普遍认可的一种能够被传承的意识形态，是对客观世界感性的知识与经验的升华。总而言之，文化是人类在社会历史发展过程中所创造的物质财富和精神财富的总和。

文化是人类智慧和创造力的体现，在内涵上，文化大致可以表述为广泛的知识，并能将之汲取为个体内心的精神和修养。所以，我们提到的道德修养，很大程度上也是一种文化的体现。

（二）文化对道德的影响

文化知识是人类改造自然和社会的实践成果，同时又是人们进行实践活动的有力武器。文化发展的程度可以反映出社会发展的程度，也就是人类所达到的历史发展水平。从文化的含义也可以看出，文化是人和自然界与社会统一的特殊表现，是个人创造力和才能发挥程度的体现。所以，文化本身包含了人们活动的对象及其可能产生的结果，其中就包括道德。文化和道德存在着辩证关系，表现为文化包含和蕴含着道德，道德反过来也充实着文化，并对文化起到发扬光大的作用，即文化与道德互相交融、相互渗透。文化的发展同时也对道德有制约作用。

1. 文化对人的道德心理和道德人格的影响

道德心理本质是一种自责心理。长期的社会实践以及社会环境和舆论，会令人产生一定的道德观念，会令人懂得哪些事情是对的，哪些事情是错的，而且知道做错事会受到其他人的谴责，自己因这些压力而产生自责心理，这就是道德心理。道德人格是从伦理学角度来理解的人格，是指个体在一定的生理和心理素质基础上，在一定的社会历史条件下，通过社会实践活动形成和发展起来的比较稳定的行为倾向和生活态度。它是个体比较稳定的内在精神组织系统，支配和决定着个体的道德行为，并通过个体的道德行为体现出来。

社会现实生活中，隐性的道德往往无处不在。在不同社会文化的熏陶和影响下，人们往往会形成正义感、羞耻感、荣誉感、良心，以及其他的道德品质，如伟大与渺小、崇高与卑鄙等。在不同的文化体系当中，人们形成了不同的思想观念、价值取向以及心理素质。因此，我们从一个人的道德人格的表现就可以看出这个人的文化素质如何。也就是说，什么样的文化造就什么样的人格。

世界各地不同区域、不同文化系统形成的道德规范有时候也是不同的，其道德评价机制造成了不同地区人们的个性特征。文化产品蕴含着民族的智慧、品格、历史、灵魂和生命力，所以文化产品是文化的物质载体，也承载着一定的文化价值。其对社会和人们的影响也是或强或弱、有所不同的。那么，文化产品理所当然地具有"教化"的功能。例如，鲁迅的《阿Q正传》是一部成功反映社会心理的小说，即便是现在也震撼着人们的心灵。

> ┃ 小思考 ┃
>
> 观看由梁家辉主演的电影《刮痧》，思考并与同学们讨论不同区域、不同文化系统形成的道德规范的异同。

2. 文化氛围对社会道德规范的影响

以血缘关系为纽带的"家国同构"，充分体现了我国早期政治制度的特点。它源于"始于殷，成于周"的宗法制度，本质是家庭、家族和国家在结构上的同一性，即家族是家庭的扩大，国家则是家族的扩大和延伸。在家庭和家族内，"父"的家长地位至尊、权力至大；在国家内，君的地位至尊、权力至大。

这一制度极大地实现了"族权"与"政权"的统一，也要求臣民政治人格和道德人格的统一。上至天子，下至黎民百姓，无不以"孝"来约束自己便是有利的证明。若有人做出不孝，甚至大逆不道的事情，便会遭到世人的唾骂。在这样的政治文化背景下，"百善孝为先""父母在，不远游，游必有方"便成为基本的道德要求。

通过文化产品来表现道德规范的例子举不胜举。比如说文学，它被公认为"人学"，就是因为它所表现的对象和服务的对象都是以"人"为中心的，惩恶扬善、创美拒丑、斥假求真，始终是它的内在良知和追求。这样，文学就潜移默化地处在了感染人们道德、情操、品质的先锋位置上。其他的文化产品，如音乐、舞蹈、戏剧、绘画、雕塑、电影、电视等，也无不起着相同或相似的作用。所以，丰富多彩的文化产品是满足人们日常生活的情感释放、道德诉求和精神需要不可或缺的东西。

（三）道德对文化的影响

道德并不是被动地接受着经济、政治、文化的影响。在社会历史中，对于经济和政治的变化，文化也会在继承先前的文化成果的基础上做出应有的变化、发展。道德的发展也影响着文化的发展，具体表现在以下几个方面。

1. 道德深刻地影响着文化的形成和发展

风俗习惯、价值观念、道德规范均属于人类精神文化的内容，道德在文化中属于深层次的方面，具有重要的价值目标。道德融合了人类文化中的精华，规范着人们的行为，在文化的形成和发展中有着极为深刻的影响。

2. 道德的职能对文化的发展产生影响

道德的调节职能可以激励或抑制文化某一层面的发展。道德的调节职能是指道德能够通过评价、命令、指导、激励、惩罚等方式来调节、规范人们的行为，调节社会关系，使道德关系逐步由"实有"向"应有"过渡。

3. 道德是人类精神文化的重要组成部分

道德在人类社会中并不是独立存在的，它还潜藏在其他的文化形式中。中国是礼仪之邦，自古以来人们就很重视礼仪，孔子便是其中的代表，主张"克己复礼"。不论是晚辈对长辈的恭敬，还是夫妻的相处之道，无不体现着道德。

道德观念反映了地域风俗习惯，如中国农民的勤劳质朴。随着社会的发展，内化了的道德在维护礼仪、风俗习惯方面依然起着重要的作用，它保证了社会向善的方向发展，保证了人们的精神独立。

道德水平也体现着一个民族的基本素质，反映着一个社会的文明程度，加强道德建设是提高国家文明素质的一项基础性工程。民族凝聚力是一个国家文化软实力的重要标志，加强道德建设、提升国民素质、增强民族的凝聚力对提升国家文化软实力有重要的推动作用。

二、教师职业道德与文化

虽然人类的道德在某些方面有共通性，但是在不同的时代、不同的社会，往往有一些不同的道德观念。不同的文化所重视的道德元素及其优先性、所持的道德标准也常常有所差异。同样一种道德，在不同文化社会背景中的外在表现形式往往也相去甚远。

当我们自觉或不自觉地根据自己的道德观点去评判别人的行为、衡量自己的行为时，这无疑是道德评价在起作用，亦可说是向恶、向善的价值判断在起作用。所以，要使文化教育起到传承文明、促进人的全面发展的作用，就要求从事文化知识传播和教育的工作者恪守职业道德，确保文化知识传播和教育的科学性和道德性。

教师作为人类文化的传播者和道德的影响者，直接关系到教育目标的实现、教育价值观的传承。师德是人类文化体系中的重要组成部分，而教师职业道德是一般社会道德在教师职业中的特殊表现。因此，教师职业道德既是一种行为规范，又是一种文化现象。

师德，它反映着教育对自身文明和社会文明的系统思考和追寻，体现出浓郁而又独特的文化意蕴，进而使教师职业道德不仅呈现出一种独特的范畴存在，也体现出一种独特的文化存在。

师德的文化性对师德的发展是至关重要的，其作为一种富有浓厚文化底蕴的道德体系，往往蕴含着博大精深的道德精神和人文精神，富有发展的稳定性，总是对社会有着深远的影响。

三、传统文化中的教师职业道德观

孔子对待学生可谓如慈母般关怀备至，如严父般导以正道，如朋友般切磋成长。他提出"有教无类"方针，学生不分贫穷贵贱，均可以在他那里受教。后人尊称他为"至圣先师"，他是当之无愧的，他的教育理念至今仍深受教育者认同。中华民族在五千多年的历史中形成了足可引以为豪的优秀文化传统。中国传统思想文化的重心，是关于伦理道德的学说，这也是中国传统文化的一个特点。中华优秀传统文化的特点和优点之一就是它的道德精神。故我国素以礼仪之邦著称于世。文化蕴含的人生智慧、价值观念、道德理想、人生追求、情操境界以及对世界感知的方式，为我们提供了丰富的精神文化资源。"师"在古代是很受尊敬的职业，这也决定了师德的重要性，同时也决定了师德与社会经济文化之间有着密不可分的关系。我国传统文化中对教师道德的要求体现在以下几个方面。

第一，重视教师职业道德的社会作用。重视教师职业道德的社会作用、对道德的尊重和对道德价值的追求，这是中华民族的传统美德。对此，许多教育家都有论述。孔子就曾明确地指出："志于道，据于德，依于仁，游于艺"，要求人们立志于道，据守于德，依倚于仁，游憩于礼、乐、射、御、书、数六艺之中，陶冶与塑造完美的人格。这种尊道贵德的基本精神，就是强调人兽之分，突出人格尊严，突出道德的社会作用，突出道德的自律性，它体现了我国人民一贯重视道德建设的思想，有利于我们新时代教师职业道德的建设，我们应予以继承、弘扬。

第二，提炼和概括出教师职业活动共同要求的某些道德规范。长期以来，我国历代教育家从自身教师职业活动实践中提炼和概括出了许多教师道德规范，内容准确、用词简练、含义精辟，如"为人师表""以身作则""循循善诱""教学相长""学而不厌""诲人不倦""闻道在先""术业有专攻""圣人无常师"等。

第三，指出提高教师职业道德修养的某些途径和方法。中国人重视人格修养，形成了向内探求的主体性道德精神。"自天子以至于庶人，壹是皆以修身为本。"说的是从天子到普通的民众，一心所要实行的，都是把修身作为根本。对此，许多教育家提出了不少修养途径和方法，如"博学""慎思""穷理""明辨""内省""笃行""慎独"等。这些途径和方法包含着强调人的主观能动性，重视自我教育的智慧火花。

第四，继承和弘扬历代教育家和优秀教师身上的某些道德品质。在中华民族创造人类文明的实践者行列中，有着难以计数的优秀教育家和教师。他们在教师职业活动中身体力行地表现出来的高尚情操和品德，使人仰慕敬佩，一直激励和鼓舞着从事教育活动的广大教师。例如，孔子的不耻下问，王充的不畏权贵、不畏天命，近代徐特立的"外婆"慈心，今天张桂梅的心系寒门等优秀的道德品质都值得我们学习。

> **小思考**
>
> 　　据曾任北京大学教育学院教育与人类发展系系主任的陈向明教授回忆，她在哈佛大学上学时，有一次教育哲学课教师要求每位学生从自己国家的文化中找出一个有关教师的隐喻，就其哲学意义与西方常用的一些隐喻进行比较（如绘画隐喻、雕塑隐喻、生长隐喻等）。当时，她的第一反应就是从小到大听得最多的一句话——"老师是蜡烛，燃烧了自己，照亮了别人"，便就这个隐喻写了一篇小论文。在这之前，她虽然经常听人将"教师"比喻为"人类灵魂的工程师"，自己做教师的时候也常常将其挂在嘴边，引以为豪，但对其进行如此深入的"哲学"思考，还是头一次，感觉很新鲜。小组活动时，她与来自其他国家的同学一起讨论各种隐喻所隐含的对"教师"职业的期待，更觉视野开阔，思绪万千。
>
> 　　我们国家的文化中还有哪些关于教师的隐喻？请思考并进行讨论。

【课后思考】

1. 观看青春校园电影《老师·好》，从师德修养方面对苗宛秋老师进行评价。

2. 提到教师这个职业，你头脑里涌现出的第一个词语或句子是什么？你觉得用这样的词语或句子来形容教师正确吗？

3. 利用本学期到幼儿园见习的机会，完成以下作业。

（1）根据见习的所见所闻，谈谈如何在实践中提升自身的师德修养。

（2）根据在幼儿园的所见所闻，谈谈如何才能使自己成为一个快乐、幸福的教师。

第二章
幼儿教师师德修养的内涵及其体现

【本章结构】

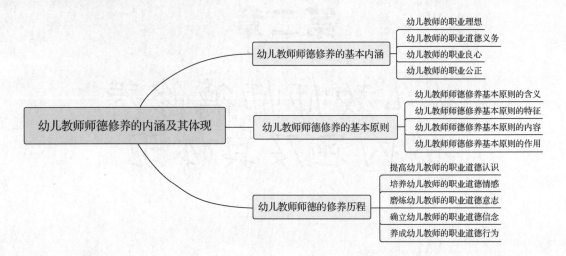

幼儿教师师德修养的内涵及其体现

- 幼儿教师师德修养的基本内涵
  - 幼儿教师的职业理想
  - 幼儿教师的职业道德义务
  - 幼儿教师的职业良心
  - 幼儿教师的职业公正

- 幼儿教师师德修养的基本原则
  - 幼儿教师师德修养基本原则的含义
  - 幼儿教师师德修养基本原则的特征
  - 幼儿教师师德修养基本原则的内容
  - 幼儿教师师德修养基本原则的作用

- 幼儿教师师德的修养历程
  - 提高幼儿教师的职业道德认识
  - 培养幼儿教师的职业道德情感
  - 磨炼幼儿教师的职业道德意志
  - 确立幼儿教师的职业道德信念
  - 养成幼儿教师的职业道德行为

【导入案例】

每逢放假的时候，我们就更不愿离开她。我还记得，放假前我默默地站在她的身边，看她收拾这样那样东西的情景。蔡老师！我不知道你当时是不是察觉，一个孩子站在那里，对你是多么依恋！至于暑假，对于一个喜欢他的老师的孩子来说，又是多么漫长！记得在一个夏季的夜里，席子铺在当屋，旁边燃着蚊香，我睡熟了。不知道睡了多久，也不知道是夜里的什么时候，我忽然爬起来，迷迷糊糊地往外就走。

母亲喊住我："你要去干什么？"

"找蔡老师……"我模模糊糊地回答。

"不是放暑假了么？"

哦，我才醒了。看看那块席子，我已经走出六七尺远。

这个案例节选自魏巍的《我的老师》。作者在文章中以一个儿童的视角和心理，回忆了儿时在温柔慈爱的蔡芸芝老师身边发生的几件事，表达了对老师深切的热爱、崇敬和感激之情，突出了蔡老师纯洁、美好的心灵。建议阅读原文并思考幼儿教师应该从哪些方面去夯实和提高自身的师德修养。

【本章学习要点】

理解幼儿教师师德修养的基本内涵。

掌握幼儿教师师德修养的基本原则。

领悟幼儿教师师德的修养历程，并能在实践中坚持道德修养行为。

幼儿教师师德修养的基本内涵

依恋是指一个人对某一特定的个体长久持续存在的情感联系。在幼儿园，幼儿和幼儿教师相处久了，便会在情感上对幼儿教师形成一种深厚的依恋关系。能有一群小"粉丝"，是每个幼儿教师的职业荣耀，也是做幼儿教师的一种职业幸福。这种职业幸福的获得是与幼儿教师的个人魅力和职业修养密切相关的。幼儿教师要有高尚的思想品德，要有科学的人生观、价值观，要能够处处以身作则，要能用自己的好思想、好品德、好作风来影响下一代，这样才能和幼儿搭起一座唯美的桥梁。要形成良好的师德修养，我们首先需要有成为一个优秀的幼儿教师的职业信念，理解师德修养的内涵，掌握师德修养的基本原则，然后在教育教学实践中有意识地践行。这样才有可能在幼儿教育这一领域开创自己的一番新天地。

一、幼儿教师的职业理想

（一）职业理想的基本内涵

职业是个体利用自身专门的知识和技能，参与社会分工，服务社会，为社会创造物质财富和精神财富，获取合理报酬作为其生活来源，并满足精神需求的工作。从事某一份工作，要想获得成就感和幸福感，首先必须得有职业归属感，心怀职业憧憬和愿景。

职业理想是幼儿教师在职业上依据社会要求和个人条件，借想象而确立的达到某种成就的奋斗目标，即个人渴望达到的职业境界。幼儿教师在幼教领域成为骨干幼儿教师、园长或幼教专家的渴望就是幼儿教师的职业理想。理想是指引一个人前进方向的航标。职业理想是幼儿教师对职业活动和职业成就的超前反映，是其价值观、职业期待、职业目标以及世界观、人生观在职业中的理想状态。这种职业理想内化成幼儿教师个体道德自觉，就是一种有教育情怀、有对幼儿教育的爱的崇高道德修养。

社会生产力的发展深层次地影响着社会的分工和职业的变化，这是影响一个人职业理想的决定因素。生产力发展的水平不同、社会实践的深度和广度不同，人们的职业追求目标也会不同，因为职业理想是一定的生产方式及其所形成的职业地位、职业声望在一个人头脑中的反映。例如，在20世纪六七十年代，很多人的职业理想是成为一名出色的拖拉机手、广播站播音员。

（二）职业理想是幼儿教师献身教育工作的原动力

人一旦有了理想，就有了为之努力的目标，无论从事什么样的工作，都有为之而努力的动力，即使是在最艰苦的时候，也能耐得住寂寞、抵得住诱惑。我国教育家徐特立一生为我国的教育事业不断奉献，实践他的职业理想，从年轻时当教师、建学校、当校长，到60多岁还充满激情，用"革命第一，工作第一，他人第一"的激情和情怀，夜以继日地工作，最终成为万人景仰的教育家。

幼儿教师也同样是一个需要饱含理想、充满激情的职业。拥有职业理想会让幼儿教师在工作中激情饱满，积极热情、任劳任怨、认真细致的职业状态更持久，为幼儿教师走上成名成家道路提供精神动力。激情是建立在对自己职业的未来构想的基础之上的。有了职业理想，我们才会客观公正地看待自己所从事的这一份职业，才不会在遇到问题和困难时充满抱怨和鄙薄自己职业的心态，也不会用消极的行为来对待幼儿教师这份天职，才会给自己的心理投射下积极的职业愿景，才可能在专业道路上有长足的成长和伟大的建树。

（三）确立崇高的幼儿教师职业理想

忠诚于人民的幼儿教育事业，做一个有理想信念、有道德情怀、有扎实知识、有仁爱之心的"四有"好老师，是当前我国幼儿教师应确立的崇高职业理想，它体现了幼儿教师职业道德的本质。

幼儿教师要确立崇高的职业理想，需要从以下几个方面做好工作。

首先，幼儿教师应该能在客观、科学的分析和看待自己的从业能力和条件的基础上，形成自己坚定的个人职业愿景。幼儿教师要爱幼儿，热爱自己的职业，对幼儿教育事业有自己的追求和抱负，深信每一个人只要不断努力付出，都有可能成为他所从事的这一行业的精英。每个幼儿教师都应将成为幼教精英的职业愿景根植于心、实践于行，坚定不移地去实现自己的理想。我们在大学学习阶段就应该将为幼教事业的发展做出应有的贡献作为自己一生追求和奋斗的目标，把对工作的憧憬作为一种不断奋斗的使命，这样才会有献身于幼教事业的激情和动力，才会有努力的方向。

其次，正确平衡物质享乐和精神追求之间的关系。在市场经济高速发展的今天，外在的很多因素时刻在考验着我们坚守自己实现职业理想的恒心和动力。物质财富的日益丰富和我们生活的日益富足，也让我们逐渐明白：光有精神追求而没有物质财富，虽会使一个人短时间陷入困顿，但这只是暂时的；但光有物质财富而没有精神追求，会使一个人陷入长久的萎靡。精神上的富有可以让我们战胜物质上的匮乏和生活上的困难，而精神上的空虚却是物质上的富有所不能弥补的。我们要相信困难只是暂时的，幼儿教师这份职业是我们一辈子的事情，我们不能只看到目前的付出和物质收获之间的不平衡，而应该看到作为"摆渡人"的幼儿教师这一职业所收获到的爱与幸福。我们只有将物质享受与精神追求结合起来，才能促进自己在职业上取得长久发展。

最后，幼儿教师要有在工作中实现自我价值的追求。幼儿教师是伟大的，其肩负着社会的责任和千万家庭的希望；幼儿教师的工作又是琐碎的，在幼儿一日生活的各个环节中，都体现了幼儿教师的辛劳。幼儿教师在琐碎的工作中要铭记自己的理想和抱负，既要学会积极调整心态，做到不忘初心、志存高远，又要脚踏实地努力去实现自我价值。作为一个新时代的幼儿教师,我们不要把工作仅仅当作谋生的手段,而应该把它当作实现社会价值与自我价值的永恒的追求,在工作中找到能够让自己的个人潜能最大化发挥的角度,善于发现问题,多反思,多总结,在反思中成长,在总结中提升。我们身边有很多有名的园长、教学名师就是在工作中逐渐积累,把自己育人的职责和自我实现的价值追求立足在平凡的岗位上成长起来的。工作中,时刻保持认真严肃的工作态度,努力让自己获得更多锻炼的机会,才能收获更多的成果,才会实现自我价值。要对工作保持认真严肃的态度,态度决定习惯,习惯决定行为,行为决定未来。在自我实现的道路上,我们应该记住的是,心态有时候可能会比我们的能力还重要。当面对一件完成起来比较困难的事情时,积极的心态有助于我们打开思路,有助于我们获得成功。拥有阳光的心态,身边的人也会慢慢地被我们感染,那些看似不可能做到的事就会变成可能。

二、幼儿教师的职业道德义务

学前期是个体社会化的起始阶段,是人的行为习惯、情感态度、性格等基本形成的关键时期,是幼儿良好社会行为和人格品质形成的重要时期。在这个时期,作为引路人的幼儿教师的道德品质对幼儿的影响是十分深远的。

(一)职业道德义务的概念

职业道德义务就是从事某一职业的职业行为人自觉地认识到的自己在所从事的工作中应承担的道德责任;或者说,只有那些能够用善恶进行评价的、同道德责任感相融合的、自觉自愿履行的职业义务,才是职业道德义务。换句话说,职业道德义务作为一种职责,是劳动者应该做的。这种"应该做的"只有变成劳动者的内心要求时,他们才能自觉地履行。一个劳动者,只要他理解职业和人民赋予自己的光荣使命,具有高度的道德觉悟和高尚的道德境界,他就能够在履行职业义务中获得道德自由。

首先,履行职业道德义务是自觉行为。

从严格的意义上来说,履行职业道德义务是从事某一职业的人在内心信念和职业习惯的驱使下,自觉自愿履行的一种道德的本能,是一种职业使命感所在。在日常生活中,幼儿教师无论在哪儿看到任何一个在哭的幼儿,都会有一种想去安慰一番的冲动,这就是一种内心信念和职业习惯的驱使。正是由于这种情况的存在,可以说职业道德义务不具有强制性。如果一个行为完全是受强制去做的,行为人内心是抗拒的,这并不是一种职业道德义务的行为。因为,职业道德义务是人们在自觉地认识客观的要求和自己的使命、职责和任务的基础上形成的内心信念和意志。

其次,履行职业道德义务是一种教育爱。

履行职业道德义务不是为了得到权利或好处,相反,它总是以或多或少的自我牺牲为前提的。当然,一个人在履行了职业道德义务以后,也可能得到舆论的赞扬、社会的认可、他人的感激或报偿，但是，履行职业道德义务不应该以获得某种权利和报偿为前提，而且在履行过程中不应该根据得失来计较付出的多少。

幼儿教师履行职业道德义务是教育爱，是对幼儿的一种无私的爱。教育爱是教育者对教育事业无私深厚的热爱。幼儿教师如果不爱幼儿，那么从一开始，他的教育就注定已经失败了，教师的职业生涯也注定是痛苦的。爱是教育的出发点，是教育的灵魂，是教育的生命所在。教育爱是教育者的一种职业义务，是一种充满责任的、理性的、普遍的、持久而高尚的爱。

（二）幼儿教师的职业道德义务的作用

幼儿教师对幼儿的教育爱是一种主动的、无私的爱。大爱无疆，这种爱是不需要条件的，是不需要幼儿通过讨好教师、听教师的话、博得教师的欢心才能获得的。幼儿教师对幼儿的爱，是一种理性的、出于责任的爱。它与父母对子女的自然爱有很大的区别。父母对子女的关怀通常是自然的、非理性的，可能会走极端，但不能因道德或不道德加以评价。在日常的教育工作中，幼儿教师和家长可能会为了幼儿的某一个问题产生分歧，但他们的最终目的是一致的，就是表达对幼儿的爱，只是爱幼儿的角度和方式不一致而已。幼儿教师对幼儿的这种深厚的情感，不仅是出自个人的思想，也是出自社会的需要、教育的需要，是一种包含着深刻社会内容和社会意义的情感。

▌案例分享▌

沉默的小小

刘老师的班上新来了一个小男孩，他长得白白胖胖，但整天板着个脸，没有一点儿笑容，也不爱说话。刘老师和蔼地问他叫什么名字，他也只是摇摇头，并不说话。刘老师发现每天来接送他的都是奶奶。通过和小男孩奶奶的交谈，刘老师知道了这个叫小小的男孩从小就失去了母亲，父亲在外面打工也无暇顾及他，一直由爷爷奶奶养育。小小的性格孤僻，语言表达能力很差，动作发育也很迟缓。

刘老师知道了小小的身世以后，送了很多玩具给他玩，经常亲切地和他聊天，教他认识一些新的事物。平时进行教学活动的时候，刘老师也鼓励他多参与，并多次鼓励、肯定他，以提高他的语言表达能力。此外，刘老师还鼓励他跟其他小朋友一起堆积木、折纸，指导他的爷爷奶奶在家里对他进行早期的智力训练。

渐渐地，小小变得爱说话了，眼睛里也开始有了神采，笑容经常挂在脸上，也愿意与别人进行简单的交流了。

在这个案例中，刘老师在发现小小的问题后，主动跟家长进行沟通，了解问题产生的原因，然后有针对性地采用相应的教育策略，充分利用家园合作帮助小小开发智力，增强语言表达能力、理解能力和动手能力。由此可以看出，刘老师平时很关爱和尊重幼儿，能够平等、公正地对待幼儿，关心幼儿的健康，同时他勤恳敬业，具有爱岗敬业的职业道德。

刘老师遵循教育规律，实施素质教育，循循善诱，诲人不倦，因材施教，促进幼儿的全面发展。

三、幼儿教师的职业良心

良心是道德情感的基本形式，是指被现实社会普遍认可并被自己所认同的行为规范和价值标准。良心不是与生俱来的，是人们在实践过程中逐渐形成的，对一定社会生活和社会关系的反映。

（一）职业良心与幼儿教师

2019 年 12 月 18 日，四川省资中县发生 5.2 级地震，震源深度 14 千米，距震中 30 千米的自贡市震感十分明显。地震发生时，自贡市金苹果幼稚园的老师们立即组织幼儿向教室外撤离。根据教室的监控回放，当时教室里面只有 6 名幼儿，地震来了，面对危险，有些幼儿根本不知道发生了什么，还像平时一样坐在桌子旁边，有些幼儿知道有危险，躲到了桌子下面。反应过来的老师们开始组织幼儿向教室外撤离，一名老师第一时间跑到门口顶住门，以便让幼儿顺利跑出去，其他老师则组织幼儿撤离，但有个别幼儿坐在地上一动也不动，幼儿又小，老师们担心幼儿走得慢，又抱又牵地带着幼儿一起跑出去。事后家长和社会反响很大，纷纷赞美这些大爱无疆的老师，但这几名老师认为自己这么做是理所应当的，确保幼儿在学校的人身安全本就是老师的一种责任。

危难面前，这些老师第一时间想到的是幼儿，这是一种大爱的展现，体现了他们极强的敬业精神和责任意识，展现的是深厚的职业良心。

职业良心是指从业人员领悟了社会对自己的要求而具有的为社会尽具体义务的明确意识，简单地说，就是从业人员对职业责任的自觉意识。

幼儿教师要铭记个体职业道德义务。在工作实践中履行职业道德义务，是幼儿教师职业良心的自觉性的体现。潜心于教书育人是每一个幼儿教师在专业化成长中应履行的基本义务。

（二）职业良心的作用

1. 职业良心的动机定向作用

从业人员在做出某种行为之前，职业良心能让从业人员根据履行职业义务的道德要求，对行为的动机进行自我检查：凡符合职业道德要求的动机就予以肯定，凡不符合职业道德要求的动机就进行抑制或否定，从而做出正确的选择或决定。

2. 职业良心的评价作用

在职业行为结束以后，职业良心能够让从业人员对自己的职业行为及其结果做出自我表现评价。对履行了职业义务的良好结果和影响，从业人员会得到内心的满足和感到欣慰；

对没有履行职业义务的不良后果和影响，从业人员会遭受内心谴责，表现出内疚、惭愧和悔恨，从而促使自己主动自觉地纠正错误。

幼儿教师的职业良心是蕴涵在幼儿教师内心深处的一种意识活动。如果说幼儿教师的职业道德义务是幼儿教师自觉意识到的道德责任，那么，幼儿教师的职业良心就是幼儿教师对职业责任的自觉意识。

（三）职业良心在幼儿教师工作中的重要作用

首先，幼儿教师在做出某种行为以前，职业良心让幼儿教师依据履行职业义务的道德要求，对行为的动机进行自我检查：对符合职业道德要求的动机予以肯定，对不符合职业道德要求的动机进行抑制或否定，从而做出正确的决定。特别是，它能对幼儿教师提出"假如我这样做可能有什么后果""如果我处在别人的位置上会怎样"等问题，使其严肃地思考、权衡并慎重地做出选择。在幼儿教师选择道德行为和避免不道德行为的抉择中，职业良心的能动作用被突出地表现了出来。

其次，在幼儿教师职业行为进行的过程中，职业良心能够起到监督作用，对符合幼儿教师师德修养要求的情感、意志和信念，职业良心会予以激励并促使其坚持下去；对不符合幼儿教师师德修养要求的情感、欲念或冲动，职业良心则予以抑制，促使幼儿教师自行改变其行为方向和方式，纠正自私欲念或偏颇情感，避免产生不良后果。特别是在职业行为进行过程中，当出现认知错误、情绪干扰或情况变化时，职业良心能够使幼儿教师自觉地保持正直的人格，不断提高职业道德修养。例如，幼儿教师不能为了图省事，让幼儿长时间看动画片，而应该站在完成教育目标、促进幼儿发展的职业自觉上，组织丰富多彩的游戏活动。

最后，在职业行为结束之后，职业良心能够让幼儿教师对自己的行为后果和影响进行自我评价。若履行了职业义务，形成了良好的后果和影响，则可以得到内心的满足和感到欣慰；反之，则会遭受内心的谴责，表现出内疚、惭愧和悔恨，以至于深感自己缺乏职业良心而纠正自己的错误。从这个意义上讲，职业良心充分发挥作用，主要还是在幼儿教师的职业行为结束之后。因为，只有在职业行为结束之后，特别是在一系列行为结束之后，幼儿教师才能从实际的行为后果和影响中，得到全面深刻的认识，做出职业良心的全面评价。

职业良心在职业发展过程中的实践主要有两种方式：一种是直觉的作用方式，另一种是理智的作用方式。

直觉的作用方式是指职业良心以一种无形的力量，甚至潜意识的本能、顿悟，使职业行为沿一定的方向进行。例如，学车时的"一踩二挂三看四转五按六手刹"的操作方法，我们背了许多遍仍记不住，在操作时还是会犯错，但有了几年的驾驶经验后，我们会发现，自己不经思考就能熟练地完成这些规范的动作，这就是潜意识里的直觉。

理智的作用方式是指经过职业道德情感的冲突而做出的深思熟虑的、合乎理性的选择，如自觉遵守职业道德规范，履行自己的职业道德义务。这种作用方式使从业人员的内心世界服从职业道德的自我道德"法庭"的审判。

四、幼儿教师的职业公正

从最为通常的意义上讲，公正即公平正义，包括同等情况下同等对待和不同情况下区别对待两种情况。

（一）幼儿教师职业公正概述

幼儿教师在职业实践活动中为人正直，给予每个幼儿平等的机会，处理各种关系时遵循公认的道德准则，这就是幼儿教师的职业公正的体现。公正是开展教育活动的重要前提。只有具备公正品质的幼儿教师，才能正确履行幼儿教师道德义务，才会有教育教学上的威信。幼儿教师付诸公正行为，公正合理地对幼儿进行教育，才能保证幼儿的健康成长。一位真正优秀的幼儿教师，不仅要有渊博的知识，还应以客观公正的态度对待每一个幼儿。

公正对待每一个幼儿对于幼儿的成长有特殊的意义，得到公正的对待是幼儿心理健康所必需的，它告诉幼儿是与非，它可以引导幼儿走向高尚。幼儿教师公正地对待每一个幼儿，对幼儿形成良好的人际关系和健康的心理有着十分重要的意义。著名教育家霍瑞斯·曼说过："教育是实现人类平等的伟大的工具，它的作用比任何其他人类发明都要大得多。"幼儿教师的公正有助于培养幼儿的健康人格，使其具备正义感，也有助于培养真正的集体，让班级形成正确向上的集体舆论。

（二）幼儿教师职业公正的具体内涵

《儿童权利公约》是第一部有关保障儿童权利且具有法律约束力的国际性约定，是儿童权利保护的宪章，其以儿童独立的权利主体地位为中心，以儿童的最大利益为出发点，对儿童权利保护基本原则做了系统的规定。其中，儿童最大利益原则是纲领性的原则，充分体现了幼儿教师职业公正的具体内涵。

（1）无歧视原则。对任何幼儿，无论其出身、背景如何，幼儿教师都要平等地对待。

（2）幼儿最大利益原则。在处理与幼儿相关问题时，应以幼儿为本位，从其根本利益、长远利益出发分析问题、解决问题。最大利益的标准是，能够使幼儿在健康和正常的状态下，增加发展道德、心智、身体、精神和社会方面的机会和便利。幼儿教师无论对幼儿采取何种措施，都应当优先考虑幼儿的利益最大化。

（3）尊重幼儿权利与尊严原则，即每一个幼儿都享有生存发展的权利。幼儿拥有独立的、完整的人格，幼儿教师必须尊重幼儿的人格尊严。

（4）尊重幼儿意见原则。幼儿是独立的个体，他们有自己的感情和对事物的意见。保障他们积极主动地参与关系自身权利的各种活动中，不仅是他们基本的权利，也是他们成长和发展的基本需要。

（三）幼儿教师职业公正的实践

首先，幼儿教师要毫无私心地接受每一个幼儿，不因幼儿的家庭经济条件、性别、长相等原因拒绝为幼儿提供教育；能够因材施教，不因幼儿的表现来决定如何对待幼儿。幼儿教师应该学会尊重幼儿的个体差异，辩证地看待幼儿的优缺点，不应因幼儿在道德、智力、体能等方面存在差异而对幼儿区别对待，要避免个人感情色彩的影响。

其次，在教育活动的组织过程中，幼儿教师要充分体现以幼儿为主体的原则，为每一个幼儿提供参与的机会，不能因为幼儿表现不佳而故意忽视或拒绝幼儿的参与；不能因为个人情绪而影响活动参与人员选拔的公正性和影响组织活动时对幼儿评价的合理性；任何时候都应该给幼儿提供平等的机会，做到客观公正地对待每一个幼儿。

再次，幼儿教师在教育过程中要切合幼儿的发展状况和个性特征选择适宜的活动内容与活动方式，保证他们获得适宜的教育；要辩证地看待幼儿的优缺点，不绝对化对待幼儿犯的相同错误，要根据不同的动机与原因进行处理。

最后，幼儿教师应该用发展的眼光来评价幼儿的进步，而不是简单直接地进行幼儿之间的比较。如果要进行幼儿之间的比较，首先得确认他们是不是都在原有的基础上获得了一定的发展。幼儿教师应该努力去发现每个幼儿的闪光点，并给予他们正向的引导。

随着时代的发展，幼儿教师的职业公正又有了新的内容，那就是"弱势补偿"，即按照平等的原则补偿由各种自然的和社会的偶然因素造成的弱势群体，用区分性、差异化手段达到教育公平的目标。现如今，学前教育领域越来越多的人开始注意到幼儿的个别差异性发展。将幼儿视为平等的人格主体并予以尊重是当今世界普遍的要求之一。幼儿教师应当认识到幼儿也是一个有独立人格的主体，在一日生活中，应以平等、客观公正的态度对待他们，创造一种良好的师幼关系。

作为幼儿教师，我们应深刻认识到虽然幼儿处在生长发育期，但他们已经形成了一定的思想，他们应当被看作是一个独立的、拥有权利的群体，并应当受到尊重。

第二节　幼儿教师师德修养的基本原则

陶行知曾指出："要人敬者必先自敬，重师首在自重。"幼儿教师要想受到敬重，就必须加强自己的师德修养，就必须做一个有原则的人。幼儿园是对学龄前儿童实施保育和教育的机构，幼儿园教育是基础教育的有机组成部分。对于一个人来说，幼儿园阶段的教育是其在家庭教育之外接受社会性教育的起始引导，是关乎人生成长的启蒙教育。

一、幼儿教师师德修养基本原则的含义

原则指行事所依据的准则。任何类型的道德，都有属于其体系核心的基本原则。这些

基本原则用于调整人与人之间的利益关系，成为区别于其他道德体系的根本特征。道德基本原则贯穿整个道德活动过程，具有全面的指导作用。相对于道德规范，道德基本原则具有抽象性。道德规范是更具体、更具有可操作性的道德要求，对人们具有直接的约束力。

幼儿教师职业历史悠久，随着社会的发展，其地位日益突出，功能逐渐拓展，其职业道德修养体系也逐渐完善。一般来说，幼儿教师师德修养基本原则是幼儿教师在职业实践活动中必须遵循的最根本的行为准则，是幼儿教师协调工作中人与人之间及本行业与社会和其他行业之间的利益关系的根本指导原则，它集中体现了社会对幼儿教师在职业活动中的职业行为提出的最根本的道德要求。

幼儿教师师德修养基本原则是幼儿教师师德修养体系的核心，幼儿教师师德修养规范在它的指导下展开、补充和具体化。幼儿教师师德修养基本原则是对幼儿教师的指导性、原则性要求，是对幼儿教师师德修养规范的总概括。在执行中，它允许幼儿教师根据具体情况变通处理，具有一定的灵活性。幼儿教师师德修养基本原则可以从以下两个方面来理解和把握。

第一，幼儿教师师德修养基本原则是评价幼儿教师职业行为的最高道德标准。

首先，这是由幼儿教师师德修养基本原则在幼儿教师师德修养体系中的地位决定的。幼儿教师师德修养基本原则贯穿幼儿教师整个职业活动过程，指明了幼儿教师职业实践行为的总方向，体现了幼儿教师师德修养的本质属性，对幼儿教师职业行为起指导作用，统率着幼儿教师师德修养体系中的若干道德规范和一系列道德范畴。幼儿教师师德修养基本原则在幼儿教师师德修养体系中的核心地位和统率作用，决定了幼儿教师师德修养基本原则是评价幼儿教师整体和个体职业行为的最高层次的道德标准。

其次，从法律与道德规范人们行为的不同方式来看，幼儿教师师德修养基本原则是评价幼儿教师职业行为的最高道德标准。法律是依靠国家强制力来约束人们的一种行为规范，具有强制性，相对于道德而言，它是一种外在的约束力量；道德是依靠社会舆论、传统习俗和人们的内心信念来维系的，它主要指人们把社会的要求内化为自身的行为准则，依靠自律来指导行为。相对于法律来说，道德是来自人们内心的一种精神力量。因此，道德的要求是比法律更高层次的要求。从这个意义上来看，我们说幼儿教师师德修养基本原则是评价幼儿教师职业行为的最高道德标准。

第二，幼儿教师师德修养基本原则是调整幼儿教师个人与他人、与社会的利益关系的根本指导原则，是区别于其他类型的社会道德的根本标志。

每种职业都体现和处理着一定的利益关系。在现阶段的社会里，职业劳动是为社会创造经济、政治、文化效益的活动，同时也是个人生活资料的主要来源。因此，各种类型的职业道德修养，必然要承担起协调本行业内人与人之间，本行业与其他行业、与行业服务对象、与社会整体或国家之间的利益关系。要处理好这些关系，就需要一个根本的指导原则。幼儿教师师德修养基本原则就是指导幼儿教师调整行业内人与人之间、幼儿教师与其他行业之间、幼儿教师与幼儿之间、幼儿教师与社会整体或国家之间的利益关系的根本指导原则，它反映了幼儿教师职业所应承担的一定的社会责任、应履行的社会义务以及承担责任、履行义务所应享有的社会权利及社会利益，是幼儿教师师德修养区别于其他类型的社会道德的最根本标志。

二、幼儿教师师德修养基本原则的特征

从幼儿教师师德修养与一般社会道德的关系，以及幼儿教师师德修养基本原则在幼儿教师师德修养体系中的地位来看，幼儿教师师德修养基本原则具有以下特征。

（一）阶层性

从人类发展历史来看，教育总是为特定社会和阶层服务的。处于主导地位的阶层，通过制定教育方针、政策来控制教育，规定学校的培养目标和规格，培养为占主导地位的阶层服务的人才。幼儿教师师德修养的基本原则，集中体现了特定社会和阶层的这一要求。我们这里所讲的幼儿教师师德修养是社会道德系统的一个组成部分。幼儿教师师德修养不仅体现了一定社会幼儿教师的社会地位、功能、责任、义务、利益等，而且体现了一般社会道德的阶层本质。从职业道德与一般社会道德的关系来看，一定社会的职业道德修养是在特定的职业活动中形成的，所以职业道德修养必然具有阶层性，超越社会阶层的抽象的职业道德修养是不存在的。幼儿教师师德修养基本原则，作为幼儿教师师德修养体系的核心内容，最集中、最直接地反映了幼儿教师职业的本质属性，具有鲜明的阶层性。

（二）历史性

一定社会的职业道德修养是一个历史范畴，其形成和发展有深刻的社会经济根源，它是随着社会历史条件和经济关系的发展而发展的。在不同的历史阶段，职业道德修养的内容是不同的，其在发展的广度和深度上，在所能达到的高度上，也是不一样的。任何道德，包括职业道德修养，都是社会经济状况的产物。幼儿教师师德修养基本原则作为幼儿教师师德修养体系中相对稳定的部分，必然随着社会经济、政治关系和人们的职业实践活动的变化而发生相应变化，表现出历史性。

（三）方向性

一定社会的职业道德修养，必然要体现该社会经济发展的特定要求，必然要适应该社会经济的发展方向，而作为职业道德修养体系核心内容的职业道德修养基本原则，更应该鲜明地、突出地体现出特定社会对各行各业的特殊要求，为行业活动提供方向性指导。

具体到幼儿教师师德修养来说，其基本原则必然反映当时社会经济发展对教育提出的特殊要求，必须与特定的办学指导思想相符合，必须与教育教学活动目标相一致，与促进幼儿全面发展相一致。幼儿教师师德修养基本原则的这种要求，对于幼儿教师来说，不仅仅是一种道德行为规范，更是一种高层次的、方向性的指导原则。

（四）主导性

幼儿教师师德修养基本原则，是指导幼儿教师职业活动的根本道德准则，它贯穿幼儿

教师职业活动的始终。与具体的道德规范不同，幼儿教师师德修养基本原则是一种更高层次的道德要求，它对幼儿教师行为的约束，不仅体现在课堂上，也体现在幼儿教师职业活动场所之外，贯穿幼儿教师的日常行为活动。对于从事幼儿教师职业的人来说，幼儿教师师德修养基本原则，不仅仅是一种职业行为的规范指导，更是一种理想价值信念，是深蕴在内心深处的道德价值目标，是应该矢志不渝地追求的高层次的道德境界。这样一种幼儿教师师德修养基本原则，就是一种内化了的道德力量，它必然自始至终地贯穿幼儿教师职业活动，指导着幼儿教师在一日生活和活动中的行为，对幼儿教师的职业活动发挥主导作用。

三、幼儿教师师德修养基本原则的内容

幼儿教师师德修养基本原则，集中体现了我国社会主义初级阶段条件下社会经济、政治、文化发展对幼儿教师职业活动提出的特定要求，反映了人民的意愿，是我国现阶段衡量幼儿教师行为善恶的最高道德标准。幼儿教师师德修养基本原则包含以下内容。

（一）敬业爱生原则

敬业爱生是幼儿教师师德修养基本原则的核心内容，是其他道德、职业准则的基础和前提。敬业，即忠诚于人民的教育事业，将幼儿教育事业作为自己的一项事业来认真对待，尽职尽责，兢兢业业。爱生，即在对待自己的教育对象上充满爱心、耐心，一心一意培养好下一代。这一基本原则充分反映了我国幼儿教师应有的职业劳动态度和劳动目的。遵循这条原则的前提是，必须有敬业意识，就是幼儿教师对自己所从事的职业在整个社会中的地位和社会价值的认同和追求。没有认同，就没有尊重和忠实于职业的敬业精神。认同的方面不同，也会产生不同的敬业态度。幼儿教师的敬业意识，来自对自我身份的认同和自身地位的认同。

我们的各类职业都是为人民服务的，就业者也是人民的一员。对于人民群众来说，"为人民服务"本质上是要求就业者之间通过相互服务来谋求共同的幸福。每个职业岗位上的服务者，在别的岗位面前都是被服务者，这里的职业分工原则上是平等的，没有高低贵贱之分，也不存在根本的利害冲突。职业分工的根本意义在于，人们有组织地去从事自己的事业。因此，人的发展与事业的发展，实现人生价值的目的与手段，是可以并且应该在职业岗位上统一起来的。敬业即自爱自强，"敬"的根据是"爱"，由"知"而"爱"，是爱祖国、爱幼儿与个人自爱自强的统一。幼儿教师的敬业爱生意识就表现在献身教育、热爱幼儿、尽职尽责等方面。

敬业爱生，要求幼儿教师具有乐业意识。幼儿教师在职业岗位上能否做到敬业而安心，取决于他追求什么，取决于他能否从中找到人生的意义和乐趣。如果一个人只把谋生致富当作职业追求，那么，他在职业中只不过是一个"挣钱机器"，而不会实现人生价值和获得更

多的乐趣。幼儿教师要确立乐业意识，就要认识到个人与社会之间根本利益的一致，个人发展与社会发展的相互依赖，人的自我价值与社会价值的统一；在共同的理想和目标下，把职业放在"为人民服务"的天平上衡量，以社会主义事业的整体利益为重，重视人民的利益和需要，重视社会的现实条件，并把它变成自己的需要和条件，敢于面对职业上的困难和挑战，并能够战胜它、超越它，而不被它压倒，进而从中发现人生的乐趣和创造人生的价值。忠诚于人民的教育事业，要求幼儿教师具有职业规范意识。幼儿教师在职业活动过程中，除了遵循职业道德修养规范外，还要遵守法律、行政、业务技术等方面的行为规定。它们是社会根据幼儿教师职业活动的方式、条件、特点和目的，对幼儿教师提出的不同层次、不同方面的要求。对于每一个幼儿教师来说，是否能够充分理解、正确执行这些规则，不仅表明他是否具备基本的职业素质，也直接反映出他的职业道德修养水平的高低。具有高度自觉的职业规范意识，意味着幼儿教师不仅能充分认识和执行既定的规则，而且能积极地发展和完善合理的规则，以实现教育更好地为人民服务的目的。

敬业爱生，要求幼儿教师具有勤业、精业意识。一般来说，职业具有多方面的价值。对个人来说，它既有谋生的价值，又有学习和锻炼的价值，既可以创造服务与贡献的社会价值，也可以实现人生塑造的自我价值，但是，无论追求什么样的价值，都只能以实现职业的效益和职能为前提。只有保证了职业本身的存在和发展，才能为实现更多的价值提供条件；本职工作做得越好，其他追求就越有机会实现。所以，勤业、精业与通过职业来实现人生价值之间并不冲突，反而是相辅相成的。对于幼儿教师来说，勤业表现为忠于职守、认真负责、教书育人、遵守规则、坚持不懈，它是实现职业最基本价值的保证；精业表现为严谨治学、精益求精、不断改进，它是实现职业最高效益的价值追求。对于忠于人民教育事业的人来说，勤业、精业是自然而然的。越是懂得什么是人生的价值，怎样才能实现人生价值的人，就越能自觉地培养勤业、精业意识。

案例分享

幼儿园教学活动标准化设计

某机关幼儿园为了凸显教师教学水平的同步发展，进行了教学活动标准化设计。在活动组织过程的设计上，总是先让教师在前面示范，然后让幼儿进行模仿，结果都变成了千人一面。幼儿园的黄老师看到这一幕，不由得提出这样的疑问：我们到底要给幼儿提供什么样的活动？怎样才能做到释放幼儿的天性？怎样让幼儿真正学会玩耍，学会自由探索？后来她向幼儿园领导进行请示汇报，并同其他教师商量探讨这些问题，在幼儿园里面进行实验。她觉得应该视幼儿为一个自己能认识、思考、发现、发明、幻想和表达世界的幼儿，一个能自我成长的幼儿，一个富有巨大潜能的幼儿。所以她开始尝试在教学活动中间尽量让幼儿做到自主，总是首先让幼儿们自主探索，去发现新的思路，然后让幼儿们沿着这个思路继续探索。有一次在进行主题为"好玩的纸箱"的体育游戏的时候，原来的设计是将纸箱垒成不同的高度，让幼儿们从纸箱上面跨过去，锻炼幼儿跑、跨、跳的能力，但在实践的操作过程中，黄老师没有按这一设计思路进行，而是先让幼儿们自主探索纸箱的玩法。幼儿们这下来了兴致，有的比谁将纸箱抛得高、抛得远；有的比谁能将纸箱码高并向前推动不掉下来……黄老师一开始心里还有一点儿慌，觉得当天的教学目标无法完成，后来她灵机一动，把幼儿的探索结果和教学过程中间的跨、跑、跳的要求进行结合，这样就组成了一个非常完美的活动环节，既锻炼了幼儿的跨、跑、跳能力，也锻炼了他们的手臂肌肉，幼儿们在活动过程中也比较开心，感受到了创作的快乐。这次尝试让她深刻感受到这才是幼儿活动应该有的样子。

从这个案例中我们可以看出，敬业爱生，首先应该是时刻以幼儿为中心，围绕幼儿去组织活动、打造园所环境、建设区角，把幼儿园还给幼儿。幼儿园的所有活动和教育都是幼儿的，应该让幼儿成为幼儿活动的支持者，而不是以幼儿教师为中心，让幼儿围绕着幼儿教师转，把幼儿变成被安排的对象和教学活动的完成者。黄老师作为一名普通教师，能够有自己的职业本体意识，善于发现日常教学活动中的问题，并进行思考和解决，深刻体现了她对于幼教事业的热爱和对幼儿发展成长的关注。这就是一个教师师德修养的深刻体现。

（二）权责平衡原则

在幼儿园日常的教育教学过程中，幼儿教师是权利和责任的平衡体，拥有某种权利，同时也要承担相应的责任。幼儿教师有教育幼儿的权利，更有爱护幼儿的责任。既没有只享受权利而不承担责任的个体，也没有只承担责任而不享受权利的个体。只有正确认识权利与责任的关系，才能正确对待权利、正确行使权利、勇于承担责任。在权利和责任的关系上，责任是第一位的；在责任和权利的关系上，责任在先，权利在后。

幼儿教师虽然在幼儿面前极具权威性，但要始终牢记享有多大权利，就应肩负多大的责任，这是一条基本的社会原则。法律讲的是权利与义务的对等性，义务就是责任，正所谓权利越大，责任越大，特定的权利总是与责任联系在一起的。幼儿教师应该熟知法律法规赋予自己的权利，认真行使好自己的权利。幼儿教师的权利是幼儿教师应该得到的价值回报，具有生存性和发展性的特征（生存性的权利让幼儿教师有做人的尊严，发展性的权利让幼儿教师有做事的担当）。幼儿教师可以根据法律赋予的权利来维护自身权益。

法律赋予幼儿教师的责任是幼儿教师应该履行的价值付出，它具有自涉性和他涉性的特征。自涉性的责任与幼儿教师作为专业者相关，是幼儿教师必须承担的；他涉性的责任与幼儿教师作为教育者相关，需要幼儿教师用心去体会。

2020年9月23日，教育部在前期广泛调研、公开征求意见的基础上，审议通过了《中小学教育惩戒规则（试行）》（教育部令第49号，以下简称《规则》）。《规则》于2021年3月1日起实施。《规则》回应了社会关切的教育热点问题，在起草过程中就受到了各方面的高度关注。《规则》第一次以部门规章的形式对教育惩戒做出规定，系统规定了教育惩戒的属性、适用范围以及实施的规则、程序、措施、要求等，旨在把教育惩戒纳入法治轨道，更好地推动学校全面贯彻落实党的教育方针和立德树人的根本任务。

《规则》首次对教育惩戒的概念进行了定义，规定教育惩戒是"学校、教师基于教育目的，对违规违纪学生进行管理、训导或者以规定方式予以矫治，促使学生引以为戒、认识和改正错误的教育行为"，明确教育惩戒不是惩罚，而是教育的一种方式，强调了教育惩戒的育人属性，是学校、教师行使教育权、管理权、评价权的具体方式。《规则》强调，实施教育惩戒应当遵循教育性、合法性、适当性的原则，"符合教育规律，注重育人效果；遵循法治原则，做到客观公正；选择适当措施，与学生过错程度相适应"。

《规则》将教育惩戒分为一般教育惩戒、较重教育惩戒和严重教育惩戒3类。一般教育惩戒适用于违规违纪情节轻微的学生，包括点名批评、做口头或者书面检讨、增加额外教学或者班级公益服务任务、一节课堂教学时间内的教室内站立、课后教导等；较重教育惩戒适用于违规违纪情节较重或者经当场教育惩戒拒不改正的学生，包括德育工作负责人训导、承担校内公共服务、接受专门的校规校纪和行为规则教育、被暂停或者限制参加游览以及其他集体活动等；严重教育惩戒适用于违规违纪情节严重或者影响恶劣，且必须是小学高年级、初中和高中阶段的学生，包括停课停学、法治副校长或者法治辅导员训诫、专门人员辅导矫治等。

《规则》强调，教育惩戒与体罚和变相体罚是不同性质的行为，明确禁止了7类不当教育行为：以击打、刺扎等方式直接造成身体痛苦的体罚；超过正常限度的罚站、反复抄写，强制做不适的动作或者姿势，以及刻意孤立等间接伤害身体、心理的变相体罚；辱骂或者以歧视性、侮辱性的言行侵犯学生人格尊严；因个人或者少数人违规违纪行为而惩罚全体学生；因学业成绩而教育惩戒学生；因个人情绪、好恶实施或者选择性实施教育惩戒；指派学生对其他学生实施教育惩戒。这些禁止行为同样也划定了幼儿教师的行为红线，规定了对越界幼儿教师的处罚方式，方便各方监督。

> **┃ 小思考 ┃**
>
> 幼儿教师在一日生活和活动中怎样做到谨慎使用惩戒权？

教育惩戒权绝非体罚权。惩戒与体罚是两个不同的概念，教育惩戒是带有手段和目的的一种教育方式，教育惩戒是为了"戒"，即戒除、预防是目的，它强调了教育结果和目的的达成；而体罚是以故意施加疼痛来逼迫其改正错误，很容易对幼儿的身心造成伤害。

（三）诚实守信原则

诚实，即忠诚老实，就是忠于事物的本来面貌，不隐瞒自己的真实思想，不掩饰自己的真实感情，不说谎，不作假，不为不可告人的目的而欺瞒别人。守信，就是讲信用，讲信誉，信守承诺，忠实于自己承担的义务，答应了别人的事一定会去做。忠诚地履行自己承担的义务是每一个现代公民应有的职业品质。"对人以诚，人不欺我；对事以诚，事无不成。"

诚实，守信用，也就是言行跟内心思想一致，不虚假，能够完成约定的事情而取得别人的信任。从一般意义上讲，诚实守信是社会交往中人们所必备的一种道德品质。如果人们的交流总是存在着怀疑和不肯定感，就会给人与人之间的合作与交往造成障碍。在现代社会人与人的交往中，诚信是人与人之间相互信任的基础和前提。自觉讲诚信，体现了个体的品德和修养。

幼儿教师的诚实守信是指幼儿教师在教育和教学活动组织过程中，对幼儿、对家长、对学校、对集体诚实守信，在对待工作上言行一致，遵守职业道德修养要求，以身作则，以获得幼儿、家长及学校和社会的信任。这是在社会主义市场经济条件下对幼儿教师的职业道德修养提出的重要要求，也是在社会主义市场经济条件下幼儿教师个人必须具备的素质。

幼儿教师的诚实守信体现为幼儿教师履行义务时所持的诚实、守信用的态度，具体表现在以下几个方面。

第一，对教育教学工作高度负责，不敷衍了事，不弄虚作假。这种高度的责任感是在对幼儿、对幼儿教师集体和社会教育事业整体的深刻认识的基础上产生的，是对人民的教育事业的忠诚。

第二，以身作则，说到做到。幼儿教师教育幼儿应该做到的，自己应身体力行，率先垂范，不欺骗和敷衍幼儿。

第三，在教学工作和科研工作中，都忠于职守、认真负责，决不敷衍塞责、虚华浮夸、弄虚作假、得过且过，实实在在地不断提高教育教学质量。

第四，谨言慎行，做幼儿效仿的典范。幼儿教师在教育幼儿之前，应先想一想自己是否做到了；让幼儿完成任务之前，想一想自己是否有时间陪伴和指导幼儿完成任务。幼儿教师不但要传道、授业、解惑，而且要为人师表、言传身教。诚实守信既是一种道德品质，更是一种高尚人格。每一个幼儿教师，不但要以自己的知识、智慧和才能来教育幼儿，而且要以自己的人格力量来启迪幼儿、感召幼儿。

▌案例分享▐

不守信用的老师

这是一节校内语言展示活动课，主题为"有趣的人形符号"，包括老师通过出示各种人形图卡，请幼儿辨认，引导幼儿分辨人形符号中男女的不同特点，观察和分辨人形符号的不同姿态以及所表达的意思等环节。最后，老师设置了游戏环节——大家一起找一找哪些人形符号是在幼儿园里可以找到的。老师展示手中的标志牌，幼儿回答在什么地方可以见到。为了让课堂气氛更加活跃，幼儿的参与性更高，老师一边展示，一边不停地说："谁回答得好，老师等会儿就奖励谁！"听到有奖励，幼儿们的积极性一下子提高了很多，都争先恐后地回答问题。这节课也上得非常成功。可是下课后，老师好像忘记了奖励的事情，收拾好玩教具就走出了教室，幼儿们一个个眼巴巴地望着老师的背影，嘴里不停地小声嘀咕着："我的奖品呢？"

诚实守信是为人之本、从业之要。首先，诚实守信，是一个人品德状况和人格修养的体现。其次，诚实守信，是赢得别人尊重和友善对待的重要前提条件之一。教育是一种责任，更要讲诚信。"学高为师，身正为范"，作为幼儿教师的我们应该率先垂范，说出的话就得算数。

本案例中的这位幼儿教师为了使校内展示课上得精彩，便对幼儿许诺课后会给予奖励。然而，下课后幼儿教师并没有给幼儿奖品，也没有做出任何关于奖品的说明就离开了教室，这极大地伤害了幼儿幼小的心灵；同时，也给幼儿树立了"说话不算数"的坏形象。

四、幼儿教师师德修养基本原则的作用

幼儿教师师德修养基本原则，是幼儿教师师德修养体系的核心内容，它贯穿教育活动过程的始终和教育教学工作的各个方面，是幼儿教师职业活动的灵魂和价值方向。正是由于幼儿教师师德修养基本原则的存在，幼儿教师师德修养规范才能组合成一个具有内在统一性的职业道德修养规范体系。如果抽掉了幼儿教师师德修养基本原则，幼儿教师师德修养体系就失去了灵魂，失去了自身的意义。因此，在整个幼儿教师师德修养体系中，幼儿教师师德修养基本原则的作用不可替代，它对幼儿教师也提出了很多重要的、具有根本指导意义的要求，但这些要求只是一种职业道德的要求，只具有外在的约束力，仅仅停留在他律阶段，幼儿教师要把它变成一种自觉的修养性行为，就还要在自我学习体验的过程中不断地加深对其的理解。

> **┃ 案例分享 ┃**
>
> **一个幼儿教师的职业道德修养感悟**
>
> 我曾在民营企业、国有企业、私立幼儿园工作，直到入职这家公立幼儿园。刚进入这个行业时，我觉得它就是一份职业，是我谋生的手段。我曾和许多老师一样，梦想着进公立幼儿园，因为公立幼儿园福利好、待遇好，还有寒暑假。
>
> 有人说，教师刚开始工作都会经历新鲜期，慢慢开始适应，最后无一例外地进入倦怠期……于我而言，新鲜期是幼儿灿烂的笑容，是碰到难题时我的不知所措，同样也是理论知识与实际操作中的冲突矛盾。我每天和一群优秀的、乐观的幼儿教师在一起，随着时间的推移，她们影响着我，我开始慢慢突破，找到其中的平衡点，慢慢地适应；然后开始重复一天又一天同样的工作。有时候我也会想，日复一日、年复一年的工作模式，会不会让我丝毫感觉不到自己作为年轻教师的激情，但其实静下心来想一想，又真的是这样吗？好像不是的。
>
> 接触了越来越多优秀的幼儿教师，我开始心怀一个梦想，要让自己成为一个优秀的幼儿教师，走一条朴实无华的路：实习—配班—助教—教研组长—业务园长—园长。我坚信只要经过时间的考验，每一个幼儿教师都有可能成为一位优秀的园长。
>
> 人一旦有了理想，就有了为之而努力的目标，无论从事什么样的工作，都有了

灵魂，也有了为之而努力的动力，即使是在最艰苦的时候，也能耐住寂寞、抵制住诱惑。我心怀梦想时，面对的任何问题和困难都不再复杂和艰难。面对哭闹的幼儿，我会很有耐心地蹲下去安慰，等他们平静下来。我会以理解和尊重的语气和一个心情复杂的家长进行对话。我开始对工作越来越熟练，开始不再害怕面对棘手的问题，但我同时也并没有对这份工作感到乏味，我仍然每一天都期望看到幼儿灿烂的笑脸，以及幼儿的每一个因我而产生的细小的进步。

人是越努力越幸运的，我的表现让我获得了园所的肯定，园所给了我更多学习的机会和晋升的空间，以及更多在工作中体现自我价值的机会。随着外出交流和学习次数的增多，见识的增加，我越发发现自己有很多不足，而这一切又让我更珍惜和热爱自己的工作，热爱幼儿，并下定决心要把自己的工作做得更好。

在工作中，我逐渐发现自己的不足和短板，但我敢于直面问题，不藏着掖着，努力向优秀的幼儿教师学习，将一名优秀的幼儿教师所需要具备的一切素质作为我的目标，努力学习理论知识，让理论知识来充实我的头脑。原来我认为理论知识是空洞的，真正处于现实工作场景时，我发现原来是自己没有理解理论知识，理论知识指引着我们找到解决问题的思路。

对幼儿的热爱驱使我这个平凡的幼儿教师一步又一步前进着，我越来越自信、越来越有成就感，我相信自己最后一定能成为幼教里的参天大树。

第三节　幼儿教师师德的修养历程

幼儿教师师德的修为养成需要一定的历程，从根本上来说，这是培养幼儿教师良好的职业道德品质的过程，它可以让一个幼儿教师把外在的规范学习内化为一种自身的道德自觉，是依靠文化、内心信念和习惯，通过教师的自律来实现的。构成幼儿教师职业道德品质的要素，是道德上的认识、情感、意志、信念、行为和习惯，因此幼儿教师师德修养的内容包括提高幼儿教师的职业道德认识、培养幼儿教师的职业道德情感、磨炼幼儿教师的职业道德意志、确立幼儿教师的职业道德信念、养成幼儿教师的职业道德行为五个方面。

一、提高幼儿教师的职业道德认识

夸美纽斯说过："幼儿教师应该是道德卓异的优秀人物。"我国教育家徐特立也指出："学师范，做人民幼儿教师的人，他的思想品质的好坏也就显得格外重要。"师德修养的重要性是全社会的共识，形成良好的师德修养，其前提和基础是幼儿教师对职业道德知识和理论的理解和掌握，这是理性行事的基础。从知与行的关系来看，正确的认识是行动的指挥棒，对行事的原则、流程等基本的要求没有认知，在行动中就好像"盲人骑瞎马"。

（一）对幼儿教师职业道德价值的认识

幼儿是每个家庭的未来，更是社会的未来、民族的希望。在世界经济飞速发展的今天，越来越多的国家开始注意到教育已经成为经济发展的一个新的增长点。在教育体系中，学前教育有着不可忽视的作用。幼儿园要对幼儿实施德、智、体、美等方面全面发展的教育，促进其身心和谐发展。作为幼儿的行为示范和直观榜样的幼儿教师，其整体素养影响着学前教育的最终结果，影响着幼儿教育目标的实现。

幼儿教师首先要认识到师德修养对于今后有序开展教育工作的重要价值和意义，要深刻认识到师德修养不仅关系到教育教学工作的成败，还关系到幼儿的全面发展，更关系到祖国的发展和民族的未来，同时也关系到一个幼儿教师的职业幸福感。想想我们面对着的一个个鲜活的生命个体，他们可能因为我们的教育而成为国家的栋梁，这是一件多么荣幸的事情。如果每一个幼儿教师都能够认识到我们的幼教事业在社会主义现代化建设中的战略地位，认识到幼儿教师所肩负的重大历史责任，认识到师德修养对于完成教育任务的重要价值，他就会产生强烈的社会责任感。可以这样说，一个幼儿教师只有充分认识到师德修养的价值，认识到自己为什么要这样做，他才有可能将外在的道德要求变成自己内在的持久的道德行为。幼儿教师加强师德修养的关键在于将外在的要求内化成一种自觉的不会因为外在的影响而改变的行为，其对幼儿教师职业道德价值的认识是其自觉加强师德修养的前提。

（二）对幼儿教师职业道德规范原理的认识

师德修养不是一个盲目的、自发的过程，而是在师德原理规范下的一个有目的的自觉的过程。幼儿教师要加强师德修养，必须学习和理解幼儿教师职业道德的内涵和基本原则，熟悉和掌握幼儿教师的基本道德规范，了解自己在工作中要面临的各种人际关系和处理这些关系时会面临的基本问题和基本矛盾，全面掌握学校和社会对一个称职的幼儿教师基本师德的要求，这是师德认识的主要内容。《中小学教师职业道德规范》和《新时代幼儿园教师职业行为十项准则》的基本内容是幼儿教师的基本职业道德规范，爱国守法、爱岗敬业、关爱幼儿、教书育人、为人师表、终身学习的要求明确了每一个幼儿教师应该有的职业行为和标准，是幼儿教师构建正确的职业道德规范原理认识的基础。

（三）提高幼儿教师职业道德的判断能力

道德判断能力是指人们运用已经掌握的道德规范对自己和他人的行为进行是非、对错、善恶判断的能力。通俗来讲，就是我们从事教师这一职业，什么该干、什么不该干、什么能说、什么不能说，得有一个底线。幼儿教师职业道德的判断能力是幼儿教师运用师德规范对自己和其他幼儿教师的行为进行善恶判断的能力。提高幼儿教师职业道德的判断能力，有利于幼儿教师在复杂多变的环境下做出符合幼儿教师规范要求的正确的道德判断和行为选择，有利于增强幼儿教师的道德自律和自我意识提高的能力。

幼儿教师要形成良好的道德品质，就必须不断地学习，深刻理解幼儿教师职业道德的原则规范和范畴，努力提高对于幼儿教师职业道德的认识，把道德规范逐步内化成自己从事教育事业的行为准则。只有这样，幼儿教师才能识别职业活动中的美丑善恶，才能知道哪些是应该做的，哪些是不应该做的，从而增强履行幼儿教师职责的自觉性。提高师德认识是幼儿教师提高师德修养的思想基础。

二、培养幼儿教师的职业道德情感

幼儿教师是一份特殊的职业，选择了当幼儿教师就是选择了对幼儿的爱、责任和关怀。培养幼儿教师对幼儿认真负责的职业道德情感，是幼儿教师师德修养的重要内容。人的行为不仅受思想的支配，也受情感的驱使，在加强幼儿教师职业道德认识的基础上，陶冶高尚的师德情感是师德修养的重要内容之一。

（一）什么是幼儿教师的职业道德情感

每个个体都是一定社会关系中的个体，丰富多彩的社会生活内容时时刻刻都为生活在其中的个人提供丰富的情感体验，使情感生活成为人们生活的重要组成部分。道德情感特别表现出人类对高尚情感的追求，这是人性至善至美的体现。只有具备丰富的道德情感的人才是一个高尚的人，一个值得社会和他人尊重的人。幼儿教师的职业道德情感是幼儿教师根据职业道德观念，在处理各种关系、评价某种行为时所产生的内在体验。它在师德品质的培养中起着重要的催化和调节作用。幼儿教师的职业道德情感是把幼儿教师的师德认识转变为师德意志，是促成合适的道德行为的持续动力，也同时具有评价道德行为和调节道德行为的作用。例如，我们对弱者产生同情，会在日常行为中表现出对弱者颇有耐心和耐性；我们对有相同人生际遇的人会产生同样的感受。这些就是情感对我们行为的调节作用。在师德实践中，幼儿教师总要对自己或者他人的道德行为进行评价，这种评价既包括认识上的判断，也包括情感上的好恶。幼儿教师需要及时反省自己的一些言行，调节自己的师德认识和师德行为。

（二）幼儿教师职业道德情感的类型

幼儿教师在提高师德修养的过程中，要努力培育的情感主要包括对幼教事业深厚的情怀、对幼儿的热爱、对同事的尊重和自我的自尊感和责任感。

教育事业是一份需要奉献精神的职业。教育事业在国计民生和社会发展中起着重要的作用，它关系到人才的培养和国民素质的提高，关系到民族的振兴和国家的富强。幼儿教师应该把自己的命运和发展与教育事业紧密联系在一起，扎根教育、献身教育，为祖国的教育事业做贡献。

对幼儿的热爱是师德情感中十分重要的内容。人们常说："爱自己的孩子是人，爱别人的孩子是神。"热爱幼儿要求幼儿教师具有强烈的事业心、责任心和科学的儿童观，要全面深入地了解、理解和尊重每一个幼儿，同时又要严格要求每一个幼儿。幼儿教师对于幼儿的爱是全面的，带有强烈的社会责任感和使命感。这一种博大和无私的爱是一种社会性的爱，它是培养幼儿高尚社会情感的重要基础。因此，形成深厚师德情感的关键是培养幼儿教师对幼儿的热爱之情。

对同事尊重是幼儿教师处理与同事之间关系的准则。幼儿教育工作是一项庞大的系统工程，教师个体很难独立完成，需要加强与同事之间的团结合作，形成教育合力，这样才能够产生强大的内聚力和向心力，既能保证幼儿教师完成教育任务，也能充分发挥幼儿教师的聪明才智，通过协作解决教育教学科研中面临的问题。教师之间和谐的关系能形成一种特别的校园文化氛围，对幼儿产生潜移默化的影响，表现出一种特有的教育活动的集体性属性。

幼儿教师的自尊感是指幼儿教师对自我行为进行评价时所引发的情绪体验表现。幼儿教师的自尊自爱、自立自强、自信自主等，多角度体现了幼儿教师自身的修养。幼儿教师要从自己从事的职业所具有的价值中去激发自己的自尊感，并努力使自己的劳动得到社会的承认和尊重，在此基础上培养对自己职业的自豪感、荣誉感和幸福感。自尊感让幼儿教师以自己的职业为荣，并在所从事的教育事业中获得自豪感和满足感。

幼儿教师的责任感是幼儿教师自觉、主动地做好自己职责内工作的积极精神状态。责任感是与对教育事业的追求、对幼儿的热爱密切相关的一种情感，这种情感能使幼儿教师达到自律的境界，也就是无论有无任何外在的压力和监管，即使在有无人知晓的情况下，幼儿教师仍能凭自己的责任心，自觉履行教书育人的职责。

（三）幼儿教师职业道德情感的形成

幼儿教师职业道德情感是基于道德认识的一种主观态度，是在道德认识潜移默化的影响下形成的一种情感体验的过程。道德认识是对道德理论的学习和理解，道德理论的掌握是科学分析道德现象的前提和基础，是我们能客观辩证看待问题、分析问题的基础。幼儿教师要产生积极的道德情感，必须建立正确的道德认识，通过实践不断陶冶和丰富道德情感。在幼儿教师走上工作岗位之前，我国各级各类师范院校在对师范生进行职业道德培训的过程中，可以组织师范生到幼儿园体验幼儿教师的工作，这样能让未来的幼儿教师们在现实场景中对职业道德情感产生先验的认知。幼儿教师师德情境的培育还需要一定情境性的引导，无论是入职前还是就职后，我们都可以通过创设具有文化艺术品质和性情陶冶功能的德育情境来陶冶幼儿教师的道德情感。

三、磨炼幼儿教师的职业道德意志

道德意志在道德素质的培养中起着重要的作用。在实际的道德生活中，一个具有顽强意志力的人，即便在极其困难的条件下也能抵住外部的腐蚀引诱和压迫，保持富贵不能淫、贫贱不能移、威武不能屈的高尚情操；相反，一个道德意志薄弱的人，即使有了道德认识，在情感上讲也有道德行为的愿望，也可能做出不符合道德规范的行为。还有的人，虽然有了道德行为，但因缺乏道德意志而不能持之以恒坚持到底，甚至在外部的腐蚀引诱和压迫下丧失原则和气节。道德意志是指教师在实践师德要求过程中战胜困难和克服障碍的毅力，它是在形成一定的师德认识和师德情感的基础上，调节幼儿教师道德行为的重要精神力量。幼儿教师所从事的培养人的事业是一项极为光荣而艰巨的事业，在这个过程中，幼儿教师不仅要付出辛勤的劳动，甚至有时还要做出某些牺牲，而且会遇到来自外界的各种阻力和障碍，如现实条件的制约、错误舆论的非难、亲朋好友的埋怨等。为了克服困难、排除障碍，幼儿教师需要具备顽强的毅力和坚持不懈的精神，不断地磨炼师德意志。只有经过长期的努力，幼儿教师的道德修养才会达到矢志不移、持之以恒的境界。

师德意志的磨炼具有长期性和反复性的特点。师德意志磨炼的主要内容是幼儿教师要努力培养自己良好的职业操守。道德意志品质具有相对独立性、果断性、坚毅性、自制性等属性。锤炼幼儿教师的职业道德意志，有四个方面的内容。一是培养幼儿教师职业道德意志的独立性。当幼儿教师在教育教学活动组织过程中遇到道德冲突和价值选择时，幼儿教师道德意志的独立性是幼儿教师做出选择和解决冲突的前提。二是培养幼儿教师职业道德的果断性。果断性是指在紧急情况下，幼儿教师内心经过复杂的、剧烈的思想斗争当即做出适当的决定。幼儿教师要全面考虑活动的目的和条件，能预知行动的后果，并有承担风险和责任的心理准备。三是锤炼幼儿教师职业道德的坚毅性。坚毅性作为幼儿教师职业道德意志最重要的方面，是指对主体的各种创造性活动能坚持到底的特性。四是培养幼儿教师职业道德意志的自制性。幼儿教师对自己的行为要有控制和调节能力。自制力越强，幼儿教师的行为越富有理性。

四、确立幼儿教师的职业道德信念

坚定的职业道德信念是幼儿教师师德修养的核心。幼儿教师职业道德信念是幼儿教师对职业理想、职业人格、职业原则、职业规范所抱有的坚定不移的观念和真诚信服与坚决执行的态度。幼儿教师要确立自己的职业道德信念，必须深刻了解幼儿教师职业道德的知识，对幼儿教师职业道德观念、职业道德原则、职业道德规范和职业道德理想的正当性和合理性产生坚定不移的看法，并由此产生强烈的道德责任感。幼儿教师一旦形成某种职业道德信念，就会坚持按照自己的信念来开展教育活动。

五、养成幼儿教师的职业道德行为

"纸上得来终觉浅，绝知此事要躬行。"书本上得到的知识毕竟有限，要透彻地认识事物还必须亲自实践。懂得这个道理，并不意味着在现实工作场景中会去自觉践行，并不意味着一定会成为一个师德高尚的幼儿教师。我们常见某些人懂一大堆大道理，但在涉及个人利益的时候却完全不顾个人品行与修养。在明确的师德意识指导下，依靠师德信念自觉地选择，并形成习惯，是师德修养的最终目的和归宿。

师德行为的养成重点在于"为"，"为"就是作为，就是在自己主观的控制下刻意去做。它需要突破个人的心理屏障和认知缺陷，一步一步去达成。

第一阶段是掌握一定的幼儿教师职业道德行为方式。行为方式即我们去做某件事的一招一式。幼儿教师在提高师德修养的过程中，不仅要有良好的师德动机、坚毅的师德意志和坚定的师德信念，还要掌握相关的行为技巧和合理的行为方式与方法。职业道德规范是职业道德行为的准则，但怎么去执行还得依靠行为个体的理解和领悟。幼儿教师要有一丝不苟的工作精神，要认真办事，就连最细微的地方也毫不马虎。幼儿教师要时刻关注幼儿的生理需要和心理需要。同时出于安全的需要，幼儿教师需要时刻关注幼儿，幼儿入园的时候，要查看他们的书包里有没有危险物品或外带的小零食等，一日生活中要时刻关注有没有隐藏的危险。幼儿教师要注意提高语言的表达能力。幼儿教师的语言表达能力也是幼儿教师职业道德修养的体现，表达时的语音、语调、动作、表情等都充分展示了教师的师德水平。幼儿教师主要以语言为中介，对幼儿进行教育，要注意教师用语的场景性和规范性。

第二阶段是养成良好的幼儿教师职业道德行为习惯。职业道德行为习惯是幼儿教师在掌握了一定的师德行为方式以后，经过长期的实践将已有的行为方式熟练化、自动化。这使幼儿教师在一定的教育情境下，不需要做刻意的努力，就能自然而然地做出正确师德行为，并在实践中形成师德习惯，这种习惯一旦形成就具有了相对的稳定性。

总而言之，提高师德修养的过程就是幼儿教师从认识师德到养成良好师德行为习惯的各环节的有机统一。在职业道德实践活动的过程中，提高幼儿教师职业道德认识是提高职业道德修养的前提和基础，培养幼儿教师的职业道德情感和磨炼幼儿教师的职业道德意志是把幼儿教师的职业道德认识转化为幼儿教师职业道德行为的中介，而确立幼儿教师的职业道德信念是关键，养成良好的师德行为是师德修养发展的结果。

【课后思考】

1. 回顾你求学历程中所遇到的让你敬仰的好老师，剖析这些好老师让你折服的德行和修养有哪些？

2. 幼儿园游戏活动时间，几个幼儿悄悄溜出活动室，蹲在门口一角，对着墙角斑驳的墙面激烈地讨论着："看，像火车""像航天员""不对，像喜羊羊！""哎，是有点儿像，这是灰太狼！"……这时老师发现了他们。一顿数落和批评以后，几个小家伙灰溜溜地跟着老师回到教室做游戏去了。请你从师德修养的角度分析这位老师的教育行为。

第三章

幼儿园人际关系中的师德修养

【本章结构】

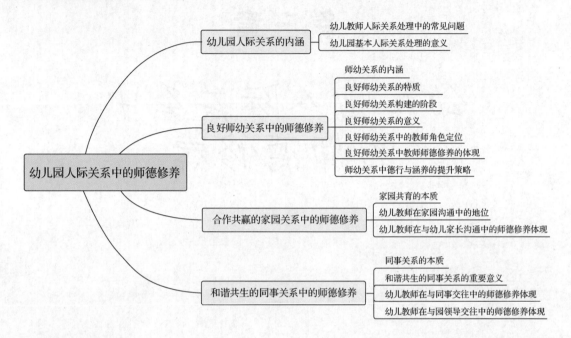

幼儿园人际关系中的师德修养

- 幼儿园人际关系的内涵
  - 幼儿教师人际关系处理中的常见问题
  - 幼儿园基本人际关系处理的意义
- 良好师幼关系中的师德修养
  - 师幼关系的内涵
  - 良好师幼关系的特质
  - 良好师幼关系构建的阶段
  - 良好师幼关系的意义
  - 良好师幼关系中的教师角色定位
  - 良好师幼关系中教师师德修养的体现
  - 师幼关系中德行与涵养的提升策略
- 合作共赢的家园关系中的师德修养
  - 家园共育的本质
  - 幼儿教师在家园沟通中的地位
  - 幼儿教师在与幼儿家长沟通中的师德修养体现
- 和谐共生的同事关系中的师德修养
  - 同事关系的本质
  - 和谐共生的同事关系的重要意义
  - 幼儿教师在与同事交往中的师德修养体现
  - 幼儿教师在与园领导交往中的师德修养体现

【导入案例】

某幼儿园的园长在巡班的过程中，走进一个大班，幼儿们在游戏区域玩耍，教师在很认真地观察幼儿的活动，但在活动过程中不时有幼儿过来问教师，"老师，我可以在这里玩吗？""老师，我可以玩这个吗？""老师，我想用一下工具箱，你能帮我找一下吗？"教师积极回应幼儿，并及时提供帮助，十分忙碌。这样的师生互动从表面上看很和谐、很完美，但园长总觉得其中存在不少问题。

你觉得这个教师与幼儿的关系存在什么样的问题？幼儿教师除了要注意师幼关系中的道德修养，还要在哪些人际交往中注意师德修养？

【本章学习要点】

了解幼儿园人际关系的内涵。

理解良好师幼关系中教师师德修养的体现。

理解合作共赢的家园关系中教师师德修养的体现。

理解和谐共生的同事关系中教师师德修养的体现。

第一节 幼儿园人际关系的内涵

宋朝著名诗人陆游在《示子遹》中教儿子写诗，说道："汝果欲学诗，工夫在诗外。"工夫或引作"功夫"，意思是作诗的功夫，在于诗外的历练。幼儿教师要在幼儿园的日常工作中做到驾轻就熟、游刃有余，除了业务能力精湛外，还应该在人际关系的处理上体现出高尚的修养。幼儿教师应重点处理的几大人际关系包括幼儿教师与幼儿的关系、幼儿教师与家长的关系、幼儿教师与同事的关系和幼儿教师与园领导的关系。

一、幼儿教师人际关系处理中的常见问题

人是社会关系中的人，在特定的群体之中生活、工作、学习，总会与他人进行交往，相互认识、相互了解，产生快乐与不快乐、满意或不满意等对彼此的感受。在这种人与人之间的相互交往和联系中形成的一种亲密、疏远的心理关系就是人际关系。人际关系的好坏与交往双方在个性、态度、情感等方面的融洽和接纳程度是相关联的。构建良好的人际关系的核心密码是交往双方能互相满足对方的需要。

幼儿园人际关系相对于其他行业来说是比较单纯的，但对于幼儿教师来说也不简单。某项调查发现，对于幼儿教师在校园人际关系处理方面感到最头疼的，36.45%的教师认为是与家长的关系，24.45%的教师认为是与幼儿的关系，22%的教师认为是与同事的关系，17.1%的教师认为是与园领导的关系。

幼儿教师的人际交往常见问题主要表现在以下几个方面：①对人际交往的重要性认识不清，以工作忙等原因为由，很少与人沟通；②缺乏必要的交往技能，如语言表达能力欠佳，使得交往受阻；③某些不良的个性特征，如自负、自卑、以自我为中心、自我评价过高、疑心重、对人苛刻等，阻碍了正常的人际交往。

二、幼儿园基本人际关系处理的意义

人际关系的好坏对个体的行为产生着积极和消极的影响。一个群体具有和谐友好的人际关系，是管理者实现目标的重要条件。对幼儿来说，和谐的人际关系能促进幼儿个体心理的健康发展，能使幼儿在集体中得到充分的表现，逐渐产生自信心和自主感，并尽可能使其多方面的需要得到满足。对幼儿教师来说，和谐的人际关系能激发他们参与教育教学的热情，能化解工作中的疲劳，能形成职业成长的动能。建立良好的人际关系，能为幼儿教师个人的工作和成长营造良好的氛围，为幼儿教师快速实现自身生涯规划创造良好的条件。因此，幼儿教师不仅要掌握幼儿的身心发展规律，还要建立融洽、和谐、平等、健康的人际关系，让

幼儿和自己在积极、健康的心理状态下成长。良好的师幼关系、合作共赢的家园关系、和谐共生的同事关系共同组成了幼儿教师的基本人际关系。

第二节 良好师幼关系中的师德修养

▌小思考▐

> 经过一个漫长的暑假，大班新学期开学了，果果与中班时的3位老师又要见面了。一进幼儿园大门，看到正在拖地的保育员李老师，果果大声欢呼着跑过去抱住李老师，还亲了她一下；接下来看到配班张老师，果果热情地叫道"张老师好！"并拉着张老师的手说太想张老师啦；再往教室方向走，果果看到了主班刘老师，刘老师也看到了果果，果果迟疑了一下，怯生生地说了句"刘老师好"，就把头低下了，往教室里走去。遇到3位老师，果果表现出的3种不同的招呼方式，让作为学前教育工作者的爸爸觉得这里面有一种微妙的关系存在。
>
> 你觉得果果见到3位老师后的表现有何不同？不同之处在哪里？为什么会有这些不同？

一、师幼关系的内涵

幼儿教师的职业使命是服务幼儿，这赋予了幼儿教师这一职业一种关怀与服务的责任。幼儿教师作为专业的教育人员，不但要在专业上遵循一定的技术标准，也要遵循基本的道德法则，立德修身，行为世范，即我们日常所言：教好书，育好人。幼儿教师专业化，不仅仅是教学能力上的标榜，更多的是要满足服务对象的要求，将服务对象的利益放在第一位，用言传身教去为幼儿的人生导航指路，这种基于专业责任的道德价值观就是教师专业化的核心要素之一。为幼儿的人生发展服好务、把好关、铺好路，就是幼儿教师专业道德品性的基本要求。幼儿教师的专业化是多维度的，其中最基本的是必须有一颗"爱生如子"的职业良心，要确保其为幼儿提供的教育教学是建立在使幼儿身心愉悦、乐于接受的基础之上的，要为幼儿提供高水平的、高价值的活动，要肩负师幼关系之间的伦理责任，负责培养幼儿形成符合社会生存法则的行为规范和价值观念。

师幼关系是指幼儿教师与幼儿在日常教育教学和常规的生活交往过程中所发生的互动关系，是人与人的关系在一日生活中的体现。互动是通过交往而实现的双方在心理、行为上的改变。从本质上讲，教育作为幼儿教师与幼儿、家长等社会成员之间的交往与合作行为，具有社会属性，即师幼关系是一定的社会关系在教育中的反映。不同社会的人际关系在教育领域中会反映出不同的社会关系，所以说，师幼关系在本质上是一种社会关系。在现代社会中，民主平等的人际关系在教育中的体现就是民主平等的师幼关系。

幼儿教师是幼儿除父母以外的重要影响者，其所从事的是专业性的工作，对幼儿的影响具有目的性、计划性和系统性。良好的师幼关系对幼儿的成长意义重大。善于处理师幼关系的幼儿教师体现出的不仅仅是技能，更重要的是素养，是一个人修养的整体呈现。

英国哲学家罗素说："在教师缺乏爱心的地方，无论是品行还是智力都不会得到良好的或自由的发展；而这种爱实质上是将幼儿作为目的'感觉'构成的。"在交往过程中，师幼双方都有被认同、接纳和支持的心理需要。师幼关系是幼儿教师与幼儿之间的教育关系、心理关系、伦理关系等的综合体现。

幼儿教师与幼儿之间的关系最活跃的第一现场是在教育活动场景中，是为完成一定的教育任务而发生的。师幼之间的教育关系首先表现为一种教育与被教育的关系，这种关系是师幼关系中最基本的表现形式，也是师幼关系的核心。

师幼之间不仅有正式的教育关系，还有因情感的交往和交流而形成的认同与依赖、信任与支持等心理关系。心理关系是指师幼之间为完成共同的教育目标而产生的心理交往和情感交流，这种关系能把师幼双方联结在一定的情感氛围和体验中，实现情感信息的传递和交流。

教育作为一种特殊的社会活动，折射着社会的一般伦理规范，同时又反映着教育活动独特的伦理矛盾，因此师幼关系也表现为一种鲜明的伦理关系。师幼之间的伦理关系是指在教育教学活动中，教师与幼儿构成一个特殊的道德共同体，各自承担一定的伦理责任，履行一定的伦理义务。

二、良好师幼关系的特质

师幼关系直接影响着教育活动开展的质量，深远地影响着幼儿的身心发展。同时，良好的师幼关系也是顺利开展教育教学活动、做好班级管理的前提和基础。良好的师幼关系通常具有这些特点：民主平等、互动合作、教学相长。

（一）民主平等

在教育教学活动中以民主平等的态度与幼儿对话是现代师幼关系的内在核心，是构建师幼关系的前提条件。在教育教学过程中，幼儿教师要把每一个幼儿都作为具有独立人格的个体来对待，要让幼儿充分发表自己的意见，要真诚地关爱幼儿、尊重幼儿的合理诉求，让幼儿自主参与教学活动，以平等的身份参与幼儿的探索活动和游戏。师生双方进行平等的对话、交流，共同讨论、交流，共同制定活动计划和规则。这样，幼儿才能感受到幼儿教师对自己人格的尊重，从而树立起一定的自尊心和自信心，才能具备独立思考与创新的能力。本章开头的小思考中，幼儿对游戏场地和材料缺乏支配权，才导致他们不断地询问、求助教师。可以看出在平时师生交往过程中，教师和幼儿之间不是平等的对话关系，幼儿在日常活动中很可能处于被要求、被安排的地位。事后园长与教师进行沟通探讨，针对如何让幼儿运用对游戏场地和材料的支配权进行了讨论，提出材料摆放规则及调整的改进方案，并跟进实施，大大提高了幼儿的游戏质量。

（二）互动合作

互动合作是指幼儿教师在组织教学活动的过程中，做到以幼儿为中心，支持引导幼儿，通过师幼双方合作的方式来达成教育教学目标。师幼互动是幼儿教师和幼儿对相互交往所做出的反应，师幼行为的改变是师幼互动的结果。师幼互动的性质、特征、结构、过程等会影响教育的过程与结果，故师幼互动是幼儿教育的基本形式。互动合作的实质是相互作用、相互影响。师幼间的互动是相互的概念，幼儿的气质、特性、健康状况等都会影响幼儿教师行为的表现，而幼儿的反馈也反映出幼儿教师的教学行为，这样的合作交流会使师幼关系更融洽。幼儿教师和幼儿之间是一种双向交流，打破"教师说—幼儿听"的固有模式，幼儿教师和幼儿在互动交流中彼此表达自己的情感、态度、体会，并对对方产生一定的影响。

（三）教学相长

"教学相长"出自《礼记·学记》，意为学的人通过学习知道自己的不足，教的人通过教别人知道自己还有理解得不透彻的地方，双方都再去进一步钻研，所以无论是学的人还是教的人都能通过教学过程得到提高。师幼关系是一个相互促进、共同发展的双赢关系。幼儿教师是教育教学活动的教育者和组织者，在双边活动中发挥着主导、促进和示范作用，所以应做到寓思想教育于教学及各种活动中，帮助幼儿树立正确的世界观、人生观和价值观；而幼儿则应积极参与教学活动，这样才能使幼儿教师的教学工作产生效果，体现其价值。同时，幼儿的发展也会促进幼儿教师在专业知识、活动组织能力、职业道德等方面的发展。这种特征也就说明在发展良好师幼关系时应注意幼儿教师和幼儿在经验、信息、情感、认识等方面的分享。幼儿教师与幼儿在分享中理解和体谅对方的心理感受，在分享中获得新的体验。

三、良好师幼关系构建的阶段

良好师幼关系的构建应遵循师幼关系的发展规律，一般认为，师幼关系的确立与发展主要经历接触认识、接纳认同、依赖共鸣3个具体阶段。在接触认识阶段，幼儿教师与幼儿通过最初的接触形成初步的认识；在接纳认同阶段，师生在较多接触中相互接受双方共同的价值观、理念；师幼关系发展的最终境界是"依赖共鸣"，师生在共同的信仰、价值认同的基础上形成心理上的相互依赖、情感上的共鸣，师幼关系呈现和谐共生的状态。只有给所有幼儿提供平等自由且有规则、有准备的环境，真正良好的师幼关系才能建立。

（一）接触认识阶段

这是幼儿教师和幼儿开始直接交往、由不相识到相识的阶段。这一时期幼儿教师与幼儿能够按照规定的角色进行交往，幼儿对幼儿教师毕恭毕敬，幼儿教师对幼儿客客气气，但双方内心有多了解熟悉对方的意图，幼儿教师尤其如此。幼儿教师总是围绕幼儿熟悉的话题与之对话，努力补足对幼儿认知的不全，尽量消除幼儿的拘谨与紧张，以便了解幼儿更多的信息，如家庭背景、个人爱好、性格特征等。师生在此阶段给对方留下的印象往往对以后的交往有直接的影响。就幼儿教师而言，由于其工作职责的缘故，无论其对幼儿的印象如何，都会进一步与幼儿交往，但幼儿可能不一样，这个阶段他们如果对幼儿教师缺乏好感，就可能会采取敬而远之的态度回避幼儿教师。这种情况一旦发生，就需要经过很长的时间才能使双方的关系得到有效调整。

有些实习教师刚到幼儿园，看到可爱的幼儿，就试图去拥抱和抚摸他们，结果自己表达的善意没有得到幼儿的接纳，还被幼儿抓伤、扯伤、打伤。这就是因为双方刚刚接触，幼儿对实习教师认知还不全，没有建立一种很和谐的信任关系。

（二）接纳认同阶段

这是幼儿和幼儿教师双方经过一定的交往接触，对彼此的陌生感逐渐消失，心理距离开始缩短，然后出现的感情交流代替礼节性应酬的阶段。这时双方都形成了关于对方的大致印象，形成好感，并做出了较好的评价，因而有加强交往、尽快使关系更加密切起来的意向；当然也有可能一方对另一方的印象不是很好，而是为了达到一定的目的和意图而有意接近对方，但随着交往的加深会逐渐在思想、情感、态度和行为上主动接受对方的影响。在这个阶段，幼儿教师要好好启发引导幼儿，使师生交往朝着健康的方向发展。实习教师到园所待上一周左右，幼儿便愿意和实习教师一起做游戏，饭后牵着实习教师的手一起散步，这便是进入了接纳认同阶段。

（三）依赖共鸣阶段

依赖共鸣阶段是接纳认同阶段深入发展的结果，其主要特征是双方从浅层的信息交流发展为心灵的沟通、情感的交融，最后达到了情感的共鸣。此时双方无论是在认识、情感还是行为方面，都有较大的协调性。幼儿乐意分享他的秘密，乐意参与和协助幼儿教师开展日常教育教学活动，以得到幼儿教师的肯定和赞扬为乐。在幼儿教师安排的活动中，师幼间相互吸引，相互尊重和信任，已经建立了一种和谐的师幼关系。

四、良好师幼关系的意义

首先，良好的师幼关系能对幼儿产生潜移默化的德育效果。

常言道："亲其师而信其道。"师幼的友好互动与和谐关系能形成一种良好的心理场域氛围，幼儿教师在教育的过程中能够起到一种良好的示范作用。例如，在一日生活常规中，幼儿教师展现出的诚信、平等、负责、同情等良好的道德修养，都会对幼儿产生潜移默化的积极影响，这种影响往往大于幼儿教师的空洞的说教和生硬的倡导。

其次，良好的师幼关系是教育教学活动顺利开展的润滑剂。

良好的师幼关系是实现师生身心愉悦的润滑剂，也是创造幼儿园和谐教育氛围的润滑剂。良好的师幼关系是正常进行教育教学活动、提高活动组织效率的保证，是活动组织过程中的一种无形的推动力，不仅能给幼儿创设宽松的学习环境，充分调动幼儿的积极性，还能形成一种真诚友好的互动关系。

最后，良好的师幼关系利于幼儿教师的管理活动取得良好的成效。

没有幼儿的主动参与、积极配合，班级管理的目标就无法达成。幼儿教师要想与幼儿形成良好的共处关系，首先得有先进的教育理念。到今天还有一些幼儿教师认为，要管理好幼儿，就要让幼儿产生一种惧怕自己的心理，所以就采取提高音量、威胁、恐吓，甚至体罚等方式来让幼儿屈从，以获得师幼关系中的掌控权。在师幼关系紧张的情况下，任何一个管理活动都不可能获得理想的效果，而良好的师幼关系在制度管理中可以让幼儿和幼儿教师获得愉悦的心理体验，有助于师生的身心健康发展。

幼儿教师在实施教育教学和指导等过程中，将幼儿视为一个平等的教育关系主体，不仅要发挥自己的主导作用，而且要激发幼儿的主观能动性和潜力，以达到管理和被管理的相互协调配合，与幼儿共同实现教育目的。

五、良好师幼关系中的教师角色定位

幼儿教师道德修养的展现是一个通过具体的行动展现出来的动态过程，它总是蕴含在幼儿教师与幼儿的交往过程中。无论是幼儿教师的外显性行为，还是幼儿教师的自我思考，都是根植于现实情境中的一种价值判断，有着很强的实践性。

（一）幼儿教师要全面促进幼儿身心健康成长

幼儿教师的教育对象是 3～6 岁的幼儿，幼儿的成长是幼儿在生理和心理上不断变化和适应环境的过程，幼儿教师是幼儿成长历程中身心健康的保护者和教育者。

1. 幼儿教师要成为幼儿情感发展和心理健康的促进者

促进幼儿的心理健康是指幼儿教师在幼儿园的一日生活中培养幼儿良好的情绪，注重健康、积极的情感的培育；培养幼儿探索环境、适应社会的能力，同时还要培养幼儿良好的交往能力。幼儿教师在幼儿的幼儿园生活中具有主导作用，是幼儿情感依恋的重要对象，在幼儿的情感世界中具有不可忽视的重要地位。在日常活动和师生交流互动中，幼儿教师是幼儿眼中的重要他人，具有突出的情感意义。幼儿对自身、对幼儿园和学习的情感体验在相当程度上受到其与幼儿教师关系的影响，幼儿会由于幼儿教师的亲近、关怀、鼓励而感到高兴、自信，也会由于幼儿教师的疏远、冷淡而感到沮丧、自卑。幼儿的心理健康与幼儿教师密切相关。对于幼儿教师而言，最为关键的是面向全体幼儿，在日常的教学活动组织中、在师生互动中，为幼儿营造温暖、宽松、和谐而富有知识性的心理环境，从而在根本上为幼儿情感发展和心理健康提供有力保障。

2. 幼儿教师要担起幼儿身心健康的保护责任

健康是保证个体发展的前提和基础，个体要在社会上生存并获得发展，首先必须有健康的体魄。幼儿期是个体社会化的起始阶段，也是个体生长发育的重要阶段。在这一阶段，幼儿身体各器官、系统的机能尚未发育成熟，组织比较柔嫩，其物质基础还相当薄弱。同时，幼儿期又是个体生长发育十分迅速的时期，是开始塑造身体的关键、有效时期，而在这一阶段，如果让幼儿的体能自然发展，只会让其达到一般水平，将难以适应多变的自然环境。健康是幼儿成才之根本，促进幼儿身体的健康发展乃是幼儿期的首要任务，它是实现幼儿全面和谐发展的基础和必要条件。幼儿的健康不仅是个人最大的财富，也是一个民族、一个国家最大的财富。由于幼儿身体各组织器官尚未发育成熟，身体各项机能处在不断发展和完善之中，他们缺乏自我保护和独立生活的能力。对幼儿的发展来说，身体健康始终是第一位的，是幼儿心理健康的基础。

促进幼儿健康发展是幼儿园工作的重中之重，《幼儿园教育指导纲要（试行）》明确指出："幼儿园必须把保护幼儿的生命和促进幼儿的健康放在工作的首位。"幼儿教师有责任为幼儿的健康发展服务。幼儿园教育者要全面、科学地锻炼幼儿的身体，增强幼儿的体质，并对幼儿进行保护和促进幼儿身体和心理健康的发展，帮助幼儿形成对健康的正确认识和态度，且在生活实践中养成良好的行为习惯，为他们今后的健康成长打下良好的基础。针对幼儿发育迅速但远未完善的生理特点，天真纯洁但容易受到伤害的心理特点，活泼好动但自我保护能力欠缺的活动特点，幼儿教师应将幼儿健康教育置于幼儿园工作的首位。从当前幼儿园体能常态教育来看，其普遍存在下列 4 种现象：一是幼儿每天的户外活动时间基本能达到《幼儿园工作规程》中规定的两小时，但体育活动时间远低于一小时，运动密度低，导致运动负荷不足；二是幼儿虽受到过度保护但缺乏安全自护能力方面的教育；三是体育活动教学场地器材缺乏，自制体育器材开发不足，传统体育项目没得到很好的传承；四是家长基本能认识到体育活动的重要性，但是缺乏科学有效地引导及陪伴幼儿锻炼的行动力，导致幼儿在家难以坚持体育锻炼。幼儿群体普遍体质较差、发病率相对较高，特别是换季时，咳嗽、发烧等常见病在幼儿群体中较常见。曾有学者对某幼儿园的幼儿进行一日运动量的监测，发现幼儿运动量最大的时间段不是在幼儿园，而是在放学回家这段时间。部分幼儿在 5 项体能测查中，也表现出动作协调性、柔韧性差，速度、耐力都不够，胆子比较小等不足，自护自控能力薄弱。因此，幼儿教师担负着保护幼儿身体健康成长、适应社会生活的责任。幼儿教师的工作关系到千家万户，直接影响着下一代的健康成长，其意义是不可低估的。

（二）幼儿教师要培育幼儿全面发展

我国幼儿园教育的基本出发点和任务就是对幼儿实施全面发展的教育，促进幼儿德、智、体、美等方面全面和谐发展。幼儿教师作为幼儿阶段全面发展教育的实施者，应以幼儿身心发展的现实性和可能性为前提，结合幼儿的年龄特点和身心发展水平，有目的、有计划地对幼儿施以影响，使他们在德、智、体、美等方面全面和谐发展。幼儿身心的健康成长、智力的发展以及道德品质、行为习惯与个性的形成，都凝聚着幼儿教师的心血。

首先，幼儿教师应认识到自己在幼儿认知和学习发展中起着组织引导和促进的作用。幼儿认知的培养，主要依靠其间接地吸收人类已有的文明成果，幼儿教师的作用主要是根据幼儿的特点，以适当的方式予以组织和引导。幼儿教师通过对幼儿认知活动的指导，为幼儿认知能力的发展提供有效的支撑，时刻起到引导和促进的作用。在与幼儿交往的过程中，幼儿教师也影响着幼儿在学习动机、认知方式、认知策略等方面的发展。相反，如果幼儿教师过度地关注幼儿对知识的记忆并对其进行大量重复的机械训练，那么幼儿学习的内部动机就会被抑制，幼儿也难以发展灵活创新的高水平人才所应具备的能力。

其次，幼儿教师对幼儿的价值观与态度的形成和改变具有重要的影响。一方面，价值观和态度的形成，是幼儿教师对幼儿进行全面发展教育的有机组成部分。另一方面，幼儿教师的一言一行是幼儿可直接观察到的，幼儿教师通过言语和非言语的方式向幼儿传递着自身所认可的价值观及态度。从师幼交往中，从幼儿教师所表现出来的对具体行为事件的好恶评价中，幼儿可以感知到幼儿教师的价值选择，以及幼儿教师对知识、对学习、对工作、对人对己的态度取向，这些为幼儿所接受，从而使幼儿教师的价值观与态度转移为幼儿自身价值观与态度的组成部分。

最后，幼儿园教育对幼儿个性与社会行为的发展日益重要。在师幼互动过程中，幼儿不仅发展了对知识与学习、对自我、对他人、对社会的基本观念，而且形成了一定的个性品质和行为方式。一方面，幼儿教师对幼儿的期望较大。幼儿教师的教导与评价，是幼儿自我概念的重要来源。罗森塔尔效应解释了教师积极的期望，经由更具激励性的教导和评价，促进幼儿认知提升的现象。作为幼儿的重要他人，幼儿教师对幼儿的态度和行为常成为幼儿感知自身价值、评价自身发展水平和可能性的重要线索。另一方面，幼儿教师对幼儿的态度和行为直接影响幼儿在学习活动中与同伴的交往。受不同风格的幼儿教师的影响，幼儿在活动的积极性上、与同伴的交往行为和情绪等方面的表现均不相同。专制型风格的教师，带来幼儿的恶性竞争和消极情绪；放任型风格的教师，带来幼儿的散漫无序和破坏行为；在民主型风格的教师影响下，幼儿的主动性、活动性较强，在活动中表现得认真尽责。幼儿教师在幼儿发展成长的过程中，既可以体现出积极的促进作用，也可以产生消极的阻碍作用。品行修养优秀、观念先进、教育行为科学的幼儿教师，无疑会成为幼儿成长和发展的促进者；而品行修养粗劣、观念落后、行为随意消极的幼儿教师，则会是幼儿发展的阻碍者，甚至成为一个危险的因素。

六、良好师幼关系中教师师德修养的体现

教育家苏霍姆林斯基说过：“师生之间是一种互相有好感、互相尊重的和谐关系，这将

有利于教学任务的完成。"幼儿教师与幼儿的关系是班级人际关系的核心。班级中正因为有幼儿教师与幼儿的存在，有幼儿教师与幼儿之间的互动，才得以正常运转。

（一）尊重幼儿在师幼关系中的主体地位

尊重他人是道德修养的最基本要求，尊重幼儿是尊重他人这种修养性行为在教育活动中的具体体现。社会生活中的每一个个体，都有自己存在的独特意义，都有自身发展的权利。获得他人的尊重是满足这种权利的个人心理需求。幼儿虽然年龄小，但同样存在这种需求。给予幼儿应有的尊重，不仅是所处的社会合法性与合道德性的重要标志，也是衡量一个幼儿教师德行与修养水平的不可缺少的指标。认真对待幼儿在课堂中的行为表现，反思他们的行为举动，调整自己的教学方式和方法是一个成功的幼儿教师的必由之路。对幼儿的提问不敷衍、不逃避是对幼儿最大的尊重。幼儿教师要尊重幼儿的劳动，幼儿的作业和作品无论做得好与不好，只要幼儿是认真完成的，幼儿教师就应该给予肯定；见到不按常规完成的作品，幼儿教师应该问询幼儿的设计出发点和意图，不应该做出画一个叉、一个勾或写一个日期了事的会严重打击幼儿积极性的行为。

幼儿教师要尊重幼儿在师幼关系中的主体地位，对照《3～6岁儿童学习与发展指南》研究幼儿，认真学习理解每个年龄阶段幼儿身心发展的整体特点，同时要认真研究自己所任教班级的每个幼儿的性格特点、思想行为、学习方式、健康情况、家庭和社会环境等。要做到这些，幼儿教师就必须和幼儿紧密接触，观察他们的言行，根据不同情况来采取灵活多样的"对口"教育方式。幼儿教师如果对幼儿了解不深入，只能发现幼儿教育中出现的一些问题的表面现象且随便采用一些解决措施，就很难达到预期的效果。幼儿教师必须尊重幼儿的人格，以平等的姿态与幼儿对话。幼儿教师要能够充分认识到幼儿是学习的主体，在教育教学活动中充分调动幼儿的积极性，激发幼儿的求知欲和探索精神。

┃小思考┃

中班的皓皓很任性，处处以自我为中心。音乐课上，李老师教小朋友们唱《两只老虎》，大家都跟着唱，只有皓皓故意把"两只老虎"的歌词改成"两只花猫"，其他小朋友听了，也跟着皓皓唱"两只花猫"。李老师警告皓皓："如果再改歌词，你就到小班去！"但皓皓没有听李老师的话，继续改歌词，甚至把调子拖得很长。李老师很生气，站起来走到皓皓跟前，大声吼道："你给我出去！"皓皓哭着走出教室，李老师没有理会，继续教小朋友们唱歌。就这样，皓皓站在教室门口哭个不停，直到下课。回家后，皓皓把这件事告诉了家人，第二天，奶奶送皓皓入园时，找李老师理论。李老师说："就是你们这些家长太溺爱孩子，孩子才那么任性！我对他进行教育，难道不对吗？"

你觉得从教师职业道德修养的角度出发，李老师有哪些地方做得不好？

（二）注重与幼儿的情感交流

师幼关系更多的是一种情感上的互动与交流，幼儿教师在一日生活环节和教学活动中应对幼儿表现出一贯的支持、尊重、接纳的情感态度和行为。一个师德修养良好的幼儿教师，总是能够带给幼儿如沐春风的感觉。幼儿一进教室就能得到幼儿教师热情洋溢的问候，幼儿教师蹲下来和幼儿对话或给幼儿一个大大的拥抱，都是建立师生间良好关系的基础。在日常生活和活动中，幼儿教师以平等的姿态与幼儿交流，如"我能够帮助你吗""我们一起分享吧"，能够营造宽松和谐的气氛，能对幼儿学习产生一种支持力量。幼儿教师应时常提醒自己：不能居高临下地跟幼儿讲话，一定要蹲下来，与幼儿平视，放下架子，平等地与幼儿相处，平等地讨论问题，把幼儿当成自己的朋友。平等的对话，让幼儿近距离和幼儿教师接触，会使幼儿更信任幼儿教师，师幼关系更加亲密。

言语鼓励是幼儿教师激励幼儿不断上进、增强幼儿自信心最常用的一种方法。幼儿教师多创设积极的语言环境，在言语信息中传递对幼儿的热爱之情，如"你做得好，你是好样的""你能独立完成，你真能干""这件事情你做得真好""加油"等。肯定幼儿具体的表现，是对幼儿的有效激励。幼儿教师要表扬到具体的点，如"你今天能自己穿鞋子啦，你真能干"。一些幼儿教师在日常活动中鼓励幼儿时，喜欢用"你真棒""顶呱呱"来进行表扬，甚至还把它编成顺口溜："金咕噜棒，银咕噜棒，××小朋友你最棒""左手一朵小红花，右手一朵小红花，××小朋友顶呱呱。"这种笼统含糊的表扬既是一种不负责任的态度的体现，也显示出幼儿教师并未认真关注到幼儿成长的某个细节。鼓励性的语言要能让幼儿认识到自己出色的地方具体在哪儿，激起幼儿积极主动学习的欲望，激发幼儿的自信心，给幼儿以鼓舞，使幼儿产生想说、敢说、爱说的愿望。

（三）设身处地地理解幼儿

能够移情，能够设身处地地理解他人、为他人着想，是一个人极为重要的品德修养。幼儿教师要善于理解幼儿的各种情绪情感的需要，要耐心细致地观察、了解幼儿的内心世界，相信幼儿有自我判断、做出正确选择的能力，善于对幼儿做出积极的行为反应，以真诚、热爱和关怀的态度去对待每一个幼儿。幼儿教师要对幼儿的生活真正关注并感兴趣，对幼儿的错误采取理解与宽容的心态，懂得只有在错误中不断改进才能让人成长。

（四）重视与幼儿的双向沟通互动

> **案例分享**
>
> 　体育活动时，小小从篮球架上拿下来一个篮球，拍了两下就把篮球放下，跑到工具区去了。小周老师看到后，拉着小小的手微笑着说："小小，我看你还没有把篮球放回篮球架就走了，你是打算做什么呀？"小小想了想说："那个篮球没气了，我要去工具区拿打气筒给它打气。"小周老师笑着说："这样啊，那我和你一起去，我帮你给篮球打气吧。"小周老师就跟着小小一起去找打气筒给篮球打气。
>
> 　看到幼儿没把篮球放回原位，有些老师往往会对幼儿说："你看你还不快把球放

好？""你怎么又忘了把球放好呢？"。小周老师没有想当然地对幼儿的行为进行判断，她认为每个幼儿应该有自己的想法，所以才微笑着拉住幼儿的手，询问其具体想法，及时认可幼儿的行为，给予幼儿情感上的鼓励和支持，促进幼儿更加主动地去解决问题。

幼儿教师应当注重与幼儿沟通交流的方式，不盛气凌人、颐指气使，应善于引导而不是压制，允许幼儿表达自己的想法和建议，而不以权威的命令去要求幼儿，这种自由而不放纵、指导而不支配的沟通交流态度和方式能使幼儿受到尊重和鼓励。这样的教育方式能使幼儿具有较强的社会适应能力，使幼儿的自我接纳和自我控制能力发展得较好。

意大利瑞吉欧教育理念告诉我们："接过幼儿抛过来的球，并抛还给幼儿。"在日常生活中，幼儿教师应随时注意多与幼儿互动。幼儿随时会把他们的新发现告诉幼儿教师，如果幼儿教师只用"是吗""知道了""哦"等语言做出冷淡的回答，幼儿的发现活动就会因幼儿教师"语言的控制"而停滞。相反，如果幼儿教师做出积极的回应，如"真的？你是怎样发现的？""哦，你还看到了什么？"等吸引幼儿的语言，就会激起幼儿对所发现的新现象、新事物做出更加主动、深入的观察与探究。此外，幼儿教师可以紧扣幼儿的兴趣与需要，运用引导式和预设式提问，给幼儿留下思考的余地，如"为什么会下雨呢？""天空为什么是蓝色的？""球为什么能滚动呢？"等。这时，幼儿需要认真倾听问题，才能做出思考性的回答。这样的提问，有利于启发幼儿思考，使幼儿做出带有不同创意的回答，甚至得出不同的答案。这样的提问性语言的运用，有利于提高教学效果，更好地促进师幼互动。

┃拓展阅读┃

瑞吉欧教育理念

瑞吉欧是意大利东北部的一座城市。自20世纪60年代以来，洛利斯·马拉古齐和当地的幼教工作者一起兴办并发展了该地的学前教育。数十年的艰苦创业，使意大利在产生了举世闻名的蒙特梭利教育法之后，又形成了一套"独特与革新的哲学和课程假设、幼儿园组织方法以及环境设计的原则"。人们称这个综合体为"瑞吉欧·艾米里亚教育体系"。瑞吉欧教育理念主要是走进幼儿心灵的幼儿观，体现在《幼儿的一百种语言》中。瑞吉欧教育理念推崇弹性课程，强调以幼儿为中心，从幼儿的兴趣和需要出发，不让幼儿生活在成人的包围之中。在幼儿园中，教师必须尽可能减少介入，更不可过度介入，"与其牵着幼儿的手，倒不如让他们靠自己的双脚站立着"。瑞吉欧教育理念鼓励幼儿通过表达性（动作、表情、语言、体态等）、沟通性及认知性语言来探索环境和表达自我，认为幼儿的自我表达和相互交流特别重要，是幼儿探索、研究、解决问题过程中的基本活动。

（五）善于调节自己的情绪

理解、包容是一个高品格的幼儿教师应具备的修养。幼儿教师在爱幼儿的过程中应学会爱自己。情绪会影响个人身心健康、影响工作效率。在工作中，幼儿教师应该从自我调适上下功夫，学会调节自己的情绪和情感，学会摆脱幼儿的某些行为对自己情绪产生的消极影响。幼儿教师不应为教不会幼儿某一件事情而沮丧，也不应为幼儿不听指导而感到气恼，要相信幼儿的成长有一个过程，自己要做的是竭尽全力，静待花开，也要相信自己有能力掌控所有的局面。有经验的幼儿教师看到不停捣乱的幼儿时，常采取的办法是深呼吸，让自己冷静3秒再说话，再想办法。

幼儿教师调节自我情绪可以从以下几个方面着手。①换位思考，宽容处理。没有不犯错误的幼儿，犯了错误的幼儿承认错误并愿意改正就好。毕竟惩罚的目的是让幼儿知道自己错在哪里，并改正错误。②扩大视野，移形换位。生活总是不会事事顺心如意的，每个人都有烦恼。要替生活中的消极情绪找到合适的宣泄渠道，不将其带入工作。③暂停处理，调整情绪。如果遇到难以处理的局面，幼儿教师要先冷静下来，等情绪调节好了再处理。④冷静并积极求助。幼儿活泼好动是天性，幼儿教师更应该通过幼儿的行为去发现他们背后的诉求——幼儿想通过调皮的行为得到什么？是想引起大家的关注，还是想得到喜欢的玩具？幼儿教师最束手无策的时候，恐怕就是新生入园时——教室里全是此起彼伏的哭声。有时候好不容易安抚下来，但只要一个幼儿哭起来，其他幼儿又会立刻跟着大哭。这时候一个称职的幼儿教师更多的可能不是感到烦躁，而是感到心疼。幼儿教师要试着让自己先冷静下来，再找出应对方法，如用玩游戏、讲故事、玩玩具的方式，转移幼儿的注意力；如果还是不行，可以向有丰富经验的幼儿教师求助。⑤不断学习，提升自己。随着人们对幼教工作的重视，社会、家长以及幼儿教师自身对这一行业的要求也越来越高。不断提升自我、热爱生活，幼儿教师才会有开放的思维和足够的智慧去处理好各种关系，比如和朋友的关系、和父母的关系；才会有足够的热情和耐心去爱工作、爱幼儿。

七、师幼关系中德行与涵养的提升策略

一个师德修养高尚的幼儿教师，应该从以下几个方面去加强修为，构建平等的师幼关系。

第一，学习先进的教育理念。受多元文化和价值观的影响，新时代的幼儿变得越来越有主见、思想和个性。这就要求幼儿教师要树立符合新时代幼儿心理和发展规律的教育理念，要把幼儿当作一个完整的生命个体来看待，认识到教育不仅是让幼儿获得丰富的分门别类的知识，从而为未来做准备，更重要的是彰显并提升幼儿的生命意义与生命价值。这要求幼儿教师眼中有幼儿，把幼儿当作不断主动生长、寻求意义的人来看待。

第二，科学定位幼儿教师的角色。幼儿教师在日常教学、游戏和交往互动中，要注意体现幼儿真正的主体性、独立性和创造性，既不操纵、控制、导演幼儿的活动，也不放任自流、不干预幼儿的活动。幼儿教师要不断提高自身的专业素养，包括学科专业知识素养、心理素养、领导力素养；在教学过程中树立专业可靠的形象，为幼儿创造良好的、新鲜的、有趣的教育活动场域；了解幼儿的身心特点，热爱、尊重幼儿，公平对待幼儿，主动并善于与

幼儿沟通。

第三，维护幼儿的尊严。幼儿教师在教育过程中要充分考虑幼儿的身心发展和兴趣需要，尊重幼儿，保护他们的自尊；严禁体罚、变相体罚或以任何形式讽刺、挖苦幼儿。良好的师幼关系的建设单单依靠幼儿教师难以实现，必须有幼儿的积极参与，即发挥幼儿的主体性。在师幼关系建设中发挥幼儿的主体性，需要幼儿在保持个性的同时，在与幼儿教师的交流中与幼儿教师一样，尽量使用规范的语言，提高个人表达能力，以便师生双方的对话能顺利进行。

第四，提升幼儿教师的自我素养。幼儿教师素养的高低直接影响着师幼之间的互动质量的好坏。学习和使用好《幼儿园工作规程》《3～6岁儿童学习与发展指南》等一系列对幼儿教师专业成长和素养有着具体要求的指导性文件是提升幼儿教师素养的基本前提。在日常的师幼关系中，最能快速提升自我素养的方式是，幼儿教师要不断提高自身对幼儿的观察领悟能力、对自身行为的反思能力，既要与幼儿友好相处，又要在幼儿中树立威信。

▌ 小思考 ▌

　　幼儿园某班级正对着大门的墙上，有一个大大的壁挂式电风扇。夏天的时候，天气闷热，电风扇是大家的最爱，但到了冬天就不一样了，空气潮湿阴冷，加上早上天寒地冻，有些幼儿一进教室，看到高挂在墙上的电风扇，就不由自主地喊冷。终于有一天，有一个小女孩说："老师，我们把电风扇拆了吧。"王老师说："不能拆，夏天我们还要用呢。"另一个小女孩说："那我们就把它包起来吧。"王老师灵机一动，决定就怎么处理这台电风扇的问题和幼儿进行一场头脑风暴，在班上讨论解决的办法。问题一抛出来就可热闹了，小朋友们七嘴八舌，提出了各种各样的方法和建议。最后有一个小男孩说："我们用个纸箱子把它罩起来。"有一个小女孩说："那样丑死了。"小男孩看到王老师认可的眼神，不服输地说："那我们给它贴上画纸。"王老师说干就干，和小朋友们一起从储藏室找了一个大大的刚好可以把壁挂式电风扇罩起来的纸箱子。这时又有小朋友开始提建议了。他们有的说："把它做成小黄人吧。你们看，贴上眼睛不就很像了吗？"也有小朋友说："不行，小黄人是圆圆的，而这是四四方方的。"另外一个小女孩说："我有办法了，你们看，给它装上两个大耳朵，再加上一个长长的鼻子，不就像小象布吉了吗？"小朋友们一听，就认同道："那我们就用报纸做它的长鼻子吧。"于是大家一起动手将电风扇给包了起来，做成了一个可爱的小象布吉。后来王老师在组织美术活动时，在小象布吉周围铺上了白纸，让大家在上面画上森林，在小象布吉的周围装饰了一个漂亮的家园。就这样，一个"森林—大象"的主题墙诞生了。

　　你觉得这位教师在处理幼儿提出的问题时体现了怎样的师德修养？

幼儿园和家庭是幼儿成长过程中两个重要的场所，两者构建的教育环境对幼儿的成长有着至关重要的影响和意义。幼儿教师和幼儿家长之间构建的协同的家园共育关系，是教育活动中的一个重要的关系，对幼儿教师教育劳动的成效有着重要的影响，因此，家园共育关系的构建一直是园所的一项十分重要的工作，备受幼儿园重视。

一、家园共育的本质

幼儿教师和幼儿家长之间的关系是以幼儿作为沟通桥梁而产生的。这种关系产生于幼儿在园所接受教育期间，是不以幼儿教师和幼儿家长的意志为转移的。幼儿教师和幼儿家长是为了一个共同的目标走到一起的，即为了幼儿的成长和发展。他们的利益是一致的，目的是一致的。让幼儿形成良好的个人行为习惯，促进幼儿的思维和智力的发展，培养德、智、体、美等方面全面发展的幼儿，既是幼儿教师的殷切希望，也是幼儿家长的默默期待，这种目标具有内在的一致性。幼儿教师希望幼儿家长高度关注和积极配合教育活动，创造良好的家庭教育环境，能让幼儿接受的家庭教育与幼儿园教育能够高度协调。幼儿家长希望幼儿教师关心幼儿，关注幼儿的成长，帮助幼儿在幼儿园阶段为整个人生打下坚实的基础。这是幼儿教师和幼儿家长在根本利益和教育目标上一致性的体现，是两者之间建立良好关系的客观基础，在这种共同利益下形成的关系就是尊重与协作的关系。

二、幼儿教师在家园沟通中的地位

尽管幼儿教师和幼儿家长在对待幼儿的发展上有着共同的教育目的和一致的目标，但是在现实生活中仍存在幼儿教师与幼儿家长之间发生矛盾的情况，有时这种矛盾还酿成了严重的冲突。究其原因，幼儿教师和幼儿家长之间的矛盾冲突主要在于两者之间的教育观点、教育思想和教育方法以及所扮演的角色存在着一定的差异。

幼儿教师作为一种专门职业，受过专业化的教育，在幼儿教育方面具有较强的专业性，能够在一定程度上为幼儿家长科学育儿提供强有力的引导和支持。首先，幼儿教师以专业者的身份和角色，可以帮助幼儿家长树立正确的幼儿观、教育观；其次，幼儿教师以示范者、指导者的角色，为家庭教育提供适宜的实施方法和策略，指导家庭教育正确有效地开展；最后，幼儿教师以合作者的角色，可以充分利用家庭教育资源，与家庭形成教育合力，共同促进幼儿的发展。

幼儿园、社会、家庭构成了现代幼教立体模式中必不可少的三维结构，使每名幼儿都能得到全方位的健康和谐发展，达到"幼儿教师用心、幼儿家长关心、幼儿开心"的三赢局面。建立一个崭新、有序、健康、科学、规范的育人环境有利于幼儿教育的发展。在这个三维结构中，家庭教育是意义重大、不可缺位的。家庭是幼儿的第一所学校，父母是幼儿的第一任教师。他们对幼儿有巨大的影响力，而家庭环境也在潜移默化地影响着幼儿的思想品德、学习兴趣、性格和健康。良好的家风对于幼儿人格的形成、品行的培养以及终身学习有着不可估量的作用。因此，幼儿教师要理解幼儿家长，取得幼儿家长的积极配合。幼儿家长工作是幼儿园工作的重要组成部分，是幼儿园完成教育任务、提高保教质量不容忽视的一项工作。

幼儿教师与幼儿家长的沟通合作是一种互相渗透的活动。从行为与目的来看，合作行为是幼儿教师与幼儿家长在相互依赖的关系中采取的协调行为，使彼此能共同创造互利的结果；从过程来看，合作关系肇始于彼此的共识，是一种连续性的异中求同的动态过程。

幼儿家长在教育中产生的种种困惑，需要正确的引导，而幼儿教师需要幼儿家长密切配合，在教育中形成和谐的家园共育局面。这些需求使幼儿教师与幼儿家长的沟通与协调具有十分重要的意义，加强了幼儿教师与幼儿家长的联系。双方互相交流教育信息，形成教育合力，将对幼儿的健康成长产生积极的影响。

家庭作为教育体系中的重要一环，是教育的起点，应该更加理性。幼儿园阶段，幼儿家长对幼儿的教育具有不可替代的作用。因此，幼儿家长不可因为自己的过高期望而忽视幼儿的成长规律，更不能让幼儿成为自己攀比炫耀的工具。在纷繁复杂的教育现象与教育问题面前，幼儿家长应不断更新教育理念，不断提高教育水平，尊重生命成长规律和知识学习发展规律，在求知和厚爱的守望中循序渐进，从幼儿的兴趣和需求出发，让幼儿度过一个快乐、健康的童年。

┃ 拓展阅读 ┃

优秀教师分享和谐家园关系构建的艺术

（1）班级成立后，第一时间成立家委会，民主推选积极上进的家长担任家委会成员；鼓励家长积极参与园所管理与重大决议，如年度计划的制订、幼儿大型活动的策划、园所提升改建工程方案的制定等。

（2）每个学期举行1～3次亲子活动；开展幼儿园半日家长体验活动，让家长了解幼儿园教育活动的理念及内容，理解教师的工作；结合传统节日和传统文化，开展舞台剧表演、绘本阅读、玩具制作等亲子体验活动。

（3）充分利用家长资源，比如安排家长进课堂听课，邀请家长结合自身职业特色带来精彩的"科普小课堂""实验小课堂""阅读小课堂"活动等。充分发挥家长资源的优势，实现更好的教育效果。

（4）邀请家长作为特邀嘉宾参加班级活动，分享育儿经验。

（5）通过图文、视频等形式与家长一同在班级群里分享幼儿在幼儿园的日常点滴。

（6）每个学期举行一次家长论坛，针对家长在幼儿心理健康教育、情绪情感培养、家庭教育、营养膳食制作和传染病防治等方面遇到的问题，夫妻间教育观念协调一致的问题，家园师生的沟通问题等进行探讨，邀请知名专家分享育儿经验，解决家长在家庭教育中的困惑。

（7）在寒暑假指导家长组织幼儿的学习与生活，如发布社区亲子阅读、亲子运动信息等。

（8）班级举办的大型比赛（如大合唱、经典诵读、文艺晚会等），尽量让有才艺的家长参与排练，甚至加入比赛。

（9）搭建"空中微课堂"信息共享平台，进一步补充和完善协同共育体系。利用现代信息技术搭建"蜂巢型"交流学习平台、"即时型"成长记录平台、"开放式"资源共享平台，征集、分享优质教育资源，实现幼儿园、家庭、社区三方教育资源共享与开发，提升家园社区的协同教育能力。

三、幼儿教师在与幼儿家长沟通中的师德修养体现

幼儿家长是幼儿园重要的合作伙伴。幼儿教师应本着尊重、平等、合作的原则，争取幼儿家长的理解、支持和主动参与，并积极支持、帮助幼儿家长提高科学育儿能力。幼儿教师在和幼儿家长的日常沟通合作中，应本着理解幼儿家长、指导幼儿家长的工作法则，积极沟通与交流，对幼儿家长的合理诉求进行积极回复，用积极的态度处理所有的问题，充分在工作态度上和工作的方式方法上体现一名幼儿教师的师德修养。

▌小思考▌

眷眷在幼儿园经常被同一个小女孩击打。虽然小女孩家长多次道歉，但眷眷还是经常被小女孩击打。这次眷眷妈妈在老师发的视频里看到眷眷被小女孩打了头，实在是气不过，就在班级微信群里质问小女孩家长是怎样管教自家孩子的，并说自己在老师拍的视频里面已经不止一次看到小女孩打眷眷了。信息发到班级群后，配班老师私下联系眷眷妈妈，说自己会处理这件事，让她不要公开矛盾。

你觉得这位老师的处理方式妥当吗？不妥的话，怎样处理才合适？

这个事情表面上看好像只是幼儿之间的矛盾冲突引发幼儿家长的介入，其实质是家、园关系出现了裂痕。幼儿家长对幼儿教师在班级管理以及教育方式上的不信任，最终导致了其采用在班级微信群直接公开矛盾的方式来处理问题。从这件事情中我们可以看出，该幼儿教师的师德修养明显不够。首先是在班级管理上，该幼儿教师没有做好基本工作——协调幼儿关系。其次，在与幼儿家长的沟通上，该幼儿教师做得也不好，没有积极回应，热情处理。对于事情的处理，很多幼儿家长主要是看幼儿教师的工作态度。最后，该幼儿教师的应急处理能力不强。眷眷妈妈在微信群用犀利的语气质问，而且提到了视频证据，已经引起全部幼儿家长的注意，但该幼儿教师没有在群里给幼儿家长一个合理的解释。整体上该幼儿教师在事件的处理上不够积极，对待幼儿家长缺乏应有的尊重，表现出来的师德修养不够。

"从理想的观点出发，家长和教师在以下两个方面享有共同点：都希望事情朝着最有利于幼儿的方向发展，但事实上，他们却生活在不信任的环境中；都希望幼儿好，但却是不同的'好'，所以由此引发的冲突不可避免。"教育社会学家威拉德·沃纳曾这样指出。

那么，幼儿教师在与幼儿家长的交流中应该怎样体现自己的师德修养？

（一）理解幼儿家长，用心建立家园交流的基础

每个幼儿都是幼儿家长的最爱，每个爱孩子的幼儿家长都对幼儿的未来充满了憧憬。因为有爱，幼儿成长过程中的一丁点儿进步，都会被爱心满满的幼儿家长无限放大——在他们看来，那是幼儿越来越聪明的表现。幼儿家长的期望在起着美化幼儿的作用的同时，也难免会让幼儿家长把幼儿的缺点忽视掉。

一些幼儿家长与他人交流的一个永恒话题就是幼儿，而且很爱把幼儿的优点、可爱之处向他人炫耀。可见，幼儿的优点、可爱之处才是幼儿教师与幼儿家长交流的基础。幼儿教师要善于建立这个交流基础，要像幼儿家长那样从内心深处相信幼儿会越来越能干；与幼儿家长交流的时候可以把幼儿的优点、可爱之处贯穿始终，再有技巧地提及幼儿存在的缺点，并要表明相信（首先要自己相信，其次让幼儿相信、让幼儿家长相信）幼儿一定会改掉缺点。这样幼儿家长才容易接纳幼儿教师的建议或意见。

（二）要依据不同类型幼儿家长工作的难易程度，有针对性地进行沟通

幼儿家长工作难度与幼儿发展有一定的相关性。幼儿发展全面、进步快、能力强，幼儿家长满意程度高，幼儿家长工作自然好做；反之，难度就大了。家园合作过程中经常会遇到以下几种类型的幼儿。

第一类是聪明好学又懂事的幼儿。这类幼儿的家长一般都有较好的个人素养，知书达礼、以身作则。其幼儿易于教育，进步自然快，家长满意程度也高。这类幼儿的家长工作往往很好处理。

第二类是聪明淘气的幼儿。这类幼儿在学习上不费劲，一学就会，也很可爱，但不太守纪律，经常犯错误，可能经常被叫到幼儿教师跟前挨批，但幼儿可以感觉到幼儿教师不烦他，所以对幼儿教师很亲近。这类幼儿的家长工作也比较好处理。

第三类是对学习不感兴趣又好动的幼儿。这类幼儿对学习不感兴趣，经常扰乱正常的课堂秩序，易引起幼儿教师反感。幼儿教师如果不喜欢他，他更是故意与幼儿教师作对，从而形成恶性循环。幼儿不喜欢幼儿教师，往往会让家长也不喜欢幼儿教师。这类幼儿的家长工作比较难处理。

第四类是默默无闻的幼儿。这类幼儿表现不突出，但从来不惹是生非，不给幼儿教师找麻烦，往往没给幼儿教师留下深刻印象，经常容易被幼儿教师忽视。这类幼儿的家长工作很难处理。

因此，幼儿教师要真心关爱每个幼儿，尤其要关注第三类、第四类幼儿，对他们多一些关爱和帮助，放大他们的优点，以点带面，以期建立起良好的师幼互动关系；同时要针对性地、有重点地多与此类幼儿的家长沟通。有沟通就有理解。多交流、多沟通，幼儿家长自然会感觉到幼儿教师对幼儿的关注，了解幼儿教师在幼儿身上所付出的心血，就会认同幼儿教师、接受幼儿教师，使沟通顺利地进行下去。

（三）在与幼儿家长沟通过程中，要了解幼儿家长的特点和家庭教育类型

由于家长的文化背景、职业类型以及个人生活经验等不同，不同的幼儿家长对教育的理解是不同的，在对待幼儿的问题上也存在着不同的态度。

第一类是通情达理型幼儿家长。绝大部分幼儿家长能认识到幼儿园阶段教育的重要性，懂得家庭和幼儿园合作的必要性，能理解幼儿教师的工作，在方方面面能极力配合幼儿教师的工作，在家园合作上能做到经常和幼儿教师联系。根据在幼儿园日常开展的学习任务推送完成情况来看，这类幼儿家长懂得如何配合幼儿教师，会对幼儿的情况进行如实反馈，实话实说，不遮掩，对幼儿产生的问题能分析出具体原因，并有自己的解决方法。

第二类是"护犊子"型幼儿家长。这类幼儿家长在处理自己的幼儿和其他幼儿的冲突时，常不分青红皂白，就把责任推到其他幼儿身上。遇到这种情况时，幼儿教师一定要把事实弄清楚，有人证有物证地陈述事实。这类幼儿家长的幼儿有时也会和幼儿教师顶嘴，没有礼貌。对此，幼儿教师一定要严厉教育，必要时可以由幼儿园园长出面，直接和幼儿家长沟通，陈述事实，把园所的规定解释清楚。

第三类是吹毛求疵型幼儿家长。这类幼儿家长要求自己的幼儿得到幼儿教师的照顾，哪怕是幼儿没坐在最佳位置，都认为是幼儿教师的错。幼儿教师不要惧怕盛气凌人的幼儿家长。

第四类是自我意识较强型幼儿家长。这类幼儿家长整天要求自己的幼儿得到幼儿教师的照顾。面对这类家长，幼儿教师要摆事实讲道理，讲清楚幼儿教师的职责，让他们知道幼儿教师是为每一个幼儿服务的。

幼儿教师在与家长沟通的过程中，要有一定的方法和策略。语言的表达是很有艺术性的，艺术性地表达相关工作是教师个人魅力和修养的体现。一个幼儿家长对一个幼儿教师的印象很多时候只来自一两次的谈话和交往。因此，幼儿教师在与幼儿家长沟通的过程中，一定要讲究沟通的方法和策略。

第一，根据幼儿家长需求，找准沟通的切入点。不同类型的幼儿家长对幼儿关心的方式不同。老人多关注幼儿的生活、饮食，父母则更关注幼儿的学习方面；通常母亲在幼儿成长的问题上过问得多些，而父亲则很少过问；小班幼儿家长关心幼儿生活方面的事多些，大班幼儿家长关注幼儿学习方面的事多些。一般新入园的幼儿的家长每天都想从幼儿教师那里了解幼儿在园所的一切表现，这时的幼儿家长对幼儿教师还不够了解，还没有建立起对幼儿教师的信任感，担心幼儿受委屈，担心幼儿教师对自己的幼儿不够尽心。此时，幼儿教师与幼儿家长、幼儿之间正处于磨合期。幼儿教师要关注幼儿家长所担心的问题，以幼儿家长最为关心的话题为由头，展开沟通，进而引导幼儿家长关心幼儿其他方面的教育问题，以保障幼儿全面和谐地发展。

第二，要"多报喜、巧报忧"。在与幼儿家长的交流中，幼儿教师要能生动地描述出其幼儿在幼儿园某一环节的可爱表现，幼儿家长会从幼儿教师的言谈中自然感受到幼儿教师对其幼儿的关爱、重视，并对幼儿教师留下工作细致、认真负责的好印象。这样双方从情感上就很容易沟通。正所谓"亲其师，信其道"。针对幼儿的缺点，幼儿教师一次只说一个方面，只解决一个问题，而不要把幼儿所有的缺点都罗列出来。一次性罗列幼儿过多的缺点会让幼

儿家长难堪，进而引起幼儿家长的反感，甚至会使其对幼儿教师的能力产生怀疑。幼儿教师也不要抱怨幼儿的问题给自己的教育教学工作、班级管理工作带来多少不便，招来多少麻烦，以及给其他幼儿造成伤害或有不好的影响等，而是要强调幼儿的缺点对幼儿自身未来的发展有什么负面影响，让幼儿家长感觉到幼儿教师是为了幼儿着想，而非为了自己工作上的便利。

第三，要善于倾听幼儿家长的意见。善于倾听是一个人德行与修养的体现。幼儿教师谦虚诚恳、专心倾听幼儿家长的意见，会让幼儿家长感到自己很受尊重。即使是一个牢骚满腹、怨气冲天的幼儿家长，当他在一个面带微笑、耐心听他表达、不时点头表示认同的幼儿教师面前，也常会被"软化"得通情达理。记住一点，幼儿家长的情绪表达，并不意味着幼儿家长最终会采取相应的行动。此外，幼儿教师在倾听完幼儿家长的表述后，应对幼儿家长的阐述进行总结，并提出自己建设性的意见。

在处理幼儿的问题上，幼儿教师做了哪些工作，取得了什么成效，要先跟幼儿家长反馈，再提出需要幼儿家长配合的方面。在征求幼儿家长的意见时，幼儿教师既要尊重幼儿家长的决定与选择，又要艺术性地向幼儿家长传达正确的保教理念与观点，对幼儿家长要多提建设性意见，不要使用"你应该"或"你必须"等命令性的字眼，而应该说"我认为"或"你认为怎样"这些婉转、协商性质的词句，这样幼儿家长才容易接受幼儿教师的建议或意见。当然幼儿教师也不能过于谦虚，在确定无疑时，语气也应该十分肯定，让幼儿家长相信你的意见是不容置疑的。

第四，幼儿在园所出现状况要及早主动与幼儿家长沟通，采用有理、有据、有节的解释与说明回应幼儿家长的质疑。幼儿在园所难免会出现这样或那样的意外事故，有个别幼儿可能会在一段时间内多次出现小状况，如尿裤子、玩水打湿衣袖、被其他小朋友欺负等，如果幼儿教师不及时主动地与幼儿家长沟通，很可能会影响家园关系的构建。

当幼儿家长遇到问题或困难时，幼儿教师一定要从幼儿家长的角度考虑如何帮助他们。幼儿教师要学会换位思考，想幼儿家长所想、急幼儿家长所急，寻找让幼儿家长能够接受的解决问题的方法或途径。

> **┃ 小思考 ┃**
>
> 幼儿园班级微信群是幼儿园和幼儿家长进行交流的一个重要工具，也是幼儿教师向幼儿家长公布日常工作、反映日常情况的一个重要的窗口，但不少班级微信群里却出现了一种现象——幼儿教师公布了某一件事情以后，有不少幼儿家长就各尽其能地用溢美之词"刷屏"，极力地吹捧幼儿教师。面对这种情况，很多幼儿教师感到左右为难。如果你是幼儿教师，你该如何处理？

第四节 和谐共生的同事关系中的师德修养

同事关系的处理是每一个刚走上工作岗位的幼儿教师所要面对的挑战。处理好这种关系是一项十分重要的课题。

一、同事关系的本质

同事就是在一个单位内，围绕相同的目标分工合作，共同完成任务的一群人。单位作为社会结构的一个重要组成部分，单位内的同事关系同样也是社会关系网络中重要的一环，同事关系是我们的社会关系网的主要支撑点，个体的存在和发展离不开社会，而在社会中社会关系尤为重要。在一个单位内，同事之间的关系以合作为主，但同事之间的竞争是天然存在的。在幼儿园，教师集体是由不同风格的教师组合在一起形成的，他们以合作的方式来完成各自的教育教学任务。各个教师之间分工明确，加之幼儿教师长期和幼儿相处，同事之间的关系只要把握好一定的原则和方法，相对来说不难处理。

二、和谐共生的同事关系的重要意义

（一）和谐共生的同事关系影响着幼儿行为和习惯的养成

在幼儿园这个大家庭中，主班教师、配班教师、保育员之间的关系会影响园所的人际氛围。幼儿教师在幼儿心目中有很高的威信，幼儿教师的言行潜移默化地影响着幼儿。幼儿教师之间、幼儿教师与保育员之间的合作关系、配合程度，会对幼儿产生直接的影响。例如，一名幼儿教师在组织幼儿进行操作活动时，另一名幼儿教师主动帮着摆放、分发材料；保育员搞卫生时，幼儿教师帮着擦玻璃、抬桌子，这在无形中为幼儿树立了积极的行为榜样。相反，幼儿教师间的某些不合作行为会对幼儿产生消极影响。因此，幼儿教师要注意自身行为，为幼儿树立正面的榜样。

首先，幼儿教师之间的人际交往是幼儿与同伴交往和做出社会行为的重要示范。幼儿的思维方式是以动作直观思维为主，幼儿教师对幼儿提出的互相关心、帮助、抚慰、合作等要求，如果幼儿教师自己也做到了，那幼儿就更容易产生这种行为方式并养成习惯；反之，如果幼儿教师之间漠不关心、人情冷淡，那么幼儿教师不管怎么强调培养幼儿的爱心、同情心，其效果势必会大打折扣。因此，幼儿教师自身对人际关系的处理恰当与否是很重要的。

其次，幼儿教师之间交往的和谐程度关系到班级、幼儿园的氛围，也关系到幼儿的社会行为。幼儿教师之间如果相互关心、相互帮助，就会给班级、幼儿园带来一种温情的氛围，容易激发出幼儿积极的社会行为。幼儿耳濡目染，不仅能学会体察别人的情绪情感，也能学会采用正确、适宜的行为方式。

（二）和谐共生的同事关系是幼儿教师个人成功的条件

教育家马卡连柯说过："如果有 5 个能力较弱的教师团结在一个集体里，受着一种思想、一种原则、一种作风的鼓舞，能齐心协力地工作的话，那就比 10 个各随己愿的单独行动的优良教师要好得多。"马卡连柯在这段话里特别强调了"群体效应"。主班教师、配班教师以及保育员的良好合作是管理好一个班级的重要前提。幼儿教师之间要相互尊重、相互理解、相互支持，营造出一种良好的班级氛围和教研氛围。人际关系越融洽，幼儿教师就越能保持一种良好的心理状态，在工作中相互配合、合作研讨，形成集体智慧，共同完成教书育人的使命。

（三）和谐共生的同事关系有利于幼儿教师的身心健康

正如英国教育家斯宾塞所说："野蛮产生野蛮，仁爱产生仁爱。"幼儿教师之间如果关系不和谐，经常闹矛盾，就会给幼儿造成负面影响。幼儿教师与幼儿教师之间、师幼之间、幼儿与幼儿之间的关系都不和谐，整个幼儿园就会处于一种原始、野蛮的环境中，到处都充斥着冷漠、嫉妒、对抗，文明班级的建设无从谈起，文明幼儿园的建设更无从谈起。反之，如果幼儿教师之间彼此友爱互助、团结协作、关系融洽，那么整个幼儿园就会是一个温馨、和谐、静谧、充满快乐的家园。

一个人格健全的人应该是一个有着正确的世界观、人生观、价值观，对生活持有积极态度，能与人和谐相处的人。这种人有正确的是非观念，头脑灵活，有主见，热爱生活，与人相处融洽。作为为人师表的幼儿教师，最起码要拥有一个健全的人格，将自己和谐地融入幼儿园这个大环境里，为人谦和、待人友善，方可称得上"人类灵魂的工程师"。

三、幼儿教师在与同事交往中的师德修养体现

（一）真诚相待，勤于学习

真诚热情、虚心请教、勤奋主动、适度赞美、有礼有节地与人相处，是一个幼儿教师师德修养的体现。幼儿教师不要有顾虑，只要本着真诚待人、勤学为主的原则，就可以开拓良好的人际交往局面。当然，刚入职的幼儿教师对同事不熟悉，感觉还比较陌生，正处于相互谨慎接触了解的阶段，可能会不自信，觉得自己像局外人一样。这点可以理解，但它不应成为个人的精神负担。幼儿教师可以通过展示自身实力使自己尽快融入工作氛围。勤学包括两层含义：一是勤快，二是肯学习。前者尤其重要。例如，某位刚入位的幼儿教师坚持每天在7点前到岗打扫卫生，经过一段时间，别的同事就会对他的勤劳、准点到岗产生清晰的认识。同时，幼儿教师应该通过学习，尽快掌握技能并熟悉教育教学业务。幼儿教师如果在工作中遇到困难，应思考在先，实在不明白的，可以请教同事，特别是老同事。如果幼儿教师能在工作中表现出良好的个人修养和素质，就会很快得到同事的接纳和认可。

（二）细心观察，主动做事

积极完成分配给自己的工作任务是一个人良好的工作品质。幼儿教师应对自己的工作保持专注和激情，在工作中要能够举一反三，能够对一日流程做到游刃有余，知道什么时候该做什么事情，而不是一味地要别人提醒、催促。例如，幼儿吃饭前，幼儿教师要主动协助

主班教师组织幼儿去洗手；开展美术活动前，幼儿教师要主动协助主班教师把美术工具准备好；等等。这样能给主班教师减轻工作任务，也能给主班教师留下好的形象。刚到幼儿园工作的幼儿教师难免要协助保育员做一些保育工作，此时不要抱怨，要细心观察，积极主动地融入自己的工作岗位中，这样才会很快地得到成长。

（三）加强沟通，展现实力

幼儿园教育教学工作是一台大机器，幼儿教师就好比一个个零件，只有各个零件相互配合，凝聚成一股力量，这台机器才可能正常启动和运转。这也是同事之间应该遵循的一种工作精神或职业操守。其实在生活中不难发现，有的企业因为内部斗争，不仅会使员工工作受影响，也会使企业本身"伤元气"。所以幼儿教师尤其要加强个体和整体的协调统一。幼儿教师要想很好地融入集体，就要与同事多沟通，多跟有正能量的同事接触。当然，同事之间有摩擦是难免的，即使对一件事情有不同的想法，幼儿教师也应坚持"对事不对人"的原则，及时有效地解决摩擦。不过从另一个角度来看，此时也是幼儿教师展现自我的好机会。用成绩说话，真正令同事刮目相看，即使有人对自己有些非议，也会"偃旗息鼓"。幼儿教师取得一定的成绩后，也不应滋生骄傲的心理，觉得自己"高人一等"。幼儿教师应该意识到：工作强调的是一种团队合作精神，成绩是大家共同努力的结果。

▌案例分享▐

画歪的袜子

初到幼儿园上班，我无论是在生活中，还是在工作中，时常会因为一些无足轻重的小事去和同事争论，想通过这种方式来表达自己对事情的理解和看法，但实际上这种方式并没有解决根本问题，反而在无形中使同事对我有了不少意见。经过3年的实践和摸索，我逐渐明白了与同事之间最重要的相处之道就是做一个"有心人"，做同事的第三只眼睛、第三只耳朵，留心观察，注意变通。如何做一个"有心人"呢？下面我要给大家分享一个小故事。

有一次我路过教室，教室里李老师正在教幼儿们数数："一只wa zhi、两只wa zhi、三只wa zhi……"幼儿们也跟着李老师读："一只wa zhi、两只wa zhi、三只wa zhi……"我立马听出发音有问题，于是走进去和幼儿们打了个招呼："小朋友们，早上好！我有点儿事情想跟李老师说，你们等一下哦！"然后我对李老师轻声说："有几只wa zi好像画歪了，第一只wa zi！第二只wa zi！"李老师听了，马上反应过来，点了点头并把画歪的袜子擦了。再说袜子时，她很自然地就把读音纠正了过来。下课后，李老师对我哈哈大笑，说："谢谢你，多亏了你，他们才没被我不标准的普通话带偏。"我笑了笑，开玩笑地说："我没做什么呀，你的袜子是画歪了呀！"说完，我俩笑了起来。对于这个问题，我如果因为顾及李老师的面子而置之不理或课后再提，都是对课堂的不负责任，而以一种幽默的方式进行提醒，既能保护李老师在幼儿面前的形象，还能成为同事间良好关系的润滑剂，使同事关系更加和谐。

（四）适当地赞美，不搬弄是非

一成不变的工作容易使人的日常生活变得乏味，幼儿教师如果能适当给生活加点儿"调料"，既会使自己的生活变得多姿多彩，也会使同事间的关系更加融洽。例如，给同事一句由衷的赞美或一句得体的建议，同事会感觉到被尊重和关注，当然，也会在无形中增加对我们的好感。不过，这里需要注意的是，不要盲目赞美或过分赞美，这样容易有谄媚之嫌。其实在生活中我们不难发现，有的人"喜欢"对同事评头论足（包括为人处世、服装品位、个人习惯等方面），这些都是一个人修养不好的表现。

我们要尊重他人的工作与处事方法，因为每个人都有自己的一套原则。作为同事，我们要懂得相互尊重。如果我们跨越了自己的身份行事，很容易引起同事的反感。当然，如果我们想进一步拉近彼此的距离，不妨在闲暇时，和同事多参加一些有意义的活动。在集体生活中发掘每个人的另一面，也是一种很不错的"润滑剂"。其实同事关系也会产生一种很微妙的"化学反应"，也许一件小事就能让我们的关系变好，也可能变坏，关键是在于把握好度。作为一名教师，我们只有不断地积累经验和学习，才能更好地把握这个度。

切忌抱怨，不在背后说别人的不足，这是对他人最起码的尊重。幼儿教师在工作中不要抱怨，要勤奋做事。在工作中有不懂的地方，要多去问、多去沟通，不要造成误会。同事之间要保持及时沟通、通力协作。

（五）积极融入集体生活

在一个集体中，谁也不愿意被忽略。自然大方地与人交往，则充分显示了一个人的修养和情商。热情、活泼，时刻保持微笑，举手投足间给人一种亲近感，是幼儿教师应有的表现。不管是对园长、同事，还是对家长和幼儿，都要这样。幼儿教师要主动与主班教师和保育员保持积极的交往，在其带领下熟悉环境并认识更多的同事。在和同事沟通的过程中也要活泼热情，不要表现出一副距离感很强的样子，这样会让人反感。在幼儿园举办团建活动时，幼儿教师要尽量抽空参与，因为这是融入这个集体、了解每位同事的好机会。一个相互关爱、相互理解的团队，能让每个成员都感觉到家的温暖。幼儿园里可以成立各种社团，如登山会、书友会、健身舞会……幼儿教师根据各自的兴趣爱好，自行选择参加，这样既能驱赶疲劳，又能放松身心。

四、幼儿教师在与园领导交往中的师德修养体现

案例分享

某幼儿园的李老师毕业于某幼儿师范专科学校，在单位是一位能力很强、多才多艺、做事雷厉风行的优秀幼儿教师，但她总是和园长合不来，她认为园长的管理能力比较差，业务水平不如她。她每次都在公开场合直接顶撞园长，甚至直接拒绝

完成园长安排的任务。在她的带领和影响下，很多幼儿教师也向她学习，搞得园长工作无法顺利展开。

后来幼儿园安排了一位业务能力比较强的副园长来开展工作，这位副园长多次跟李老师进行交流，认同李老师的一些教学理念和方法，并多次让她组织幼儿园大型综合类节目。在交流中李老师也逐渐认识到了自己对园长的一些做法不妥，开始慢慢改变自己。

我们面对比自己优秀的人，要真诚，要自信，做到不卑不亢。我国有讲究谦逊有礼的文化传统，面对长辈、前辈我们应该表现出尊重和谦逊，同时也要表现出自己的自信，学会展现自己的优势。与领导交往，我们首先要让他们看到我们努力的态度，要努力完成领导安排的事情，对于没有做过的事情，先接下来，再告知自己的工作计划，请领导点拨，这样即使没做好，领导往往也不会太失望，反而会对自己的工作态度很欣赏。有一技之长，再完善其他能力，让领导看到自己的能力在提升，这样才会获得重视和得到培养。上面的案例中，幼儿教师应主动和园长交流，发现自身存在的问题和不足，并在后期工作中逐渐完善。

和领导交往，我们要谦虚谨慎、勤奋主动、不卑不亢、少说多看、多做多请示；尊重领导的决定与意见，有不同看法要选择合适的方法进行沟通与说明。教师职业从产生开始，被赋予的使命便是要面对一个个与自己无血缘关系的个体并加以教化，使其向善，在本质上呈现给众人的便是无私奉献、德行高尚的职业特征。教师要授业解惑，不可避免地扮演着道德的行动者的角色，在与幼儿、同事、家长交往的现实情境中，自觉和不自觉的道德义务感让教师毫不犹豫地将外在的道德要求变为个人的内在良知，将外在的道德规范变成一种内在的行为，通过自觉行动，主动地约束自己的行为和思想，去努力影响他人，达到潜移默化的效果，这就成为一种修为和教养。在经济迅猛发展的今天，面对职业选择的多元化与后现代社会思潮的冲击，教师要坚持扮演道德的行动者的角色，支撑着这种道德实践的动力基础。这不仅仅是外界对于教师职业的道德规范要求，更多的是我们选择教师这一职业时对职业的热爱和追求下的一种自觉与担当，是建立在自我对教师这一职业高度认同的基础上的内心信念和良心。

【课后思考】

1. 作为一名幼儿教师，当你的工作方式被幼儿家长质疑时，你该怎么处理？

2. 新学期，很多课程安排有所变化，幼儿家长不能理解，觉得给幼儿造成了困难，纷纷在班级群里发表意见，你该如何处理？

第四章

幼儿教师师德修养的养成

【本章结构】

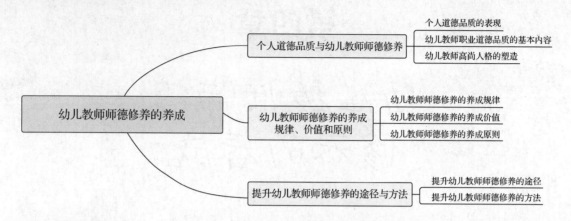

```
                                    个人道德品质与幼儿教师师德修养  ─┬─ 个人道德品质的表现
                                                                   ├─ 幼儿教师职业道德品质的基本内容
                                                                   └─ 幼儿教师高尚人格的塑造

幼儿教师师德修养的养成  ───────────  幼儿教师师德修养的养成       ─┬─ 幼儿教师师德修养的养成规律
                                    规律、价值和原则             ├─ 幼儿教师师德修养的养成价值
                                                                   └─ 幼儿教师师德修养的养成原则

                                    提升幼儿教师师德修养的途径与方法 ─┬─ 提升幼儿教师师德修养的途径
                                                                   └─ 提升幼儿教师师德修养的方法
```

【导入案例】

　　一天，莎莉文老师在玩洋娃娃的海伦·凯勒的手心写下"water"（水）这个单词，因为海伦总是把"杯"和"水"混为一谈。海伦不耐烦了，把老师给她的新陶瓷洋娃娃摔坏了。但莎莉文老师并没有放弃海伦，带着海伦走到水井旁边，要海伦把小手放在水管口下，让清凉的水滴滴在海伦的手上。接着，莎莉文老师又在海伦的手心写下"water"（水）这个单词，并写了好几次，从此海伦就牢牢记住了，再也不会搞不清楚。海伦后来回忆说："不知怎的，语言的秘密突然被揭开了，我终于知道水就是流过我手心的一种液体。"

　　水唤醒了海伦的灵魂，给了她光明、希望、快乐和自由。这一天她学会了"父亲"（father）、"母亲"（mother）、"妹妹"（sister）和"老师"（teacher）等30个单词，她这一天学的东西比以前5个星期学的还多。到4月底她学了100多个单词，到了5月中旬她学了将近400个单词。海伦还学会了书写，到了10月，海伦可以用盲文给柏金斯盲校的幼儿们写信了。从那天开始，海伦每天都走出家门，去找东西学习。每一个新名字都会给她带来一种新的思想。她触摸到的任何东西好像都是有生命的。有一天，海伦想起了被她摔碎的玩具娃娃。她到处找娃娃的碎片，想把它们拼装成完整的原样，但没成功。她认识到做错了事，心里很内疚。莎莉文老师教会了海伦很多事：读书、写字，甚至用打字机。她教会海伦最重要的事是怎样思考问题。

　　这是《假如给我三天光明》的一个小片段，表现了海伦对莎莉文老师的无比崇敬和由衷的赞美。请大家仔细阅读《假如给我三天光明》，体会一下受人尊敬的教师的人格特质是怎样的。

【本章学习要点】

理解个人道德品质与幼儿教师师德修养。

掌握幼儿教师师德修养的养成规律及基本原则。

运用幼儿教师师德修养的途径与方法提升自身修养。

第一节　个人道德品质与幼儿教师师德修养

幼儿教师师德修养是幼儿教师专业素养和个人魅力的展现，包含两个层次的需求：一是底线或基本要求，即遵守基本道德规范；二是高层次需要，即个人的修养性行为。社会对幼儿教师职业的要求很高：一方面，幼儿教师的专业生活需要在道德上达到起码的标准；另一方面，幼儿教师承担了维护最高伦理标准的责任，有高尚的个人道德素养，是做好这一职业的前提要求。幼儿教师师德修养的养成，同时伴随着幼儿教师个人道德品质的养成。从底线要求到高层次要求，这是一个循序渐进、逐级上升的过程。

一、个人道德品质的表现

道德品质也称"德行""品德"，指个人在道德行为中所表现出来的比较稳定的、一贯的特点和倾向，是一定社会的道德原则和规范在个人思想和行为中的体现。

个人道德品质是一个人的第二身份证，一个人的道德品质是其真正的形象。个人道德品质主要包括个人道德意识和个人道德行为两个方面的内容。

个人道德意识是指一个人的道德观念、道德情感、道德意志和道德信念等；个人道德行为是指一个人的道德言语、道德行动和道德习惯等。个人道德意识引起并调节人们相应的道德行为，个人道德行为实现、巩固和深化人们相应的道德意识，两者综合构成一个人的道德品质状况。

（一）个人道德意识

幼儿教师应意识到，无论是在道德上还是在工作纪律上，对幼儿什么样的行为可为，什么样的行为不可为。这是一种典型道德意识的表现，也是职责底线。道德意识是人们在长期的道德实践中形成的道德观念、道德情感、道德意志、道德信念和道德理论体系的总称，可区分为个人道德意识和群体道德意识。道德意识要建立在道德认识的基础上，道德认识是个人道德的核心。道德认识是对道德规范及其执行意义的认识，道德认识的结果是获得有关的道德观念，形成道德信念。道德认识的形成是建立在个人认知能力的基础之上的。

个人道德意识是个人内化外在的道德关系而产生的主观活动现象，亦即道德主体的主体性精神现象。它是个人在一定伦理要求的基础上对自身本质进行反思而形成的自觉的意志活动过程。它包括个人意识到外在的伦理要求和道德规范的客观存在，并对自己有某种约束的力量；个人意识到自身必须符合并服从客观的道德要求与伦理规范。个人道德意识的发展经历了一个从形成到反思，再到理性确定的螺旋式上升的辩证运动过程，就是道德意志活动过程的"他律—自律—自由"的辩证发展过程；其表现在个人身上是一种行为的自觉和自律，不管有没有人监督，都能自觉去践行基本的道德规范。例如，下班做好关闭电源、关窗、关门工作，带走垃圾等都是一种建立在自觉基础上的行为，看似与道德无关，但确实是个人修养性行为的表现。

我们在生活中可以见到很多缺乏道德意识的行为，如在小孩看不到妈妈急得哭时，旁边的人不但不安慰反而以逗弄小孩寻开心，用"你妈妈不要你了""你妈妈被警察抓走了"此类话语逗小孩，让小孩着急，小孩哭得越激烈，他们就越开心。以逗弄小孩寻开心，把小孩的痛苦变成自己的一种快乐，这是缺乏道德意识的表现。

（二）个人道德行为

道德行为亦称伦理行为，指在一定的道德意识支配下表现出来的有利于或有害于他人和社会的行为，泛指具有道德评价意义的各种举动和行为，包括道德行为和不道德行为。前者指符合一定的道德原则和规范，被人们肯定的道德行为；后者指违背一定的道德原则和规范，被人们否定的道德行为。此外，还有一类行为，行为本身并非出于道德意识，也不涉及他人和社会的利害，既无道德意义，也不能从道德上进行善恶评价，这类行为称为非道德行为。

道德行为是个体道德认识的外在表现，也是个体道德品质的外在表现，它还是个体实现道德动机的手段。道德行为的基本特征在于，它是个体对他人和社会利益的自觉认识和自由选择的表现。作为一种社会行为，它并不是孤立的纯粹道德意义上的行为，它可以进行善恶评价。善恶的标准取决于它是否有利于他人和社会。因此，道德行为也可以说是能够按照一定的道德规范进行评价的社会行为。道德规范是由一定社会经济关系决定的，以善恶为评价的，依靠人们的内心信念、社会舆论和传统习惯来维系的，调整个人与个人之间及个人与社会之间关系的原则和规范的总和。

个人道德规范源于人们的道德生活和社会实践，又高于人们的道德生活和社会实践。历史上不同时代、不同阶层的道德规范，都是个体从相应的时代要求和阶层利益出发，经过概括而形成的，并用以指导自己的道德生活和道德行为。

个人道德规范是人们判断善和恶、正当和不正当、正义和非正义、荣和辱、诚实和虚伪、权利和义务等的基本准则。人们按照道德规范的要求做的，就是善行；违反道德规范的所作所为，就是恶行。它是社会对个人行为的约束，也是外在的行为标准。

个人道德行为就是人们在对道德规范的个人理解基础之上，将社会道德规范内化成自身的一种行事准则和自我要求。它始终伴随个人的道德实践，成为个人的为人风格。它可以是一时的，也可以是经常性的。那种已经巩固且自动化的道德行为变成了道德行为习惯。组织行为练习是使道德行为转化为道德行为习惯的重要途径。

> **‖ 小思考 ‖**
>
> 张老师是某幼儿园的招生主任，有一天她的大学室友找到她。大学室友现在办了一个幼儿艺术培训学校，希望张老师能将全园家长的联系方式提供给她，方便她招生。这位大学室友直接地告知张老师，将按家长联系方式的个数给予张老师报酬；从张老师提供的名单中每发展一名幼儿成为她培训班的学员，都将给予张老师1000元回扣。张老师所在的幼儿园有400名幼儿，这可是一笔可观的收入。
>
> 如果你是张老师，你该怎么办？直接回绝？含糊其词，拖着不给？爽快答应？请说出你详细的解决办法。如果张老师将全园家长的联系方式给了这位大学室友，她是否违反了道德规范？如果违反了，又是违反了哪条规范？

践行具体的某一道德活动，就是"道德实践"。幼儿教师师德修养的提升是一个实践过程，是指幼儿教师在一定的道德意识指导下，在教育教学活动组织中表现出来的有目的的行为和结果，包括道德行为、道德评价、道德教育、道德修养以及其他具有善恶价值并应承担道德责任的活动。道德活动既是一定社会或阶层的道德意识、道德原则和规范的具体体现和贯彻，又是这些道德意识、道德原则和规范形成和完善的实践基础。

教育是充满智慧和高尚品格的事业。幼儿教师应该具有高超的教育智慧和高尚的人格品质。站在新时代的起点，机遇与挑战并存，幼儿教师更要自觉提升个人修养，不断实现自我超越，认清自己肩负的使命和责任，为发展现代教育、培养社会主义事业的建设者和接班人而奋斗。

> **‖ 小思考 ‖**
>
> 这群孩子从一开始就不服从马修老师的管教，花招百出地捉弄他，经常气得马修老师"七窍生烟"。每到上课时间，他们就吵吵闹闹，一会儿在黑板上乱画，一会儿骂老师"秃头""亮光头"。虽然这些孩子调皮得让人头疼，但是马修老师发现每一个孩子都很有乐感，决定挖掘这群叛逆小孩的音乐天赋，他要让这群小天使高声欢唱生命之歌。于是他想组建一个合唱团，可是其他老师不赞同，认为这是浪费时间和体力，院长也反对。马修老师想方设法成功组建了一个合唱团。有一次马修老师意外地听到顽皮且不愿参加合唱团的莫翰奇在扫地时一个人哼唱，觉得莫翰奇的声音悦耳动听，于是安排他进行一场独唱，他的独唱获得了全场观众的赞赏。
>
> 后来，马修老师用他的爱心和耐心感动了每一个孩子，把合唱团办得有声有色。慢慢地，孩子们非常喜欢马修老师，感谢马修老师没有放弃他们，让他们唱出了自己的生命之歌。
>
> 观看电影《放牛班的春天》，谈谈马修老师在教育教学活动中具有哪些值得我们学习的人格品质。

二、幼儿教师职业道德品质的基本内容

（一）幼儿教师的专业素养与人格

众所周知，优秀的幼儿教师一般具备较为丰富的教育理论知识和专业知识，但是，具备丰富知识的人未必能够成为优秀的幼儿教师。越来越多的实证研究表明：当幼儿教师的知识积累达到一定程度的时候，决定幼儿教师教学水平、成效的因素不是知识，而是幼儿教师的情感、信仰、人生态度、价值观等个性因素和个人品格。所以，我们应看到，师德若一味撇开对其形成构筑根基的情感心理、个人品格等方面的因素，那么我们的道德培养与教育只能是"实质性低迷"的。

在幼儿教师的素质结构中，人格、知识、技能是一个不可分割的整体，专业素养是专业知识、专业能力或技能、态度和价值观等方面的综合体。任何一种职业都有自己的伦理要求，幼儿教师职业同样也不例外；而且与其他一些职业相比，幼儿教师的职业活动更凸显伦理意义，这是因为幼儿教师的职业活动会对幼儿的人格产生影响。作为幼儿教师，其人格是首先需要接受考量的。在此意义上，幼儿教师这个职业所特有的责任实质是指幼儿教师应为幼儿的发展负责。

这种责任是对人的生命的承诺。人的生命只有一次，而且人的生命经验和生命历程不可重复，其价值无法衡量，所以，幼儿教师对幼儿生命成长的承诺和责任也就具有了其他责任所不具有的神圣性和使命感，具有一定意义上的特殊性。正如徐特立老先生所言："我们不只是做知识和技能传授的'经师'，还应该同时做好幼儿灵魂改造的'人师'。"幼儿教师工作的特殊性决定了幼儿教师如果不负责任，就无异于对文明、对人类自身的变相"毁灭"。也正因为这样，人们都对幼儿教师寄予了厚望，希望幼儿教师能够切实承担起自己的责任。幼儿教师对自己的行为和决策负有责任，对幼儿、家长、其他幼儿教师、园领导和一般公众都负有责任。幼儿家长把自己的孩子交给幼儿教师，他们就有权利获得期待的结果。

教育家乌申斯基指出，在教师工作中，一切都应该建立在教师人格的基础上，因为只有从教师人格这个活的源泉中才能涌现出教育的力量。并且他认为，没有教师对学生的直接的人格方面的影响，就不可能有深入人格的真正教育工作。只有人格能够影响人格的形成和发展。可见，幼儿教师的人格是幼儿教师职业最重要的本质特征。

（二）幼儿教师的人格与师德修养

1. 幼儿教师的人格

幼儿教师的人格与师德修养有着密切的关系。从学校教育来看，幼儿教师的人格，体现着幼儿教师之间的个性差异，如情感、意志、态度、兴趣、性格和品行等，这些因素在不同的幼儿教师身上的外在表现是不同的，具体反映在幼儿教师个体为人处世的道德风尚上，体现在不同的教学风格中，也表现在不同的德育环境里，而这些反映与表现就是我们通常所说的师德。

> **小思考**
>
> 从网络上找几位历史上让人敬佩的教育家，比较他们的人格特征。

人格是做人的根本，幼儿教师的人格影响着幼儿教师在教育活动中的价值取向，也影响着社会对幼儿教师价值的认定。在现代教育观念中，幼儿教师应具备的现代的人格特征是有理想、有抱负、面向未来，自信、求异、立足创新，合作、宽容、充满爱心，公正、求实、完善自我，诚恳、开朗、胸怀坦荡等。

幼儿教师师德修养基于幼儿教师的人格，因为师德的魅力主要从人格特征中显示出来。历代教育家提出"为人师表""以身作则""循循善诱""诲人不倦"等，既是师德的规范，也是幼儿教师良好人格特征的体现。在幼儿的心目中，幼儿教师是社会的规范、道德的化身、人类的楷模、父母的替身。幼儿教师人格的力量在幼儿的心目中是极其重大的，幼儿都把幼儿教师作为学习的榜样，模仿其态度、品行，乃至行为举止、穿着打扮等。幼儿往往从幼儿教师的言谈举止中发展其性格，从幼儿教师的品行中形成其品德，从幼儿教师的威望中完善其人格的全部含义。

我们应该特别强调在理想的幼儿教师人格中，如雪一样洁白的道德纯洁性。无论何时何地，幼儿教师都应表里如一，不管面对什么样的幼儿，都应赋予公正的爱，这样的人格才是真正有魅力的人格。慈爱和权威是为师的特质，因而也是人格感化的根本动力；而慈爱和权威绝不是对抗的二元的东西，而是由同一根源——幼儿教师高尚的人格体现出来的。没有爱就没有真正的威信，没有威信就没有真正的爱。幼儿教师金子般的人格，能给幼儿带来足够享用一生的"热量"，能还给教育一个更加深刻的内涵。来自师长的爱是无声的，却是最有分量的，幼儿在学校里最渴望的就是来自幼儿教师给予他们的那种发自内心的爱。

在学校道德教育中，要实现幼儿道德人格的提升就必须重视建构合乎时代的道德理想人格。道德理想人格的塑造要在理想人格与现实人格之间保持张力、取得平衡，使之既有现实性，又有一定的神圣性。理想人格追求在教育或修养中的具体落实应通过榜样人格——具有优秀人格魅力的幼儿教师作为中介去完成。对每一个个体而言，理想自我与现实自我既要以理想人格作为最高参照，又要以榜样人格作为最近的参照。所以，我们不仅要把幼儿教师当作教育目的和教育目标的执行者、知识的传播者，而且要在大力提倡素质教育的今天突显幼儿教师的道德人格魅力。在学校，幼儿教师是幼儿最依赖的人，是幼儿的人格榜样，幼儿从幼儿教师那里获得信心和力量，学到高尚的思想品德。幼儿教师是幼儿情操的陶冶者、心灵的哺育者，是人类灵魂的工程师。幼儿处在成长的过程中，他们还很不成熟，其成长不是自发的，幼儿教师要按照教育发展规律，在言传身教中去影响和指导幼儿健康成长，实现他们的理想人格。

2. 健康人格是幼儿教师师德修养的风范

幼儿教师的人格是影响幼儿人格形成、心理发展、行为表现提高的重要因素。幼儿教师的人格品质及其魅力，在很大程度上决定着幼儿个性的健康发展。优秀幼儿教师的人格品质的基本内核是"促进"，也就是幼儿教师对幼儿的行为有所帮助，可以提高他们的学习能力，增强他们的自尊心与自信心，缓解他们的焦虑感，培养他们的意志品质和性格，形成他们的价值观，以及形成并巩固他们待人处事的积极态度等，从而促进幼儿整个人格的形成和发展。拥有健康人格的第一步就是要学会接受自己。17世纪英国哲学家托马斯·布朗曾说："我是世界上最快乐的人。我可以将贫穷变为富有，将逆境变为顺境。"听起来这位哲学家似乎有着神奇的力量，但其实这种神奇的力量是我们每个人都有的。这种神奇的力量就是人人都具有的"心理防御系统"功能，这个功能让我们接受自己的优点与不足，让我们制造快乐，进而让自己活得更好。

教育实践表明，幼儿教师积极向上的人格魅力对幼儿的发展具有导向性、示范性、感召性和亲和性等。幼儿教师与幼儿在人格上是平等的，幼儿教师应该尊重幼儿的人格和他们对自身人格发展的正确选择，并为这种选择提供示范和导向。在教育实践中，正是幼儿教师的人格及其魅力所产生的导向、示范、感召、亲和作用，促进幼儿的知识、智力、能力、情感、需要、动机、态度、价值观、性格等各种人格素质的发展。幼儿教师的人格修养，甚至影响着幼儿们的终身发展。幼儿教师的一举一动、一言一行都带有社会责任，都可能对幼儿人格的发展产生重要影响。

我们如果与身边的，乃至全国闻名的优秀幼儿教师做一番比较，就不难看出，其差异主要体现在打破陈规、敢于创新的成就动机，和谐的师幼关系，严谨的工作态度，执着追求的事业心，不断自我充实完善，虚心好学的人际关系等几个方面。这些都属于幼儿教师的人格品质范畴，都只能通过幼儿教师在活动过程中去感染幼儿而显示出来。因此，一名拥有健康人格的幼儿教师，具有奉献精神、主观能动性和创新能力，他的教育教学工作始终是轻松、和谐、有趣、效果好的。

（三）幼儿教师应具备的健康人格

培养全面发展的幼儿，需要高素质的幼儿教师，幼儿教师的人格是实现幼儿素质教育目标任务的关键。那么在实施素质教育的今天，幼儿教师的社会价值和自我价值是什么？培养具有创新精神和实践能力、科学精神和人文素养的幼儿，需要幼儿教师具备哪些人格品质？幼儿教师应具备以下几种人格特征。

1. 胸怀理想，充满激情和诗意

拿破仑·希尔说："人与人之间只有很小的差异，但是这种很小的差异却造成了巨大的差异！很小的差异就是所具备的心态是积极的还是消极的，巨大的差异就是成功和失败。"

▌ 拓展阅读 ▌

法国少年皮尔

法国少年皮尔从小喜欢舞蹈，他的理想是当一名出色的舞蹈演员，可是因为家境贫寒，父母只好送他去一家缝纫店当学徒，希望他学得一门手艺后，能帮家里减轻负担。一天要在缝纫店里工作十多个小时的皮尔，十分厌恶这份工作。这份繁重的工作所得的报酬还不够支付他的生活费和学徒费。同时，他也为自己的理想无法实现而感到苦闷。他觉得与其这样痛苦地活着，还不如早早结束生命。就在他准备自杀的那晚，他突然想到了自己从小就崇拜的、有着"芭蕾音乐之父"美誉的布德里。皮尔觉得只有布德里才能明白他这种为艺术献身的精神，于是他给布德里写了一封信，希望布德里能收下他这个学生，并在信的最后写道，如果布德里在一个星期内不回信，不肯收他这个学生，他就放弃生命。很快，皮尔收到了布德里的回信，布德里并没有提收他做学生的事，也没有被他对艺术的献身精神所感动，而是讲了自己的人生经历。布德里说，他小时候很想当科学家，家境贫寒的他却只得跟一个街头艺人跑江湖卖艺……最后他说，人生在世，现实与理想总有一定的距离，在理想与现实生活中，首先要选择生存，只有好好地活下来，才能让理想之星闪闪发光。一个连自己的生命都不珍惜的人，是不配谈艺术的……布德里的回信让皮尔幡然醒悟。后来，他努力学习缝纫技术，23岁时，他在巴黎开始了自己的时装事业。很快，他建立了自己的公司和服装品牌——皮尔·卡丹。皮尔在一次接受记者采访时说，其实自己并不具备当舞蹈演员的素质，当舞蹈演员只不过是他年少时的梦想而已。人只有勤勤恳恳地做好身边的每一件事，脚踏实地走好人生的每一步，才能更快地接近理想。

幼儿教师是一个需要沉淀和积累的职业，就像一颗需要经历岁月的磨洗才能发出璀璨光辉的宝石。选择教育就是选择了守候精神。保持内心的丰富和理想的充盈并不断打磨自己的教育教学技能，成为行业的精英，是需要耐心和静心的。幼儿教师要想有高的成就、高的水准，首先要有高的理想。作为幼儿教师来说，其走上教育岗位以后，必须为自己设置一个要一生为之奋斗的目标：成为学科骨干或者管理精英。只有设置了目标，才能把自己的所作所为锁定在这个目标上，才能不断增强自我意识和使命感，才能不断地进行自我挑战，否则会走弯路，会浪费时间及精力。教育的每一天都是新的，每一天的内涵与主题都不同，只有具有强烈的冲动、愿望、使命感、责任感，才能够提出问题，才会自找"麻烦"，也才能拥有诗意的教育生活。写诗是要有灵感、悟性和冲动的，真正的教育家也应具备这样的品格，永远憧憬明天。一个优秀的幼儿教师，必须具有远大的理想，不断地给自己提出追求目标，同时又要有激情。优秀的幼儿教师要永远追求自己的梦想。

2. 自信、自强，不断挑战自我

幼儿教师应善于认识自己、发现自己。自信使人自强，适当的"骄傲"使人成功。只有自信，才能使一个人的潜能、才华发挥至极致，也只有自信才能使人得到"高峰体验"。幼儿教师应珍视这种自信，不因一时挫折而丧失自信。一个人要取得成功有两个重要的前提：一个是追求成功，另一个是相信自己能够成功。

幼儿教师应该不断地追求成功、"设计"成功，更重要的是要"撞击"成功。因为人来到世上并不知道自己会成为什么样的人，只有去"撞击"每一个可能成功的暗点，才能擦出成功的火花。幼儿教师有这样或那样的冲动，有这样或那样的"撞击"，这是难能可贵的。

当一个幼儿教师停止了"撞击"，就意味着他对生活失去了期待，对自己的存在失去了自信。

自信、自强，不断挑战自我，这是在所有优秀幼儿教师身上共同表现出来的心理素质和心理特征，也是他们做好工作的基本前提和条件。幼儿教师的工作对象是活泼好动、天真烂漫的幼儿，幼儿教师时常会遇到一些自己意想不到的富有情绪色彩的事件，这就需要幼儿教师保持一种稳定的情绪，充满自信，这样才能冷静地处理好出现的问题。有人调查了102名优秀的幼儿教师对自己的看法后发现，这些幼儿教师具有共同的特点：相信自己的能力，也确信幼儿教师工作的价值，乐观、积极，自尊而不自卑。

> **小思考**
>
> 什么是幼儿教师的教学自信、教育自信？这种自信从何而来？

3. 诚挚无私，充满爱心

幼儿由于年龄小，常常是很单纯的。幼儿教师应该以一颗诚挚的心去面对他们，以无私的真诚、真情平等对待每一个幼儿。爱心是教育力量的源泉，是教育成功的基础。很多幼儿教师日复一日、年复一年地工作，但是他们从没有在工作中寻找到乐趣，心中也没有涌起一种爱的热潮，这样的幼儿教师永远也不可能取得教育上真正的成功，永远也不可能把握教育的真谛。

幼儿教师对幼儿的爱并不需要什么惊天动地的大动作来表达，有时一个小小的细节就可以传递爱的信息，一个不经意的动作就可以树立起幼儿的自尊，一句充满爱心的话语就可以影响幼儿的一生。幼儿教师千万不要轻视这小小的细节，我们的爱正是通过这些点滴细节慢慢地渗透到每个幼儿的心灵之中。相信这样的场景我们每天都会看见，当我们行走在幼儿园之中，常常会有幼儿一脸阳光地与我们打招呼："老师好。"有的幼儿教师会微笑着应答；有的幼儿教师会蹲下身子和幼儿拥抱，或是用手抚摸幼儿的头或脸蛋并叫出幼儿的名字；而有的幼儿教师则是面无表情，机械地回答一声"早上好"；有的幼儿教师只是高傲地看幼儿一眼，或是用鼻子"嗯"一下作为回应；更有甚者，有的幼儿教师只顾走路，看都不看幼儿一眼。就这样一个打招呼的细节，便能掂量出幼儿教师对幼儿爱的分量。

幼儿没有像成年人那样的判断能力，他们会把成年人的敷衍当真。敷衍不是爱，幼儿教师只有投入全身心的力量去关注幼儿，幼儿才会感受到幼儿教师对他的爱。只有爱，才能赢得爱，幼儿教师爱幼儿，幼儿也才会爱幼儿教师；幼儿教师爱教育事业，幼儿教师才会获得事业上的乐趣。

值得注意的是，幼儿教师对幼儿的爱应是面向全体幼儿的爱。正如教育家陶行知所说"爱满天下"，就是要求幼儿教师爱护每一个幼儿，无论他的家庭背景如何，他的长相美丑，甚至他的道德品行优劣，幼儿教师都要真诚地关心和爱护他。

4. 追求卓越，富有创新精神

四环游戏小组成立于2004年4月7日，是北京师范大学学前教育系的一群学生在一次对北京市西城区润德利综合市场的调研中，看到市场摊贩的孩子在学前教育方面的缺失以及家长对教育的期盼而成立的非正规学前教育组织，旨在为流动人口子女提供公益的学前教育。游戏小组的宗旨定位是幼儿们游戏的天地，家长们学习分享和互助的场所，志愿者们学以致用、回报社会和进行行动研究的基地。游戏小组为幼儿设置了有针对性的、适合他们特点的课程。比如，在教育任务与内容方面，突出了对幼儿行为习惯的培养、语言发展教育和安全教育；在教育方式上，突出了符合教育对象特点的游戏活动等。

四环游戏小组这种非正规学前教育组织组建、发展过程及其成果，为学前教育工作者提供了新信息、拓宽了新视野，为流动人口子女等处境不利的幼儿解决教育问题提供了新思路。

在我们的身边总有那么一些人，他们为生活中一些现实的问题努力思考，用自己的实际行动去改变现状，并被社会关注。四环游戏小组被关注的原因不仅仅是它解决了当时流动人口子女入园难的问题，更重要的是，它拥有了我们今天每一个教育工作者应该拥有的基本素养——从多角度、多视野去看待现实问题，并思考解决方案。每一个幼儿教师都应该成为教育教学中的有心人，在日常的教育实践中不断探索、不断创新。事业成功的基础就是带着发现的眼光去从事工作。做工作的有心人，不断去发现、创新，才会在事业上有所建树。

5. 勤于学习，不断充实自我

沅江市桔城教育集团董事长汤丽凭着自己对幼儿教育的热爱与执着，从 20 世纪 90 年代开始，就踏入了学前教育这一当时在沅江农村地区不太受重视的行业。从幼儿教师到园长，再到集团领导，汤园长感受最深的就是：执着，坚持走自己的路，勤于学习，充实完善自我是成为一名优秀幼儿教师的捷径。好的幼儿教师应当学识渊博、教学技艺精湛，应该永远像海绵吸水一样汲取社会的、人文的、科学的新鲜知识，为自己充电，改变逐渐老化的知识结构。

作为湖南沅江偏远乡村的一名农家女儿，汤园长创办自己的第一所幼儿园时，只有短短几年的幼儿教师的工作经历。她当时既有当一园之长的兴奋，也有怀疑自己能不能办好幼儿园、教好幼儿的忐忑不安。当时，她的学历不高、经验不多，周边又没有可以仿效和复制的幼儿园创办模板，更不像现在互联网时代，有可以随时随地获得学习的机会和渠道。她只能抓住一切可以向外界学习的机会。她跑到湖南省图书馆查资料，到长沙师范学校请教老师，旁听课程。用她的话来说，刚开始那几年，她每年的寒暑假基本上就是在书堆中和课堂上度过的。

现在，她的幼教事业已初具规模。入园的幼儿多了，管理的幼儿教师多了，需要自己处理的事务多了，但她对学习从来没有松懈，学习的劲头从来不曾减弱。现在，不管多忙，不管有多大的困难，只要有学习的机会，她都不放过。从严冬到酷暑，从省内到省外，她马不停蹄地参加各种幼教培训班、园长研讨班、学历提升班、新理论学习班。她的学习方式也更加丰富，通过向实践学习、向书本学习、向网络学习、向专家学习、向能人学习、向同行学习、向家长学习，甚至向幼儿学习，她感到无比的充实和快乐。勤于学习让她有了越做越大、越做越强的事业，善于学习让她更好地培育了祖国的花朵和民族的希望。

人生不过百年，学习永无止境。从汤园长的身上我们可以学到：学习是生命中最好的营养，因为不断学习，所以心态年轻；因为努力学习，所以心想事成；因为终身学习，人生价值倍增。特别是在知识更新的速度越来越快的今天，每个人都面临落伍的危险。在未来的社会中，无论从事哪种职业，都将存在终身学习的需要，尤其是"传道、授业、解惑"的幼儿教师。因而幼儿教师需要学习，向同行学习、向幼儿学习，学习图书、报纸杂志、网络上的知识。

幼儿教师的师德修养要成为一种行为上的自觉，要达到一定的道德境界，幼儿教师首先应掌握科学合理的幼儿指导方法，在幼儿良好行为的塑造、社会能力的提高、积极情绪情感的形成、良好学习习惯的培养、学习方法的掌握等方面都能提供适宜有效的指导；遇到教育教学活动中的问题，不会束手无策，而是在游刃有余中更有执教的信念和信心。其次，幼儿教师应拓展自身的知识广度。幼儿年龄越小，他们对幼儿教师的期望值就越高，他们就越是把幼儿教师当作百科全书。在他们的眼中，幼儿教师是无所不知的。如果幼儿教师一问三不知，他们就可能会特别失望，进而怀疑和远离幼儿教师。现在的幼儿获得新知识的渠道很多，但由于生理和心理的限制，他们很难把这些新知识理解透彻，他们渴望获得帮助，而幼儿教师就成了他们寻求帮助的首选，而此时，幼儿教师仅靠在读书时代累积的知识显然已远远不够。随着社会的进步，知识的更新周期缩短，同时，新时期的教育不仅要求幼儿教师有过硬的专业知识，更要求幼儿教师有精深的教育理论知识和广泛的社会文化知识。

6. 关注人类命运，具有社会责任感

幼儿教师面对的是一个个幼小的生命体，他们充满着生命活力，有着成年人不具有的生命原色调。幼儿呈现给幼儿教师的是一块白板，需要幼儿教师去描绘色彩。教育不只是给幼儿传授知识，更重要的是培养幼儿一种积极的生活态度，让他们以积极的生存心境、积极的人生态度对待生活。幼儿教师应该非常关注社会，关注人类命运，注重培养幼儿的社会责任感。也只有具有社会责任感的幼儿教师才能塑造幼儿的社会责任感。幼儿教师在课堂上和幼儿讨论保护环境等问题，能唤起幼儿对这些问题的关注。如果幼儿教师整天关心的是流动红旗，是到班率，幼儿的视野怎么能变得开阔？学校的世界和外面的世界本应该是互通的，而现实生活中往往是外面的世界很精彩，学校的生活很枯燥。因此，要使幼儿更好地生活，要使今后的社会更加理想化、更加完美，首先要净化我们的校园，并使我们的幼儿具有人文关怀精神。苏霍姆林斯基说过，幼儿在离开学校的时候，带走的不仅仅是分数，更重要的是带走他对未来理想的追求。

三、幼儿教师高尚人格的塑造

幼儿教师人格是幼儿教师为胜任其本职工作所必须具备的良好的性格特征、积极的心理倾向、创造性的认知方式、丰富的情感、坚强的意志、高尚的道德品质、规范的行为方式等人格特征的综合体。

（一）幼儿教师人格塑造的意义

人格是做人的根本，幼儿教师人格会影响幼儿教师在教育活动中的价值取向，也会影响到社会对幼儿教师价值的认同。从系统论的观点来看，幼儿教师人格是职业性群体人格。教育是由一定的教育目的和要素构成一定的组织形式，实现一定的教育功能的整体，这就要求凡为幼儿教师者必有优秀品格。教育这种构成要素的多样性决定了其复杂性，即但凡关乎人的发展的影响因素都是构成教育的运行动因，显然，教育的成功在于要素和过程的优化。在教育过程中，幼儿教师人格的作用主要体现在 4 个方面：影响幼儿教师对教育工作投入精力的多少；影响幼儿教师威信的建立；影响幼儿人格的发展；通过教学方法、教学风格和管理方式等方面影响教育效果。因此，幼儿教师人格正是教育成功的基本条件。

人格是一个人素质的综合表现，对个体行为素养有着统领作用。幼儿教师从事的是灵魂塑造工作，塑造完美人格是幼儿教师素质整合的客观要求，幼儿教师必须有美好的心灵和健康的人格。

（二）幼儿教师高尚人格的塑造方法

不同人格特征的人在职业选择上有很大的差异，而只有当人格特征与职业特征相匹配时，人才会在工作中表现出最大的积极性，使其优势得到充分发挥，才能获得满满的职业幸福感。幼儿教师应努力去塑造与其职业的育人性、高尚性和完美性相匹配的高尚人格。

1. 加强自我教育，强化自我内在人格

塑造自我，使自我具有完美的人格特征，说到底是一种自我教育。自我教育是幼儿教师强化自身内在人格素质的有力手段。幼儿教师的自我教育是以自我学习、实践、反思的方式展开的。幼儿教师首先得学会了解自我、认识自我，学会摆脱在生活和学习中遇到的各种心理困境，并最终形成肯定的自我概念，成为自尊、自信、自强的人；其次是提高他人意识，形成尊重他人、平等待人的意识，形成对他人的情绪和需要做出积极反应的意识，对幼儿教师来说，就是能敏锐地把握幼儿的所思所想。幼儿教师人格的发展，只有幼儿教师自己通过认真而深切的自我认识才能获得效果，只有通过幼儿教师主体的选择与吸收才能真正发挥作用。

幼儿教师应随着时代的发展，与时俱进地学习政治理论，树立坚定正确的教育价值观，热爱教育事业，热爱幼儿，为人师表，真正适应并促进教育的发展；应系统、扎实地掌握本专业的基本理论、知识、技能，还要博采众长，具有广博的自然科学和社会科学知识；应具备教育学、心理学和教学法的知识，包括掌握必要的现代教育技术手段；应认真学习古今中外教育先哲的理论精髓，要面向未来、面向现代化，学习新的教育理论，了解学术界的新动向；还应不断地汲取新知识、吸收新信息，而且要善于获取知识信息，掌握获取知识信息的方法和技巧。只有如此孜孜不倦、善于学习创新之幼儿教师，才能培养出善于终身学习的下一代。由于人格发展会随着社会与个体的发展而发展，永无终结而贯穿人生全程，幼儿教师的自我教育是一个自我学习、实践、反思、再学习、再实践的不断循环的过程，在这循环往

复的过程中，幼儿教师人格才能获得提高与发展。

2. 善于自我调节，保持良好的身心素质

幼儿教师应该具有良好的心理素质和身体素质，以自己健康的身心言行带动幼儿奋发进取。从幼儿教师的心理健康角度来看，身心健康特质是幼儿教师自我教育行为应十分注意的特质。良好的心理品质包括有高度的使命感、责任感、事业心、进取心，有敬业精神、创造精神、顽强的毅力和百折不挠的精神。如果一个幼儿教师热爱祖国、热爱幼教工作、热爱生活、乐于奉献、积极向上，幼儿受其影响就会热爱班集体、乐于助人、奋发进取、遵守社会公德，形成良好的世界观和人生观。如果幼儿教师自私自利、不讲原则、不负责任、不求进取，就会在幼儿心目中留下阴影，不利于幼儿健康成长。所以幼儿教师应该注意培养自己良好的心理素质，通过树立正确的人生观，客观地认识自我，确定适度的抱负理想，培养健康的情绪和情感；应该提高自我保健的意识和能力，善于积极面对压力和挫折，促进身心健康，使生活更欢乐，精力更充沛，工作更顺利。为此，幼儿教师要及时根据客观环境的不断变化，调整自己的认识和行为，使个体的行为不逾越社会的要求，使个体的欲望不悖于社会的规范，使自己成为幼儿的表率和楷模。

3. 注重自身行为礼仪修养，达到自身内在素质和外化行为的统一

幼儿教师的一举一动是幼儿教师人格的外化表现，幼儿教师在塑造自身人格的内在素质的同时，必须注重自身人格的外化行为。仪表能反映一个人的文化修养，也是一个人性格、气质的体现；语言是思想的外壳，是表现一个人心灵人格的形式，也是幼儿教师对幼儿进行教育的主要工具；行为举止也反映着一个人的内心世界。一个衣冠不整、蓬头垢面的幼儿教师走进教室，必然引起幼儿的骚动；幼儿教师的不恰当言谈不仅有损于自身人格形象，也会扼杀幼儿的礼貌举止；对幼儿动辄打骂的幼儿教师，其行为不仅会伤害幼儿的身体，还会伤害幼儿的心灵，同时也表现出幼儿教师缺乏起码的人格修养。幼儿教师是文化的传播者，也是幼儿人格的塑造者，因此，幼儿教师应加强自身仪表、言谈、行为举止等方面的修养，以此来显示自身的内在素质，达到幼儿教师人格的内在修养和外在形式的统一。

总之，幼儿教师一旦完成健康人格的塑造，其在教育实践过程中所散发出来的人格魅力就会正向影响幼儿的人格塑造，对幼儿的心灵净化产生积极作用。这种人格的力量会激发幼儿对理想的追求、对真善美的向往，支撑人们对尊严的坚守和对庸俗的超越。

第二节 幼儿教师师德修养的养成规律、价值和原则

一、幼儿教师师德修养的养成规律

规律是反映事物的内在规定性和内部矛盾运动的必然趋势。师德的形成过程是师德、师道、师行等诸因素及其关系在教育实践中的转化过程，它受到个人所信奉的一般道德原则的制约。

（一）师德的形成发展受个人一般道德原则的制约

个体道德品质和职业道德品质之间存在着明确的相关性。师德所调节的各种关系一般并不违背个人的一般道德原则，是个人的一般道德原则的自然延伸。一般道德是职业道德发展的基础，职业道德的发展又会深化一般道德的发展。良好的一般道德原则一旦形成，职业道德问题就比较容易解决。职业道德可以看成一般道德原则在职业领域的延伸。

（二）师德的形成是知、情、意、行和谐统一的过程

师德的形成是道德认识、道德情感、道德意志和道德行为的和谐统一的过程，一般要通过专门的教育和个体的亲身体验才能最终形成。理想的师德是知行统一的，仅有知而无行，道德认识就会失去其根本的价值。由于从知到行还存在着情感、意志、智慧等复杂的因素，因此，知和行之间并不存在一一对应的因果关系。在心理学家看来，在知行合一的道德行为背后，一般含有情感、意志、智慧等其他重要的心理因素。其心理发展历程常常是发现道德情境，形成初步的道德认识；自觉应有行为，积极的道德情感因素参与其中；确定如何行动，道德的智慧因素开始运行；采取实际行动，此为道德行为。

良好的师德的形成需要比较长的时间，不仅需要在道德认识层面的理解、同化和重构，更需要在教师实践中对道德行动产生良好的体验，在道德冲突中用自己的意志坚定自己的道德行为。只有这样才能把社会所要求的职业道德修养规范变成教师个人自觉的行动。

师德是在道德冲突中逐渐发展起来的。道德是人类在解决各种利益冲突的过程中形成的，人们利用先前所形成的规范来预防和解决各类冲突，这正是道德力量的价值所在。个体在形成内在道德规范的过程中必然经历道德冲突的解决。在直面道德冲突的过程中，个体能真切地解决两类问题：第一，真正领悟道德在解决冲突中的力量和价值，从而对其产生亲近感；第二，在解决冲突中掌握和发展道德智慧，即学会利用自己的智慧，把道德原则和规范变为能够解决道德冲突的道德行为。

师德的核心是帮助教师恰当地解决个人与事业、个人与教师团体、个人与家长的关系问题，这些关系问题在师范生未来的工作中也可能遇到，师范生应该有目的地去理解教育事件中所隐含的道德意义，并在相关活动中自觉地体验相应的师德情感，有目的地磨炼自己的道德意志。

（三）师德的发展轨迹是由他律走向自律

师德修养的培养与形成是一个由规范转化为自身的修养的过程，这也就决定了师德的发展必然是一个由他律逐渐转变为自律的过程，那么幼儿教师首先要明白自己职业意义的所在，它包括教师的职业理想、职业态度、职业责任、职业纪律、职业良心、职业荣誉和职业作风等方面的意义所在，为幼儿教师提供理想和期望的社会规定性。在这种价值意义的引导下，幼儿教师的职业价值选择的立场初步形成符合社会期望的教育观、教师观、学生观、人

才观等基本认识。师德修养自律能力是一种较高的能力，它通过外在的力量引发内在的体验，所以必须以纪律的形式来进行要求，让幼儿教师在教育实践中完成，达到德行自证的过程。

二、幼儿教师师德修养的养成价值

幼儿教师通过提高自身的修养，反思自己的教育教学行为，完善自身素质，从而提高师德修养水平，提升自我价值。幼儿教师只有不断提高自身修养，才能满足幼儿不断成长的需要，实现教育教学目的。同时，良好的个人修养可以使幼儿教师加强对自身和职业的肯定，获得一种愉悦的情感体验，为以后的工作提供精神动力，从而提升人生境界和自我价值。

良好的个人修养对幼儿教师自身素质的完善具有促进作用：它有利于提高幼儿教师对自身职业意义的认识，提高其道德素质；有利于提高幼儿教师进行自我调节的能力和水平，提高其心理素质；有利于提高幼儿教师的从业态度和教学水平。良好的个人修养时刻督促幼儿教师进行自我反思，自觉调整自身内在心理活动和外在的工作、学习、生活等活动，从而不断完善自身素质，以满足幼儿的成长需要，实现教育目的。

良好的个人修养能使幼儿教师充分理解作为幼儿教师所肩负的职责和使命，从而坚定自身的职业信念，而幼儿教师进行教育教学实践活动的基本保障就是这种坚定的职业信念，它也是促使幼儿教师关爱幼儿、热爱教育、甘于为教育事业奉献、实现幼儿教师职业理想的不竭动力。幼儿教师坚定的职业信念和崇高的职业理想又会促进幼儿教师道德素质的提高。

良好的个人修养不仅能提升幼儿教师的行为选择能力，还能提高其心理素质。随着我国社会主义市场经济的不断深入发展，在多元思潮的冲击下，幼儿教师的思想、工作、生活等都面临着前所未有的考验。面对各种利益诱惑，幼儿教师的内心也会产生一定的矛盾和冲突，这就需要幼儿教师做出正确的行为选择。个人修养是坚持道德行为的内在动力，在这种情况下，良好的个人修养就能使幼儿教师时刻保持清醒的头脑，冷静、客观地分析和处理各种矛盾冲突，从而自觉抵制诱惑，摒弃与幼儿教师师德修养相背离的思想和行为，做出正确的行为选择。这个过程就是幼儿教师以自身修养水平和幼儿教师师德修养规范要求为准则所进行的自我心理调节的过程。因而，良好的个人修养对于提高幼儿教师的心理素质、保证幼儿教师的心理健康，有着十分重要的意义。良好的个人修养能促使幼儿教师形成敬业爱生的思想，从而改善幼儿教师的从业态度。幼儿教师的个人修养水平越高，其敬业精神也就越崇高，崇高的敬业精神就会促使幼儿教师加倍地关爱幼儿。幼儿得到幼儿教师的关爱，必然会更加尊重幼儿教师。幼儿的尊重使幼儿教师的劳动得到肯定，使幼儿教师产生美好的情感体验，这种美好的情感体验，激励幼儿教师更加热爱教育、热爱幼儿，从而形成良好的从业态度。良好的从业态度是幼儿教师内在品质和外在行为的统一。只有良好的个人修养才能提升幼儿教师敬业爱生的思想，改善幼儿教师的从业态度。

良好的个人修养能促使幼儿教师认真钻研业务，不断探索教育规律，提高教学活动组织能力和水平。幼儿教师能在认真钻研业务、掌握儿童指导的方法、提升环境创设的能力、不断提高教学活动组织水平中获得自身修养的提升。幼儿教师要想完成教育任务、实现教育目的，就必须具备一定的专业知识和教育能力，但是只具备专业知识和技能而缺乏个人修养的幼儿教师不是合格的幼儿教师。良好的个人修养会使幼儿教师认真钻研业务，不断探索教育规律，努力学习和掌握各种知识和教学技能，从而提高自身教学水平，成为一名优秀的幼儿教师。

良好的个人修养有助于幼儿教师提升人生境界。只有具备良好个人修养的幼儿教师，才会不计得失、无怨无悔、呕心沥血，从各个方面严格要求自己，不断提高和充实自己，完善自身素质，最终成为一名具有崇高师德水平的幼儿教师，实现教育目的，完成教育任务。良好的个人修养使幼儿教师在奉献中体会人生意义，激励其不断进行自我超越，从而提升自身人生境界，提升自我价值。

三、幼儿教师师德修养的养成原则

（一）坚持知行合一的原则

坚持知行合一的原则，就是把学习道德理论、提高道德认识同自己的行动结合起来。"知"就是对幼儿教师师德修养的认知，这是提高师德修养的前提。"行"即行动，也就是幼儿教师把师德修养的理论认识付诸行动，这是提高师德修养的目的。实践证明，人们对道德理论的理解和体验越深，按照道德原则规范去行动的自觉性也就越强。幼儿教师要加强实践的锻炼和体验，在提高师德修养的过程中自觉培养道德行为习惯，真正成为道德高尚的优秀幼儿教师。

（二）坚持动机和效果相统一的原则

幼儿教师在提高师德修养的过程中，必须坚持动机和效果相统一的原则，不能仅从动机出发，把动机作为判断和评价行为的标准，也不能简单地用效果作为衡量动机的标准。

坚持动机和效果相统一的原则，就是要求幼儿教师不断地进行道德理论和知识的学习，加深对幼儿教师师德修养的意义和作用的了解，不断增强修养的动力，同时要善于通过各种方式把良好的道德动机转化为客观的、外在的实际行动。在动机和效果的统一上实现道德境界的升华。

（三）坚持自律和他律相结合的原则

所谓自律，就是自我控制，是指幼儿教师依靠自己的内心信念对自己教育行为的选择和调节。所谓他律，就是凭借外部奖励以及各种制度、规范等手段对行动进行调节和控制。自律和他律本质上是内因和外因的关系。在提高师德修养的过程中，幼儿教师自身的内因——内心信念起决定作用。一名幼儿教师只有真正懂得师德修养的重要性才能产生道德责任感，最终形成坚定的道德信念。内心的信念——自律是师德修养的内在力量。

尽管幼儿教师的道德信念是道德观念、道德情感和道德意志的统一体，但是道德信念是幼儿教师在长期的教育实践中，在职业道德规范和社会舆论的熏陶下逐步形成的。因此，幼儿教师在提高师德修养的过程中有效地运用外部力量——他律，强化师德修养意志，督促自己坚持幼儿教师师德修养行为也是必不可少的，而广大幼儿教师普遍的自律又会形成有力的他律氛围，由此形成提高幼儿教师师德修养的良性循环。

（四）坚持继承和创新相结合原则

坚持继承与创新相结合原则是由师德的特点决定的。职业道德修养作为社会道德的一部分，具有历史继承性，尽管不同时代的师德具有不同的时代烙印，但是继承历史上幼儿教师职业的成果来为自身服务也是师德修养中不可缺少的部分。幼儿教师师德修养并不是一成不变的，它随着社会经济文化的发展而不断地发展。因此在实践中，我们必须借鉴传统的优秀师德，构建出新的师德。幼儿教师处于新的社会背景下，肩负着新的历史使命，也会不断地面临新的问题，因此幼儿教师师德修养需要不断创新，创造出适应时代需要的新的职业道德修养体系。总之，幼儿教师师德修养的养成，既要有外在的道德规范进行自我约束，又要发挥主观能动性，做到自律与他律相结合。

第三节 提升幼儿教师师德修养的途径与方法

幼儿教师良好的师德修养不是与生俱来的，而是在科学理论的指导下，经过长期的社会实践，不断完善自身的结果。理论与实践相结合是提升师德修养的根本途径。幼儿教师师德修养的提升，可以通过多种途径和多种方法来实现，其中道德教育是前提，道德实践是途径，但是无论何种形式的教育，无论通过何种途径，更具有决定意义的还是幼儿教师的自我教育。因此，幼儿教师要想提升个人修养，提高师德水平，就必须根据社会所需要的师德品质要求，自觉进行自我教育。

一、提升幼儿教师师德修养的途径

（一）虚心学习，提升自我认知

师德修养的提升需要日积月累，需要一个人的信念、价值观、人生观的不断完善。我们的价值观很大程度上是在被动地回应外部世界的时候产生和形成的，由于每个人对同一个事件的反应都不同，所以每个人的价值观都不相同。有的人消极地理解外界，形成了消极的信念和价值观；有的人积极地理解世界，就形成了积极的价值观。

要提升自己的素质修养，就要不断向书本学习、向别人学习。向书本学习，不要只看那些消遣娱乐的书，要多看积极向上充满正能量的书；不要去看那些纯粹说教鸡汤类的书，要看那些从人的本性分析问题的书。例如，有些书，包括我们小时候的一些道德教育书，只会简单地告诉我们，应该这样，因为这样符合道德的标准；不应该那样，因为那样违反了道德标准。这样的书没有说服力。道德标准是一个很模糊的东西，标准由谁来制定，很难说清楚。所以要看一些从人本身需要出发去分析问题的书。这些书很客观、很中肯，不会逼我们去接受某些观点，而是强调一切从我们自己的需要出发。

（二）加强道德实践，提高修养水平

实践是认识的基础，也是道德修养的基础。幼儿教师必须积极参加社会实践，不断学习，不断升华，才能满足师德修养的要求。一个幼儿教师的师德水平不是用嘴巴说出来的，而是用行动做出来的。离开了教育教学实践，师德修养便失去了客观的评价标准。幼儿教师要勇于参与实践、积极参与实践、坚持参与实践，在实践中提升师德修养。幼儿教师良好的个人修养不是与生俱来的，也不是仅仅靠书本学习掌握相关知识理论来实现的，其关键在于实践。实践是认识的源泉，也是提升幼儿教师个人修养的重要途径。实践是检验幼儿教师自身修养水平的唯一标准，在教育教学实践活动中和日常生活中，幼儿教师会遇到各种各样的问题，对这些问题的处理，直接体现了幼儿教师自身的修养水平。

实践是提高幼儿教师修养水平的动力。在实践过程中，幼儿教师发现了自己存在的很多问题，就会不断提高自己的修养，去适应不断发展的教育教学工作的需要。幼儿教师不断提高自己的修养，目的只有一个，那就是做好教育工作，培养符合社会发展需要的接班人。幼儿教师只有在实践中才能提高认知能力，丰富情感，磨炼意志，提升个人修养，提高师德修养水平，从而加强师德修养建设。

幼儿教师个人修养的提高是一个复杂的、曲折的，甚至有些反复的发展过程，不可能一蹴而就。这样一个不断修正的过程，正是由实践来推动的。幼儿教师个体只有在实践中才能获得源源不断的精神能源，进行自我教育、自我完善，从而提高个人修养。

幼儿教师应该言行一致，成为幼儿的表率。"其身正，不令而行；其身不正，虽令不从。""不能正其身，如正人何？"孔子道出了"身教"重于"言教"的道理。知行合一和言行一致，不仅是教育最重要的原则，而且是幼儿教师提升自身修养的方法。幼儿教师要提升自身修养，不能停留在口头上，而应落实到行动中。在实践活动中，如何做到身体力行呢？孔子强调"慎言敏行"，不说假话、大话、空话，言必及义，言必中伦，言必见行，做到"言中伦，行中虑"。"言必信，行必果"，一切言行都要用结果和效果来检验；反对言而无信，行而未果。幼儿教师在实践的过程中，不仅要"躬行"，即亲自实行、亲自去做，而且要"笃行"，即一心一意、矢志不渝地去实践。这是因为实践是修养活动的现实展开，实践阶段是思想斗争表现得最集中、最激烈的阶段，也是修养能否成功的决定性阶段。修养主体要有坚强的决心和毅力，战胜自我，克服身上的缺点、弱点、不良心理定式和行为习惯。幼儿教师提升师德修养不能只停留在思想和口号上，要身体力行，自觉进行实践。

> **▌案例分享 ▌**
>
> 　　东东有一双系鞋带的鞋子，他非常喜欢，但是他自己不会系鞋带。午睡起床时他怎么也系不好鞋带，又着急又伤心难过。王老师安慰说："别着急，老师教你，你一定能学会的。"王老师边讲解边示范，教了好几遍，但冬冬还是没有学会。冬冬气急败坏地甩了鞋子不想再学了，王老师知道这是因为东东性子急，观察不仔细。为了让东东掌握好系鞋带的步骤，王老师编了一首儿歌将系鞋带的动作进行分解，并配上动作演示。第一步，把鞋带的两个头拉得一样齐。王老师一边念儿歌一边做动作，"两根线儿一样长，两个线头交个叉，后面线儿往下钻"。第二步，打活动结。"一个圆，两个圆，画一画，装一装，一只蝴蝶飞起来"。根据这种具体形象的方法，东东很快就学会了系鞋带。王老师还让他又练习了几次系鞋带，并让他将这些步骤画出来。

（三）树立标杆，增强师德修养的自觉性

　　树立标杆就是指给自己树立一个可模仿的榜样，树立道德榜样是提升师德修养的重要方法。榜样的力量是无穷的，我们要在师范学校就开始引导和鼓励未来的幼儿教师们相互学习、探讨、交流和借鉴，大力宣传幼儿教师中的先进典型，用榜样人物的先进事迹、高尚情操、模范行为引领广大幼儿教师；把抽象的道德观念、行为规范等形象化、具体化，以先进模范的行为激励幼儿教师，增强幼儿教师提升师德修养的自觉性。

　　树立榜样，幼儿教师首先要从自己做起，什么样的教师，就可能教出什么样的幼儿。面对幼儿，除了教授知识，我们还应当展现一些什么？我们还能为幼儿带来些什么？学习，除了学习知识，还要学习见识。

　　值得幼儿教师学习的榜样有很多，在我们身边有很多值得我们学习、让我们感动的事时时刻刻在发生。幼儿教师可以向每年的感动中国十大人物和全国教书育人楷模学习，也可以向身边的能够促进自己成长的任何一个人学习。

> **▌小思考 ▌**
>
> 　　人生每个阶段都需要有目标，同样也需要有具体的榜样，不然很容易迷失自我。说说你心中曾经的或者现在的人生榜样。

（四）学会反思，找准完善自我的改造力

　　心理学家波斯纳提出一个公式：教师成长＝经验＋反思。如果一个幼儿教师仅仅满足于获得经验，而不对经验进行深入思考，那么他就可能永远停留在最初的水准上。在幼儿教师师德修养的提升之路上，幼儿教师的自我反思起着至关重要的作用，反思是提高师德修养的重要方法。

　　师德修养是幼儿教师自身素养的重要组成部分，提升师德修养是幼儿教师自我锻炼、

自我陶冶、自我教育、自我完善的过程。幼儿教师必须对自己的教育教学活动效果进行不断的反思，及时发现自己的缺点和不足，并及时纠正，不断地实现自我更新，对幼儿施以积极的教育影响，促进幼儿健康成长。幼儿教师要反思自己的行为与职业道德修养理论要求的差距，反思自己与周围其他优秀幼儿教师和先进模范人物的差距，努力完善自己；同时要善于听取来自各方面的反馈信息，在别人对自己的评价中，更好地认识自己、塑造自己。

▌案例分享▐

一天中午，刘老师帮助所有需要服药的幼儿服完药，正准备收拾医药箱时，成成跑了过来，怯生生地说："老师，我也要吃药。"刘老师查看了服药登记表，没看到成成家长登记的服药要求，便蹲下来关切地问："你哪儿不舒服？你的药呢？"成成不吱声，只是从口袋里掏出一包药来。刘老师一看，这是成年人服用的感冒药。刘老师感觉问题比较严重，忙接过成成手里的药，然后说："这药不是小孩儿吃的，我打电话叫你妈妈给你送药过来。"成成点头同意了，刘老师便打电话给成成的妈妈。原来成成没有生病，是他跟妈妈说刘老师喜欢生病的幼儿，自己也要带药，妈妈不给，他就悄悄从家里的医药箱里拿走了感冒药。幸亏刘老师查看了服药登记表，不然会发生事故。

刘老师心里久久不能平静，"刘老师喜欢生病的幼儿"这句话引起了她的深思。真没想到自己平时在生病的幼儿服药的时候夸奖他们勇敢，服完药后抱抱他们这样一个无心之举却让其他幼儿感受到了冷落。每个幼儿都渴望得到幼儿教师的关注，但幼儿教师要做到不忽略每一个幼儿确实很难，自己在今后的工作中要尽量让每一个幼儿都感受到自己的爱，让自己的爱滋润每一个幼儿。

刘老师的反思就是幼儿教师在外在价值引导下的自主完善的过程。幼儿教师主体的积极参与，对幼儿教师成长的意义非常重要。幼儿教师的反思能力需要在长期的教育实践和生活经验的积累中逐渐形成，因此幼儿教师应该更多地关注平时的点滴细节，在多种形式的练习中培养反思能力。例如在观摩教研活动、主题式案例故事研讨等教育教学活动中，幼儿教师可以进行师德修养方面的反思，也可以通过随笔、影像故事等进行反思，促进自己的成长。

随笔反思，是指幼儿教师将自己在一周日常教学工作中对某个或某些活动（尤其是让自己感到兴奋、困惑、气愤或感动的事）的感想与检讨，以教育随笔、手记或日记的形式记录下来，记录下来的有事件的过程，也有自己思想和行为变化的过程。记录的过程就是幼儿教师进行自我对话和自我反省的过程。幼儿教师通过反思自己教育教学过程中的得与失，让自己以后的每一个教育活动都更为合理、更有教育价值，让每一个幼儿都获得实实在在的发展。个人修养反思可以在专业能力的反思上加以提炼，也可以单独以专门的主题形式进行，还可以分为在实践前反思、在实践中反思和在实践后反思 3 种形式。

（五）努力做到"慎独"，提升信念力

一位幼儿教师记录了这样一件事："刚刚迎接完安全大检查，我的精神顿时松弛了下来。

早操结束，我带领幼儿们走进活动室，发现朋朋一直盯着我，似乎有话要对我说。'朋朋，你有话要对姜老师说吗？''老师，你今天也有进步，应该也得到一朵小红花。'他的话让我'丈二和尚摸不着头脑'，便好奇地问他：'为啥？我哪里进步了？''老师以前做操时不是没做完就走了，就是和别的老师说话。今天你坚持做完了，而且没说话。'朋朋的话让我吃惊不小，尽管我是因为特殊工作的原因，有时正好在做操时间处理一些园里别的事情，但幼儿却以为我做事不专心。做操时我们注意力不集中，在幼儿们面前和同事说话的情况确定比较常见。平时我们经常要求幼儿们应该如何做，却忽视了自己在一些细小环节上的言行。幼儿们的心灵是纯洁的，幼儿们的眼睛是雪亮的，作为教育者的我们一定要谨言慎行。"

幼儿始终关注着幼儿教师，当幼儿教师要求幼儿做到某些事情的时候，幼儿教师也要时刻提醒自己做到。人的精神境界有不同层次，职业道德修养的要求也是有层次的。幼儿教师师德修养的最高层次就是"慎独"。"慎独"一词最早出自儒家经典《礼记·中庸》。"慎独"用现代语言来表述，是指在没有有效的外界监督、独自一人的情况下，也能自觉遵守道德规则，不做任何对国家、对社会、对他人不道德的事情。显然，这既是一种崇高的道德境界，又是一种重要的提升职业道德修养的方法。"慎独"是幼儿教师提升个人修养、加强师德修养的有效方法之一。

首先，这是由幼儿教师的职业特点决定的。幼儿教师的工作都具有相对独立性和劳动个体性的特点，且具有隐蔽性。当他们处于课堂教学情境中时，往往比较重视自己的一言一行，尽力符合职业道德修养规范和社会道德要求，但当他们走出课堂，身处周围无人监督的环境中，幼儿教师能否严格遵循道德规范行事，关系到其自身修养水平的高低。这种个体性劳动要求幼儿教师要在"隐"和"微"的地方苦下功夫。

其次，这是由幼儿教师道德修养目标决定的。幼儿教师道德修养的直接目标是把客观的师德规范、社会道德规范内化为幼儿教师的内在信念，并用这种内在信念来指导和支配自己的思想和言行，而"慎独"强调内在意志的自我磨炼，强调自律，对幼儿教师在教育教学实践中和日常生活中规范自己的言行举止具有潜移默化的影响。

最后，这与幼儿的向师性有密切的关系。幼儿的思维发展处于直观动作和具体形象阶段，他们考虑问题片面，喜欢或厌恶一名幼儿教师可能只取决于幼儿教师的一个让他们感到喜欢或厌恶的偶然性举动，而幼儿教师这一偶然性举动更可能改变一个幼儿的学习、生活态度，进而影响他的一生。幼儿教师的一举一动直接关系到幼儿德、智、体、美等各方面的和谐发展，因此幼儿教师必须有高度"慎独"的自觉性，时刻做到为人师表、以身作则。幼儿教师提升自我修养不是一朝一夕、一蹴而就的事情，要坚持不懈、持之以恒，要经过长时间的不断积累。"慎独"要求幼儿教师时刻把着眼点放在灵魂深处，去寻找最隐蔽的不良意识和思想动机。幼儿教师要做到"慎独"，必须在"隐""微""恒"上下功夫。

（六）调节心理，提升活力

在教育过程中，幼儿教师常会为一些不如意的事情而感到苦恼，甚至产生急躁情绪。

在这种情况下，幼儿教师特别需要沉着、有耐心。幼儿教师处事不惊，幼儿自然会受到感染和触动，心悦诚服地接受和配合。对于小班幼儿来说，幼儿教师的沉稳尤其重要，因为小班幼儿往往会因幼儿教师的耐心、和蔼感到安全，也会因幼儿教师的没有耐心、粗暴感到不安和害怕，因此，善于调节和控制自己的心理与行为，对于幼儿教师来说极为重要。

能够根据教育教学实践情境来调整自己的教育策略是成为一名合格的幼儿教师的前提，也是幼儿教师具有健康心理的重要指标之一。身心健康是幼儿教师做好教育工作的前提条件。幼儿教师身心健康，不但会影响自己的工作和生活，影响下一代人，甚至会影响整个社会的健康和谐发展，所以，幼儿教师要有健康的体魄和健康的心理。

幼儿教师心理不健康不仅会对自身的心理和生理产生不良影响，更重要的是，由于幼儿教师职业的特殊性，不健康的心理状态易造成幼儿教师对教学工作和学校怀有不满情绪，从而对自己的专业成长和发展形成障碍。因此，幼儿教师维护健康心理发展的状态，无论是对幼儿的健康成长，还是对幼儿教师的个人发展，乃至对整个教育事业的健康发展，都具有十分重要的意义。

首先，幼儿教师要学会正确看待自己的工作，培养乐观的人生态度，正确认识自己，结合自身实际，对工作做出合理的期望，勇于接纳自己；要用积极的心态、愉悦的心情开展教育教学活动，以自己能为幼儿的健康成长、幼儿园的进步发展贡献出自己的力量而感到荣幸，享受为幼儿、为幼儿园尽到责任的快乐。

其次，幼儿教师要培养良好的意志品质。自己有职业倦怠感时要勇于面对，积极应对，反思自己的压力来源，并且理智、客观地看待压力对自身的影响，形成面对压力的良好心态。同时，幼儿教师在有心理障碍或心理疾病时应主动寻求心理咨询或心理治疗。

再次，幼儿教师要使自己融入社会，学会与人交往，善于与人交往，建立良好的人际关系。心理学家丁瓒说过："人类的心理适应，最主要的就是人际关系的适应。"

最后，幼儿教师要坚持体育锻炼。体育锻炼是发泄不良情绪和保持良好心态的良药，它在培养幼儿教师自身坚定的意志和吃苦耐劳、坚持不懈的精神的同时，也帮助幼儿教师在生活和工作中能够时刻保持积极健康的心理状态。

总之，身心健康是幼儿教师完善自我、提高个人修养的前提。幼儿教师的道德修养、专业修养等各种修养都是建立在身心健康之上的，幼儿教师的身心健康在加强师德修养建设中具有不可忽视的重要作用。

二、提升幼儿教师师德修养的方法

幼儿教师要深入理解师德修养，形成一种提升师德修养的自觉意识，还要能借助一些有效的策略和方法来加深自己对师德修养的理解，促进自身认知与行为的统一。在这个过程中，有一些专门的方法来促进幼儿教师提升师德修养。

（一）价值澄清法

我们在认知任何价值观念的时候，都有一个理解、认同并内化的过程。任何价值观念要变成某个人的价值观念，必须符合这一过程的 7 个标准，否则将不可能成为他的价值观念。完整的转变过程分为 3 个阶段 7 个步骤。

1. 选择

自由选择：个体只有在自由的选择中才能根据自己的价值观念行事，被迫的选择是无法使这种价值观念整合到个体的价值体系中的。

从多种可能中选择：提供多种可能的选择，有利有弊，参与者要对选择进行分析思考。

对结果深思熟虑后做出选择：对各种选择结果都进行理论的因果分析、反复衡量利弊，在此过程中，个人在意志、情感以及社会责任等方面都受到考验。

2. 珍视

珍视与爱护：珍惜自己的选择，并为自己能有这种理性选择而自豪，将其看作自己内在能力的表现和自己生活的一部分。

确认：以充分的理由再次肯定这种选择，并乐意公开与别人分享而不会因为这种选择感到羞愧。

3. 行动

依据选择行动：鼓励自己把信奉的价值观付诸行动、指导行动，使行动反映出所选择的价值取向。

反复地行动：鼓励自己反复坚定地把价值观付诸行动，使之成为某种生活方式或行为模式。

（二）道德讨论法

道理不辩不明，事情的是非曲直往往从大众的唇枪舌剑中逐渐清晰开来，这种从深刻的剖析与实践中得来的认知比空洞的道德说教来得更深刻。德国哲学家杜勒鲁奇说："从起源中理解事物，就是从本质上理解事物。"人们在力求深刻地探寻某种道德现象时，自身的道德认识也会随之变得更加理性与健康，这种正确的道德认识就成为自觉产生和组织道德行为的动力所在。

道德是社会生活的必需品，之所以很多道德问题能够引发大范围的讨论，在于它进入了公众领域，与每个人的权益都息息相关，今天遇到道德问题的是别人，也许明天就是自己。这里面存在一个道德责任的问题，毕竟，在显示器面前做一名"键盘侠"远比做一个当局者更容易。也正因为如此，我们应当扪心自问：自己应该怎么做？对于当代社会生活中的道德现状，我们要用什么样的心态去面对？对于社会公德，我们要用什么手段去维护？这些都需要社会共识来通力解决，那么，不通过道德焦点的争论与反思，又如何形成社会的广泛共识呢？

道德的社会共识是形成社会文明良性循环的基础，但是，有时候单靠道德的手段并不足以解决所有问题，毕竟道德问题同时也是社会问题。每个人都喜欢舒适的社会生活空间，只要道德的社会价值有所保障，人们自然会去追求。

道德讨论法的操作流程如下。

1. 分组

事先根据幼儿情况做好分组准备。

2. 呈现故事

幼儿教师引入要讨论的话题，创设情境，激发幼儿讨论的积极性；呈现两难故事，提出焦点问题。故事的呈现方式很多，如陈述故事、观看电影、阅读报纸节选、幼儿角色扮演等。

3. 正确引导幼儿进行讨论

① 选择好两难问题进行讨论时，幼儿教师要善于激发所讨论的问题矛盾，引起争论。②矛盾和争论的问题要逐步提出，才能引导讨论更深入地进行。③在讨论的关键时刻，幼儿教师要善于把握时机，提出具有启发性的问题，特别要把握好所讨论道德问题的方向，让幼儿在陈述和争论过程中受到道德教育。幼儿教师对讨论或争论中的问题，应要求各方充分阐述自己的理由，而不必急于给争论下一个简单的结论。道德讨论法的主要目的是培养幼儿的思维方式，让幼儿意识到自己在道德认识上的冲突。④对于没有任何立场的幼儿，幼儿教师不要强迫，可以建议幼儿仔细倾听，总结小组讨论中大家提出的理由。

4. 幼儿教师组织幼儿概括各自的观点

（三）角色扮演法

角色扮演是一种情景模拟活动。所谓情景模拟，是指根据被试者可能担任的职务，编制一套与该职务实际情况相似的测试项目，即将被试者安排在模拟的、逼真的工作环境中，要求被试者处理可能出现的各种问题，用多种方法来测评其心理素质、潜在能力的一系列方法。开展情景模拟活动的方法有多种，其中角色扮演法是情景模拟活动应用得比较广泛的一种方法，其主要是测评被试者明显的行为以及实际的操作，另外还包括两个以上的人之间相互影响的作用。

角色扮演法有 4 种形式。①模拟。在一个特殊的情境中，让幼儿自编自导自演一个可能发生的情形。②扮演。让幼儿重新演绎一个真实事件，同时突出比较关键的瞬间，使他们真切体会到冲突情境带来的影响。③预演。让幼儿练习扮演他们想要扮演的角色。④角色变换。为了使幼儿更好地理解他人的反应和改变，相互转换角色。

角色扮演的过程分为暖身阶段、挑战参与阶段、布置情境阶段、安排观众阶段、演出阶段、讨论阶段、再扮演阶段、再讨论阶段、分享与结论阶段。

（四）道德案例分析法

道德案例分析法，是幼儿教师用语言描述、多媒体展示等形式，向幼儿呈现现实生活中发生过的具有典型性和代表性的道德实例，其中包括具有争议的主题或复杂的情境，引导幼儿分析道德问题，挖掘其中的矛盾，辨明事实，寻求解决问题的方法，以培养幼儿面对相关的道德问题时的分析能力、判断能力、解决问题的能力。其本质在于联系实际，启发分析，思考和解决实际问题。

首先，道德案例要有针对性，选择的道德案例要符合幼儿未来的实际，与他们将面临的道德修养问题密切相关。这样才能唤起他们的对问题的思考。其次，道德案例要具有导向性，案例的选择要符合积极引导幼儿行为的大方向，同时，在案例的分析过程中也要结合幼儿的讨论情况进行积极引导，使幼儿能够以正确的思路思考问题，这样不仅能使幼儿少走弯路，也有利于幼儿加强对理论知识的理解。再次，道德案例要具有时代性。要选择符合时代发展要求的案例和与幼儿生活比较接近的道德事件。幼儿对案例已有的背景知识容易给幼儿带来现场感，有利于幼儿积极参与讨论。最后，道德案例要具有可信性。案例的选择要真实、可靠，具备较强说服力，这样才会让幼儿深入理解。

（五）自传法

自传法就是学习者通过回忆撰写自己的生活经历，剖析个人生活经历中的关键事件，进而明晰个人的价值观，或者更深入地认识自我。自传法的主要步骤如下。

1. 收集和整理传记事实

自传的作者通过传主回忆，查阅日志、信件或档案以及相关的旧报纸、旧杂志的方式获得足够的经验事实之后，可以采用"年谱"的形式整理传记事实。这个"自编年谱"可以被视为自己的"个人成长大事记"。

2. 撰写自传

完整的自传除了收集"经验事实"之外，还需要对"经验事实"进行选择和取舍，以便建立传主的"个性"和故事的"情节"。作者需要考虑传记的3个关键要素：一是寻找"成长线索"和"个性身份"；二是叙述"个人生活史"，由个人生活史带出影响自己成长的"重要他人"和"时代精神"（"时代变迁"）；三是"自我反思"，通过分析"当时的心理感受"和"事后的忏悔"，使"自传"与一般意义上的"回忆录"拉开距离。

3. 重写自传

一个人对自我成长过程中遇到的人和发生的事的看法是随着时代发展、自我认知能力的提升而变化的。对自传的重写，是对自己人生过往的再认知，对自己的过往做出总结，对过不去的人和事达成谅解。这是提升自身道德修养的得力举措。

【课后思考】

请自行开展自我道德评价训练活动：换一个角度看自己。

第一部分：自我检讨

分小组进行，每组5～6人，设立组长作为活动的主持人，组员分别对自己日常生活中与品德修养规范有一定距离的行为进行自我剖析，并对产生这种行为的原因和背景进行分析。

第二部分：他人帮助

小组成员继续提出其他组员在进行自我剖析中不够深入、不够透彻的地方，帮助组员将自身存在的缺点看得更加全面。当某组员在指出其他组员缺点的时候，被指出缺点的组员要对指出的问题进行记录，并表示感谢。

第三部分：归纳结果，写出检讨后的感受

针对自我检讨和他人帮助的结果，进行归纳并写出自己的整体感受，并制订自己的素养提升规划。提出自己提升师德修养的目标，小组间相互交流。

将最终讨论结果写成报告，放入个人档案袋。

第五章
法律法规视角下的幼儿教师师德修养

【本章结构】

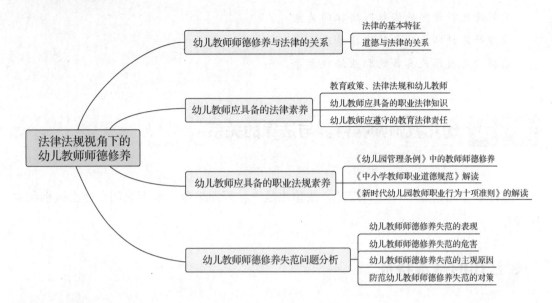

【导入案例】

2019年11月，上海市闵行区某幼儿园举行大型的园所亲子活动。活动场面很混乱，人员混杂，有各班幼儿及家长代表，还有周边幼儿园来参观学习的老师，以及来园实习的师范大学学生。在这种情况下，参加活动的幼儿都特别兴奋。刘老师在组织本班幼儿参加活动时，明显感觉到焦躁不安。本来刘老师班上的幼儿就特别活跃，在这种情况下，刘老师和配班教师以及保育员感到很难掌控幼儿的安全状况，在对幼儿的管理上，不得不使用一些强制性的语言，在控制幼儿的行为上也出现了比较强硬的动作。刘老师班上有一个小女孩很活跃，总是跑来跑去，想摆脱刘老师的管控。刘老师在屡次言语警告没有效果的情况下，只能把她拽回队伍。这时候后勤老师运送上午茶歇的餐车正经过队伍旁边，小女孩突然冲出队伍，辛亏刘老师一把拉住了她，否则她就会撞上餐车。但刘老师在拉小女孩的过程中用力过猛，将小女孩的衣服给扯开了，让她的部分身体裸露了出来，而这一幕正好被旁边一位协助幼儿园开展活动的家长给拍了下来。这位家长没有查看画面，就把照片发到了班级群里。照片中，小女孩的衣服看上去好像被刘老师脱了下来。

小女孩家长看到了很生气，当即打电话质问刘老师，并以刘老师野蛮拖拽幼儿，致使幼儿隐私部位裸露为由，要告刘老师侵犯幼儿隐私权，并要求幼儿园赔偿10万元人民币作为赔偿。

你觉得刘老师对幼儿做出的行为是否存在问题？如果存在问题，是师德修养问题还是侵犯隐私权问题？

【本章学习要点】

了解幼儿教师师德修养与法律的关系。

掌握幼儿教师应具备的法律素养。

掌握幼儿教师应具备的职业法规素养。

第一节　幼儿教师师德修养与法律的关系

教师职业道德是一种行为规范，法律也是一种行为规范，两者之间有什么区别和联系呢？

一、法律的基本特征

我们国家是法治国家，要求依法治国。在这种基本原则下，法律成为调控教育活动的最高权威，这也是依法治教的真正意义所在。在全力建设法治社会的今天，在为实现依法治教而努力的今天，所有教育事业的从业者都应加大法律知识储备，秉持法治的观念，为我国法治建设贡献出自己的力量。

法律是社会规则或社会契约的一种，通常指由国家制定或认可，并由国家强制力（军队、警察、法庭、监狱等）保证实施的，以规定当事人权利和义务为内容的，具有普遍约束力的社会规范。

法律首先是一种行为规范，规范性就是它的首要特性。规范性是指法律为人们的行为提供模式、标准、样式和方向。法律同时具有概括性，它是人们从大量实际、具体的行为中高度抽象出来的一种行为模式，它的对象是一般的人，是反复适用的。法律还具有普遍性，即法律所提供的行为标准是所有公民一概适用的，不允许有法律规定之外的特殊，即要求"法律面前人人平等"，无论谁触犯法律，都会受到相应的惩罚。

法律规范不同于其他规范的另一个重要特征是它的严谨性。法律有特殊的逻辑构成，构成法律的要素有法律原则、法律概念和法律规范。每一部法律由行为模式和法律后果两个部分构成。行为模式是指法律为人们的行为所提供的标准和方向，一般有以下 3 种情况。

① 可以这样做，称为授权性规范。

② 必须这样做，称为命令性规范。

③ 不许这样做，称为禁止性规范。

每一位幼儿教师要知法、懂法，能在自己的日常工作和生活中灵活运用法律法规维护自身权益，行使自己的权利，这就是幼儿教师的基本法律素养。正如本章开头的案例，如果刘老师不懂师德修养和法律法规，她有可能就会面临对她很不公平的结局。

┃ **案例分享** ┃

参加国培的周老师

某中心幼儿园的周老师现在很不开心。3天前，园长要她到省城参加幼教师资国培，她满怀欣喜地来到培训班后才知道，原来她是在代替园长进行培训，也就意味着十来天的培训结束后，她拿的结业证的署名是园长。她跟园长申诉，园长说，园里出钱送她来学习，她获得了知识，送她来的人获得证书，合情合理；如果她不能将培训坚持完，来去的车费由她自己负担。想着这个培训结业证不是自己的，周老师心里怎么也舒坦不了，如果不培训完就这么回去，这平白产生的数千元的往返交通费要自己出，自己就充当了一次"冤大头"。所以周老师一直处于郁闷中。

如果你是周老师，你觉得该怎么办才能有效维护自己的权益？你觉得园长说的话合不合理？如果不合理，她的行为存在道德问题还是法律问题？

二、道德与法律的关系

法律是成文的道德，道德是内心的法律。道德在本质上是人类实践的一种评价方式。我们通常认为法律有两大基本价值：一是追求社会和谐与秩序；二是追求公平与正义。它们构成了法律的内在生命。道德与法律一直以来就像两座丰碑捍卫着人类社会大厦。法律对社会中出现的恶行进行强力制裁，道德则对各种恶行进行深度挞伐，两者相辅相成、相互支撑，构成强大的社会规范力量。

真正的法律是符合道德的法律，其本质上就蕴含着一定的道德因素。法律与道德同源，法律是对道德之支撑和扩张。法律的产生以利益多元化和利益冲突普遍化为必要条件，法律是随着原始氏族制度的解体和私有制与阶层的出现而形成的。它以外显制度化的形式而存在，需要通过各种复杂的程序和外力来发挥作用，它在生成方式上具有建构性，在行为标准上具有确定性，在强制方式上具有他律性，在运行机制上具有秩序性，在解决方式上具有可申诉性，因此是规范化、形式化、强制化、现实化了的道德。

法律与道德之价值取向和终极目标相同，道德是法律的评价标准和推动力量，正义是评价良善邪恶的重要的标准，是社会法律信仰形成的道义基础。法律中的"诚信""平等""公序良俗"等原则也恰恰体现了法律的道德追求。古罗马时期罗马人就承认"诚信"是一种规范要素，"诚信"创造出一系列罗马的规则。

道德以春风化雨、润物无声的方式来约束人们的行为，而法律不行，它要靠强制力，具有他律性。只有树立法律的权威，建立人们对法律的信仰，才是真正的法治之路。法律必须包含道德的要求，道德原则作为法律所应该维持的底线而内化于法律之中，并通过实践融入法律，也只有这样的法律才是真正的法律。

法律与道德的交叉与渗透，有两个重要表现：一是法律意识与道德观念具有同一属性而相互联系，二是法律规范与道德规范的调控范围有所重叠而相互包容。一般来说，凡是法律所禁止和制裁的行为，也是道德所禁止和谴责的行为；凡是法律所要求和鼓励的行为，也是道德所培养和倡导的行为。反之，许多道德观念也体现在法律之中，许多道德问题也是可以求诸法律而得到解决的问题。不过，从规范作用的范围来看，法律与道德对人们的行为有着不同层次的要求。前者一般只能规定最起码的行为要求，而后者可以解决人们精神生活和社会行为中更高层次的问题。例如，道德可以要求人们"毫不利己，专门利人"，而法律只能规定人们不许损人利己或损公肥私。

第二节　幼儿教师应具备的法律素养

一、教育政策、法律法规和幼儿教师

幼儿教育的政策、法律法规是规范幼儿园保育保教工作的准绳，同时也是处理有关意外事故的法律依据。掌握法律法规知识是幼儿教师遵守法律、运用法律、维护法律和促进法律发展的前提条件。幼儿教师首先要知法、懂法，在此基础上才能做到以法为准，真正运用法律武器维护自身合法权益，更能保证幼儿的身心健康。幼儿教师在工作中应具备的法律知识是其职业领域所必需的法律、法规知识的集合。

目前，幼儿教师队伍整体素质不高是制约学前教育发展的因素之一，其中，幼儿教师的职业法律素养更是亟待提高。幼儿教师的职业法律素养的缺失，一方面造成很多侵犯幼儿合法权益的事件发生，另一方面幼儿教师自身也不能很好地利用法律武器维护自身的合法权益，造成了一些侵权事件得不到合理的申诉和解决。提高幼儿教师的职业法律素养是国家依法治教进程的需要，是学前教育进一步发展的需要，也是幼儿教师队伍整体素质提升的需要。

二、幼儿教师应具备的职业法律知识

幼儿教师应具备的职业法律知识应该包含基础法律知识和幼儿教育专业法律知识两部分。基础法律知识是指幼儿教师应该了解的最基本的法律知识。幼儿教师应具备的基础法律知识没有具体的纵向或横向划分，它是法律的基本入门知识，如法律的渊源、概念、种类、价值，法律主客体关系及地位、权利义务关系，法律产生的过程、实施、救济和监督等。

幼儿教育专业法律知识在这里指具体的法律法规文件。按照法的渊源，从纵向来划分，

幼儿教师应具备的职业法律知识应涵盖宪法、法律、单行法、行政法规、地方性法规、规章中所有有关学前教育和幼儿教师工作的规定。除了教育法体系中涉及的法律文件，如教育基本法《中华人民共和国教育法》，教育单行法《中华人民共和国教师法》《中华人民共和国未成年人保护法》《中华人民共和国民办教育促进法》，教育行政法规中的《幼儿园管理条例》《教师资格条例》，地方性教育法规《湖南省学前教育机构管理暂行办法》，以及教育规章《幼儿园教育指导纲要（试行）》等，幼儿教师还应涉猎与其职业有交叉的相关法律知识。因为教育法的归属问题仍有争议，有的学者认为教育法属于行政法的范畴，有的学者认为其属于民法范畴，而在实际工作生活中，发生在幼儿园内的教育纠纷案，有的是按照行政诉讼方式处理，有的是按照民事诉讼途径处理。因此，幼儿教师的职业专业法律知识，也应该涉及一些民法、行政法等相关内容，如《最高人民法院关于审理人身损害赔偿案件适用法律若干问题的解释》。

（一）幼儿教师职业法律知识

幼儿教师职业法律知识的范围也可以从基础法律知识和专业法律知识两个角度来分析。明确幼儿教师的职业基础法律知识，是幼儿教师知法、懂法、用法的开端。幼儿教师要具备一定的法律素养，需要对法律有最基本的了解。因此，对于幼儿教师来说，这一部分的法律知识是必须掌握的。而幼儿教师的职业专业法律知识，则是更加重要的，因为这些法律文件中规定的每一条内容，涉及幼儿教师职业生活的方方面面，是幼儿教师职业生活中一言一行的标准。各级法律、法规按照效力依次降低，下级的法律是上级法律的进一步延伸和更详细的解读，因此，对于幼儿教师而言，对法律知识的熟悉程度可以与法律、法规效力成正比，也就是说，最具权威性的法律、法规相对于具体的地方性法规、法规更应该被重视和牢记。下级法律、法规虽然详细，但因数量较多，内容也是上级法律、法规精神的延续，熟知上级法律、法规更有助于快速、有效地学习下级种种法律、法规。当然这并不代表下级法律、法规不重要，详细的法律文件是工作中最主要的指导性文件，应该重视。而对于民法和刑法等其他法律内容，如果要幼儿教师全部掌握确实有些强人所难，但与学前教育的教育纠纷有交集的法律、法规文件，幼儿教师还是应该稍加了解，一旦有纠纷发生，应该知道选择何种法律维护自身权益。

值得注意的是，对于不同的主体，要求掌握的知识程度是不同的。幼儿教师是一线工作者，在幼儿园与幼儿相处时间最长，对幼儿在园期间的影响作用最大，同时，幼儿教师具备一定程度的法律素养，普遍接受过高等教育，因此，对幼儿教师法律知识储备的要求应该最高，他们应该掌握全面的法律知识。

> **拓展阅读**
>
> ### 幼儿教师应掌握的法律法规
>
> 法律：
>
> 《中华人民共和国教育法》

《中华人民共和国教师法》

《中华人民共和国家庭教育促进法》

《中华人民共和国未成年人保护法》

法规：

《幼儿园工作规程》

《幼儿园教育指导纲要（试行）》

《3～6岁儿童学习与发展指南》

《幼儿园管理条例》

《幼儿园教师专业标准（试行）》

《幼儿园收费管理暂行办法》

《幼儿园教师违反职业道德行为处理办法》

《新时代幼儿园教师职业行为十项准则》

（二）幼儿教师应具备的法律素养

┃ 小思考 ┃

张老师，25岁，某幼儿园的大班主班老师。有一天，幼儿吴某在做集体活动时拿起体育器材玩闹并砸中一名幼儿头部，导致该幼儿头部红肿。张老师发现后及时制止了吴某，并要求其向受伤幼儿道歉，随后在班级群中点名批评。第二天，幼儿吴某的父亲来园后，不问青红皂白，冲进教室，对着张老师的面部挥了一拳，把毫无防备的张老师打倒在地。吴某的父亲还扬言，若再欺负吴某，要把所有老师都教训一顿。其他老师赶来时吴某的父亲已离去，而张老师被送往医院后经检查鼻骨骨折，身上多处软骨组织受损。

如果你是张老师，你该怎么办？

① 召集一帮人，跑到吴某家，狠狠教训吴某父亲一顿，并要求其赔偿医药费。

② 忍气吞声，自认倒霉，自己掏医药费。

③ 报警，让警察协同园方来处理。

幼儿教师的法律素养是指幼儿教师在长期学习和实践中形成并内化的，在其职业中应具备的法律知识、法律观念以及法律能力。这里的幼儿教师指的是包括专业从事教育工作的教师，以及幼儿园保育员、行政工作教师、园长在内的各类幼儿园、早教中心等学前教育机构中的教师。

（1）法律意识

培养法律意识应做到学法、知法、守法和用法的统一。依法治国，是党领导人民治理国家的基本方略。在我国开始走上法治社会道路的时候，培养"法治"意识，其意义重大而深远。法治要求有法可依、有法必依、执法必严、违法必究。在立法、执法、守法和法律监督的系统中，贯穿其始终的是"法律至上，依法办事"的意识。"法律至上"是指宪法和法律作为人民意志和利益的集中体现，拥有至高无上的权威。任何人、任何组织，都必须遵守法律。任何人、任何组织违背了法律，都必须受到法律的制裁。"依法办事"是指对国家机关及其工作人员来说，切实做到有法必依、执法必严、违法必究；对公民来说，必须使自己的行为符合法律规定和要求。公民守法不仅是其实现民主权利的保障，还是其应尽的法律义务，也是其进行自我教育、自我改造，建设社会主义精神文明的有效措施之一。幼儿教师要成为德行兼备的高素质教育工作者，必须要有完善的法律体系作为其发展的后盾。在法律体系还不完善的社会主义初级阶段，在社会的变革时期，幼儿教师更应重视法律教育，树立法律意识和法制观念，在今后的工作和生活中遵守"依法办事"的宗旨，做遵纪守法的模范。上述案例中，虽然是因为在幼儿发生矛盾后，张老师和家长沟通不畅造成的家长和老师之间的矛盾，但家长的行为已经构成对张老师身体和心理的伤害，就应该依照相关的法律法规、按照法律程序来进行处理。

（2）民主意识

民主是社会发展的必然产物，它既是观念，也是行动实践；既是国家形式，也是国家本质；既是人民权利，也是国家制度。在实施依法治国建设社会主义法治国家的今天，培养公民的民主意识，特别是青年学生的民主意识，显得尤为重要。社会主义民主，除了国家制度的民主，还包括非国家制度的民主，这种民主扩展到了政治生活、经济生活、文化生活和社会生活的各个方面，具有广泛性。只有具备了正确的民主意识，才能辩证地看待民主与专政、民主与集中、民主与法律、自由和纪律的关系；才能真正认识到社会主义民主是公民进行自我教育的方法，是建立人与人之间平等关系的原则。幼儿教师要深刻意识到没有民主就没有社会主义，就没有社会主义现代化。

（3）公民意识

公民是组成社会的细胞，具有独立和完整的人格和尊严。公民作为法律概念，意味着个人与国家存在一种固定的法律联系，且这种法律联系普遍地适用于国家的每一个成员。人民一旦具有公民身份，那种因身份关系造成的种种差别在法律面前就会消失。在我国，凡具有中华人民共和国国籍的人，都是我国公民，就平等地享有我国宪法和法律所赋予的权利，并应承担相应的义务。

作为我国公民一员的幼儿教师有了公民意识，不但有利于形成人民当家做主的观念、法律面前人人平等的观念，而且有利于其正确判断是非、正确运用法律来维护公民权益，自觉履行公民义务，做遵纪守法的公民。

（4）平等意识

平等作为人类的理想和现代化国家的政治原则是通过法律来体现和实现的。平等是指在一定的群体里，人与人的地位完全处于同一标准和水平，在一般意义上意味着社会全体成员（包括团体和组织）同受法律保护和约束。我国《宪法》明确规定，我国公民在法律面前一律平等。这指任何公民在适用法律和遵守法律上平等，其法定权利和义务都是平等的，都必须严格履行并予以保护，不存在高低贵贱之别。幼儿教师在树立平等意识时要特别注意，公民的平等权不是绝对的平均权，而是机会的平等。因此，真正的平等是指公民在法律规定的条件或情形下，应有相同的权利，不得有所歧视或享有特权。也就是说，只要社会向公民提供了同等的机会，就做到了平等。至于人们的行为，由于其存在天赋、才能和机遇等因素的差别，其结果是有差异的。在社会主义市场经济条件下，只有树立了正确的平等观，个人才能以健康、平等的心态自主表达自己的意志，做出合理的选择，才能参加公平竞争，发挥聪明才能，推动社会进步。

（5）诚信意识

诚信，就是诚实守信。诚信意识是指公民自觉按照市场经济制度中的互惠原则办事，即在订约时诚实行事，不欺不诈；在订约后重视信用，自觉履行；在行使权利、履行义务时，主观上不损害国家、社会或者他人的利益，不希望、不放任自己的行为给国家、社会或者他人造成损害；诚实守信，在不损害国家、社会或者他人利益的前提下追求自己的利益。

《论语·为政》言："人而无信，不知其可也。"意为一个人不讲信用的话，真不知道他怎么可以做成事。诚实守信作为道德层面的一种操守，表现为公众对社会规则或人群之间约定规则的自觉遵循。纵观古今，横观中外，社会评价体系都极其注重诚信的培育，将诚信视为社会秩序得以维系的基本前提。同时，诚信又是民主法制社会中调整市场经济行为的重要原则，体现了社会主义道德规范的要求。在市场经济体制下，树立诚信意识要求人们依法经营，规范交易。但是这只是市场主体应该承担的最低职业道德标准和法律义务，而蕴涵在具体的法律规范中的诚实守信原则才是每个市场参与者应该遵守和奉行的最高标准。所以，在我国正致力于发展社会主义市场经济的今天，每个幼儿教师具备诚实守信的观念和意识，对幼儿的行为发展和习惯养成就显得十分重要。

（6）权利和义务意识

权利在本质上是国家对某种行为的许可和保障，是以国家的法律规定为前提，即由法律规定权利主体的资格和权利客体的范围，以及人们行使权利的方法、原则和保障权利的程序。没有相应的法律规定，就没有相应的权利及其实现。正如本章开头的周老师的权益如果面临损害，她就有为自己申诉的权利。权利享有人在不违背有关法律规定的前提下，有是否做出某种行为的自主、自由选择。义务则是国家通过法律规定对人们某些行为的约束。

我们在树立权利和义务意识时，应注意以下几点。第一，要认识到权利不是天赋的，而是国家赋予的，是国家法律规定的。第二，权利和义务是辩证统一的关系。它们相互对应、相互依存、相互转化、密不可分。任何一项权利都必然伴随着一个或几个保证其实现的义务；义务的存在是权利存在的前提，权利人要享受权利就必须履行义务；法律关系中的同一人既是权利主体又是义务主体，权利人在一定条件下要承担义务，义务人在一定条件下要享受权利。权利和义务是一切法律规范、法律部门，甚至整个法律体系最为核心的内容。特别是在处理国家、集体和个人的关系方面，不能过分强调国家、集体利益，只要求公民无限度地对其尽义务，而漠视个人的合法利益；同时，也不能片面强调个人利益，否定其应尽的义务，以损害国家、集体利益为代价而获取个人利益。第三，必须在法律范围内正确地行使权利。在法治国家，法律是权利和自由存在的基础。有了法律才有秩序，才有保证公民权利和自由的实现前提。因此任何一个民主国家都有这样的理念，即权利和自由是相对的、有限制的。

（7）契约意识

市场经济的关键在于市场，而市场的关键在于契约。在现代市场经济中，一切交换活动乃至分配活动，几乎都是通过契约来实现的。换句话说，离开了契约这种法律形式，市场经济，尤其是现代市场经济就寸步难行。从身份到契约，这是从自然经济到市场经济的一个标志，契约是市场的必然产物，是商品经济发展的必然结果。契约本身具有法律的约束力，同时它也被国际惯例和国内法律所确认。树立契约意识，幼儿教师应认识到，一旦订立了契约（即使是口头的）就要按契约约定的来办，要全面履行契约，不能随意反悔，不得单方面随意变更或者解除，如果违约就要承担违约责任。同时，订立契约时，要把自己的意愿充分表现出来，平等地与对方确定契约内容，最大限度利用这一合法形式来维护自己的合法权益。这对于人们在社会中，能够主动积极地去维护自己的合法权益，有十分重要的现实意义。例如，学前教育毕业生在和幼儿园签署就业协议时就要特别注意所签协议具备的法律效力，签署之前要慎重，签署之后不要轻易毁约。

（8）公平竞争意识

市场经济的正常运行和健康发展离不开公平竞争，竞争是市场实现优胜劣汰、优化资源配置的必要条件。没有竞争，市场就失去了动力，因此在市场经济中竞争是不可避免的。幼儿教师不仅要增强竞争意识，更要树立公平竞争意识。公平竞争是指竞争主体在竞争过程中，其行为遵循自愿、平等、公平、诚实守信原则和公认的道德标准。公平竞争要注意以下两点：其一，竞争行为和手段必须合法；其二，在竞争过程中不能以损害竞争对手和他人以及集体的合法权益，否则就是不正当竞争。幼儿教师要树立竞争意识，特别是公平竞争意识，这样才能尽可能地发挥自己的聪明才智，为社会做贡献，实现自己的人生价值。

三、幼儿教师应遵守的教育法律责任

法律责任，就广义而言，具有两方面的含义。一是指根据法律的规定，人们应当履行的义务。它要求人们主动、自觉地履行义务，如赡养父母、抚养子女等。二是指行为人所实施的行为违反了有关法律规定而必须承担的法律后果，它是具有强制性的责任。前者为第一性义务，后者为第二性义务。

狭义上所讲的法律责任仅指后一种含义。我们通常将法律责任定义为法律责任是由法律关系主体的违法行为引起的，应当由其依法承担的惩罚性法律后果。

教育法律责任是指行为人违反教育法律规范的行为引起的，应当由其依法承担的惩罚性的法律后果。

（一）违反《教育法》相关行为的法律责任

1. 违反国家财政制度、财务制度，挪用、克扣教育经费的法律责任

毛老师是某幼儿园的主班老师兼财务人员，主要工作是管理幼儿园的日常伙食开销。今年，股市大涨，毛老师利用供销商货款月底结算的便利，将手中当月的50万元公款投入股市，在第一波行情中就赚了10万元。于是，她采用拖欠的办法，挪用更多的货款，参与到利润空间更大的贵金属和期货的交易活动中，结果亏损严重，所投入的近100万元全部血本无归。

此案例中毛老师的这种行为属于挪用公款用于其他活动为自己谋取利益。利用管理、经手或其他职务上的便利，挪用教育经费归个人或集体进行其他活动或非法活动等，克扣教育经费集体私分或为个人非法占有的，是贪污行为；违反有关规定，将教育经费挪作他用，无论是公用还是私用，都属于挪用行为。挪用教育经费数额较大且不退还的，属贪污罪。

此案例中的法律责任主体主要包括各级政府的行政部门、学校、幼儿园及其他企事业单位等社会组织，或者上述部门、组织的负责人以及其他经手、管理教育经费的人员。毛老师作为财务人员，是管理经费的直接责任人，所以是法律责任主体。

执法机关及处理：由上级机关责令限期归还被挪用的教育经费；对直接负责的主管人员和其他直接责任人员，由有关部门和单位依法给予行政处分。在认定和把握是否给予行政处分和给予何种行政处分中，适用《国家行政机关工作人员贪污贿赂行政处分暂行规定》；构成犯罪的，根据《刑法》和全国人大常委会《关于惩治贪污罪贿赂罪的补充规定》，由人民法院对行为人以贪污罪和挪用公款罪追究刑事责任。

> **小思考**
>
> 如果毛老师在东窗事发前将挪用的公款退回园所，此时构成的是法律问题还是道德修养问题？

2. 扰乱教育秩序，破坏、侵占教育机构财产的法律责任

黄某的母亲因怀疑自己的孙子在镇中心幼儿园受到主班老师的不公平对待，几次带人来幼儿园吵闹，严重影响了幼儿园的正常教学秩序。与园所调解后，其仍经常在上午送幼儿时和下午接幼儿时在幼儿园门口大声谩骂。此后幼儿园又多次找黄某协调，却协调无果。后来，园长在园所门口隐蔽处装了一个摄像头。有一天，黄某的母亲在幼儿园门口再次谩骂后，园长查看录像，发现黄某的母亲使用了大量的恐吓性语言，于是叫来黄某，并结合当前的扫黑除恶行动相关规定进行交涉。黄某看了视频后，立即代表其母亲向幼儿园道歉，并立即给幼儿办理了转园手续。

此案例中黄母在公共场所（幼儿园）无事生非、扬言威胁、起哄闹事、肆意挑衅、横行霸道、破坏公共秩序的行为已经构成寻衅滋事罪。《中华人民共和国治安管理处罚法》第四十二条规定，有下列行为之一的，处5日以下拘留或者500元以下罚款；情节较重的，处5日以上10日以下拘留，可以并处500元以下罚款：（一）写恐吓信或者以其他方法威胁他

人人身安全的；（二）公然侮辱他人或者捏造事实诽谤他人的；（三）捏造事实诬告陷害他人，企图使他人受到刑事追究或者受到治安管理处罚的；（四）对证人及其近亲属进行威胁、侮辱、殴打或者打击报复的；（五）多次发送淫秽、侮辱、恐吓或者其他信息，干扰他人正常生活的；（六）偷窥、偷拍、窃听、散布他人隐私的。

实施上述行为者，有的是因为个人私怨，有的是因单位与学校及其他教育机构之间闹纠纷，还有的纯属无理取闹。扰乱教育秩序的行为违反了《教育法》《中华人民共和国治安管理处罚法》或《刑法》。

此案例中的法律责任主体主要是实施上述违法行为的公民个人，包括社会人员和幼儿园的工作人员，或者是其他单位的直接责任人员。

执法机关及处理：情节较轻，危害不大的，可由主管部门给予批评教育乃至行政处分；情节较重，致使幼儿园的教育教学秩序、工作秩序遭到严重破坏，影响恶劣，致使幼儿园的正常工作无法进行或者造成其他危害后果的，由当地公安机关给予治安管理处罚；情节严重，构成犯罪的，由人民法院给予刑事制裁。

┃ 小思考 ┃

解决这件事不是直接将黄某的母亲扭送公安机关更简单吗？幼儿园为什么要这样处理？根据这个案例，在遇到校外人员寻衅滋事时，我们应怎样去维护自己的权益呢？

3. 破坏园舍、场地及其他财产的法律责任

周老师是某乡镇幼儿园的退休老师，但他退休之后一直占用幼儿园宿舍来堆放杂物。幼儿园在几次通知周老师来园协商处理没有结果的情况下，将周老师所占用的房间进行清理，并安排其他老师入住。周老师知道以后，带领一行人闯入幼儿园，以园方破坏了他放在房间的贵重物品为由，要求园方进行赔偿。园方不答应，周老师怒砸园长办公室，损坏计算机一台、办公桌椅一套。

此案例中，破坏园舍、场地及其他财产的行为是指偷窃、抢夺或哄抢、毁坏幼儿园房屋、设备、教学器材或其他物资，使园舍、场地及其他财产的价值或使用价值部分或全部丧失。情节较轻的，属于一般违反治安管理行为；情节较重且构成犯罪的，系故意毁坏财物罪。周老师的行为属于毁坏幼儿园财产的行为，根据《中华人民共和国治安管理处罚法》第九条，园方可以对周老师加以起诉。

此案例中的法律责任主体主要是实施上述违法行为的公民个人，具体来说，与前一行为主体相同。

执法机关及处理：根据情节轻重及危害后果，分别给予处理，具体同前一行为所述。

┃ 小思考 ┃

周老师作为幼儿园老前辈，占用宿舍不肯让出，最后还打砸办公室，请从师德的角度分析他的不妥之处。

4. 使用危险教育设施造成人员伤亡或重大财产损失的法律责任

2014 年 3 月 4 日 12 点多，信阳浉河区董家河镇某亲子幼儿园房顶倒塌，13 名全托幼儿被埋。附近群众和幼儿园人员紧急施救，在瓦砾中扒出 13 名幼儿，并将其送往医院。1 名幼儿在送医途中死亡，3 名幼儿受伤，9 名幼儿无恙。经调查，该亲子幼儿园系无证私自开设的分园。该园系租用民房改建。改建中，该园园长余某擅自拆除两间房子中间的山墙，致使房顶失去依托，结构不稳，最终垮塌。最终余某被依法拘留。

该亲子幼儿园使用危险房屋进行教育教学活动，违反了《教育法》，同时违反了《未成年人保护法》。明知园舍或教育教学设施存在危险而不采取措施，造成人员伤亡或重大财产损失的，构成犯罪，属于教育设施重大安全事故罪。

犯罪的主观方面，是明知有危险，却放任或者轻信能够避免危害结果发生；犯罪的客观方面，是责任主体的行为一般表现为严重不负责任，不履行或不正确履行职责，即不采取任何措施，听之任之，漠不关心，或者认为可以侥幸避免危险。主要情形：①负责房屋维修及保育教育设施的购买、保管、维护的单位和人，不认真履行职责，发现隐患不及时报告或通知有关人员的；②设计、建筑园舍及设计、生产保育教育设施的单位及个人，在设计、建筑、生产过程中因设计失误、粗制滥造及偷工减料造成不安全的隐患，已发现、察觉有危险而不及时采取补救措施或故意隐瞒真相，欺骗幼儿园及有关人员的；③幼儿园的负责人、教师及其他员工，已经知道或发现园舍、教育教学设施不安全，可能发生危险事故，不及时报告或未采取有效措施进行预防和修缮的；④教育部门及其他有关主管部门、当地人民政府的有关负责人员、幼儿园的举办者，在得知有关事故隐患或险情报告后，推脱搪塞，久议不决或有其他玩忽职守及严重官僚主义的。该种犯罪行为破坏了幼儿园的正常保育教育活动，侵犯了受教育者的人身权利，使公共财产、国家和人民的利益造成重大损失。

该种犯罪行为的主体包括教育主管部门、基层人民政府、幼儿园的举办者、幼儿园的负责人或其他责任人员。

执法机关及处理：由人民法院对明知园舍或者保育教育设施有危险，而不采取措施或者不及时报告，致使发生重大伤亡事故的，对直接责任人，处 3 年以下有期徒刑或者拘役；后果特别严重的，处 3 年以上、7 年以下有期徒刑。

（二）违反《教师法》相关行为的法律责任

1. 侮辱、殴打教师的法律责任

据新闻媒体报道，2020 年 9 月 21 日 8 时许，某市公安局接到报警，称该市某幼儿园女教师刘某某被一幼儿家长殴打，起因是该家长怀疑在前一天中午午睡时，自己的女儿在幼儿园不愿睡觉，被刘老师掐了一下。民警立即赶到案发地点，并将违法行为人赵某传唤至分局进行询问，随后受害人刘老师也赶到。民警了解简要案情后，让刘老师先到医院进行检查治疗。经侦查，事发当天，赵某便在班级微信群里质问刘老师是怎么管幼儿的，并扬言要拉一

帮人到幼儿园"打回来"。第二天一早，赵某便跑到幼儿园，当众殴打刘老师。鉴于事实清楚，证据充分，公安机关依法对违法行为人赵某处以行政拘留。

侮辱教师，是指公然贬低教师的人格，破坏教师的名誉。所谓"公然"，就是在众多人的面前，或者是在可能使众多人知晓的情况下进行的，包括通过微博、微信、QQ群等进行的。公然侮辱并不一定要求被害人在场，关键是侮辱被害人的内容已被众多人知晓，从而使被害人的人格、名誉受到损害。侮辱的方式，一是行为侮辱，即对被害人施以一定的行为而使其人格、名誉受到损害，如强制被害人做出某些损害其自身人格或名誉的举动；二是言词侮辱，即对被害人进行嘲笑、辱骂而使其人格、名誉受到损害；三是图文侮辱，即以漫画、大小字报等图文形式对被害人进行侮辱。殴打教师，是以暴力方法侮辱教师，或故意非法伤害教师人身健康。在一般情况下，侮辱教师的行为可能会单独实施，而殴打教师的行为往往同侮辱教师的行为并存。侮辱、殴打教师是侵犯人身权利的违法行为。

此案例中的法律责任主体是实施上述行为的公民个人。

执法机关对侮辱、殴打教师的，应根据不同情况，依法追究其相应的法律责任。

对于国家机关工作人员或者企业事业组织、社会团体等社会组织的人员侮辱、殴打教师的，应由其所在单位给予相应的行政处分。

依照《中华人民共和国治安管理处罚法》，殴打教师，造成轻微伤害的；公然侮辱教师，侵犯教师人身权利，尚不构成刑事处罚的，应由公安机关处以15日以下拘留、200元以下罚款或者警告。

对于侮辱、殴打教师，造成损害的，应当依照《民法典》的规定，由人民法院追究民事责任。其中，造成人身伤害的，应当赔偿医疗费、因误工减少的收入等费用；造成教师的姓名权、肖像权、名誉权、荣誉权受到损害的，应当停止侵害，恢复名誉，消除影响，道歉，并应赔偿相应的精神损失。

对于侮辱、殴打教师，情节严重，构成犯罪的，由人民法院依法追究刑事责任。

2. 打击报复教师的法律责任

某老师因幼儿园违规招生向教育行政部门反映，幼儿园园长受到上级主管部门的通报批评。接下来的一年，园长对该老师处处刁难、排挤，还编造无故缺勤的理由让该老师年终考核不合格。该老师向幼儿园上级主管部门提出申诉，上级主管部门以没有权力干涉学校考核为由驳回。该老师便向当地教育局提出申诉。该老师考核不合格的事情正在申诉处理过程中，幼儿园却以考核不合格为由终止劳动合同（没有提前30天告知）。

申诉、控告、检举是教师的一项公民权利。对依法提出申诉、控告、检举的教师进行打击报复，是指国家工作人员、幼儿园和其他社会组织的负责人以及其他行使一定职权的人员，故意滥用自己的职权对申诉人、控告人、检举人实施报复陷害，致使他人的合法权益蒙受损害的违法行为。该案例中园长对待该老师的方式在程序上就存在明显的问题，加之事情的起因和该老师平时遇到的种种不公，园长的行为完全可以归类于打击报复。

此案例中的法律责任主体主要包括幼儿园负责人、教育行政部门工作人员及其他国家工作人员。

执法机关对打击报复教师的，由所在单位或上级机关责令其改正；情节严重的，由所在单位或上级机关根据具体情况给予行政处分。

对国家工作人员打击报复教师情节严重的，依照《刑法》规定，以报复陷害罪，处 2 年以下有期徒刑或者拘役；情节严重的，处 2 年以上、7 年以下有期徒刑。

3. 拖欠教师工资的法律责任

小黄同学于 2019 年 7 月从师范学院毕业。2019 年 9 月，小黄跟某幼儿园签订了就业协议书，协议期为 1 年，每月固定工资 3000 元。但到幼儿园工作半年后，该幼儿园以某种理由，不予发放 2020 年 2 月—5 月的工资。小黄要求领取 2020 年 2 月—5 月的工资，否则就辞职。该幼儿园便以小黄没有履行协议为由，拒绝发放工资。

拖欠教师工资，是指未按时、足额地支付教师的工资报酬，包括基础工资、岗位职务工资、奖金、津贴和其他各种政府补贴等。拖欠教师工资有两种情况：一是地方人民政府违反有关法律规定，拖欠教师工资；二是地方人民政府违反国家财政制度、财务制度，因挪用国家财政用于教育的经费，拖欠教师工资。该案例中，幼儿园已经和小黄签署了就业协议书，根据《工资支付暂行规定》第十二条，非因劳动者原因造成单位停工、停产在一个工资支付周期内的，用人单位应按照劳动合同规定的标准支付劳动者工资。幼儿园必须按照协议要求给小黄按时结算工资。拖欠教师工资，是违反《教师法》、侵害教师合法权益的违法行为，不仅侵害了教师获取劳动报酬的基本权利，危及教师及其家庭的生计，还严重影响了教师队伍的稳定性和保育教育工作的正常进行。

此案例中的法律责任主体主要是地方人民政府或挪用、拖欠教育经费的有关责任人员。

执法机关对违反相关法律规定，拖欠教师工资的，无论是政府及其有关部门，还是学校及其他教育机构，无论是公办学校还是民办学校，均由地方人民政府责令其限期改正；当地政府拖欠的，由上一级人民政府责令其限期改正。

执法机关对于违反国家财政制度、财务制度，挪用国家财政用于教育的经费，拖欠教师工资的，由上级机关责令限期归还挪用的经费，并根据具体情况对直接责任人员给予行政处分。情节严重，构成犯罪的，由人民法院追究刑事责任。

4. 教师违反《教师法》的法律责任

幼儿教师违反《教师法》相关规定，应承担法律责任的情况主要有以下 3 种。

（1）故意不完成保育教育任务，给幼儿园保育教育工作造成损失的

幼儿教师明知自己的行为会给保育教育工作造成损失的后果，而放任这种后果的发生。这里所说的保育教育任务，是依照聘任合同的约定岗位职责所明确的幼儿教师应当完成的保育教育任务。幼儿园保教行为包含法律上的作为和不作为两个方面的内容。保教人员在保教活动中必须依法履行自己的职责，如果不认真履行自己的职责就是不作为，要对此后果承担责任。

（2）体罚幼儿，经教育不改的

体罚幼儿，是指幼儿教师以暴力的方法或以暴力相威胁，或以其他强制性的手段，侵害幼儿的身体或心理健康的侵权行为。幼儿教师偶尔有轻微体罚幼儿没有造成幼儿身心不良后果且经教育改正的，不视为构成此项违法行为。

（3）品行不良，影响恶劣的违法行为

这是指幼儿教师的人品或行为严重有悖社会公德和职业道德，严重有损为人师表的形象和身份，在社会上和幼儿中产生恶劣影响的行为。

此类法律责任主体为造成事实违法行为的教师本人。

幼儿教师凡有上述 3 种违法行为之一的，按现行教师管理权限，由幼儿园或者教育部门分别给予行政处分或解聘。解聘包括解除岗位职务聘任合同，由幼儿园另行安排其他工作；也包括解除教师聘任合同，被解聘者另谋职业。

教师有上述 3 种违法行为中的后两种行为，情节严重构成犯罪的，由人民法院追究刑事责任。

教师有上述违法行为之一，对幼儿园和幼儿造成损失或损害的，还应当依照《民法典》的有关规定赔偿损失，消除影响，恢复名誉。可由幼儿园或教育行政部门处理，也可由人民法院强制执行。

第三节　幼儿教师应具备的职业法规素养

一、《幼儿园管理条例》中的教师师德修养

《幼儿园管理条例》和《幼儿园工作规程》是政府加强对幼儿教育管理和指导的两个重要行政法规，它们是举办、管理和评估幼儿园的基本依据。《幼儿园管理条例》第五章第二十七条、第二十八条对违反该条例的下列几种行为规定了相应的法律责任：

教育内容和方法违背幼儿教育规律，损害幼儿身心健康的；

体罚或变相体罚幼儿的；

使用有毒、有害物质制作教具、玩具的；

克扣、挪用幼儿园经费的；

侵占、破坏幼儿园园舍、设备的；

干扰幼儿园正常工作秩序的。

其中，许多规定同《教育法》《教师法》是一致的，即违反该条例的行为同时违反了《教育法》和《教师法》。

▌ 案例分享 ▌

某市某区第三幼儿园为参加某小区楼盘开盘庆典活动，每天都组织该园中班、

大班幼儿在室外排练3个小时的舞蹈，排练期间不许幼儿大小便，致使个别幼儿身体不适，甚至晕倒。

幼儿园的保育和教育工作应当遵循幼儿身心发展规律，促进幼儿在德、智、体、美等方面全面和谐发展。然而，该幼儿园组织幼儿排练舞蹈，并且用于商业行为，打乱了幼儿一日生活常规，违反了《未成年人保护法》第三十五条"学校、幼儿园安排未成年人参加文化娱乐、社会实践等集体活动，应当保护未成年人的身心健康，防止发生人身伤害事故"，第三十八条"学校、幼儿园不得安排未成年人参加商业性活动"。幼儿园可以根据本园的实际情况，安排和选择教育内容与方法，但不得进行违背幼儿教育规律，不得有损于幼儿身心健康的活动，也不得违反《幼儿园工作规程》第二十二条"不得限制幼儿大、小便的次数、时间"的规定，故应根据《幼儿园管理条例》第二十七条"教育内容和方法违背幼儿教育规律，损害幼儿身心健康的""由教育行政部门视情节轻重，给予限期整顿、停止招生、停止办园的行政处罚"的规定接受处罚。

案例分享

4岁男童冬冬比较好动，常常不按照老师的要求活动，因此主班教师陈老师一直都不喜欢他。2014年10月12日，班里的小朋友都在一起玩玩具，冬冬与成成因为一辆玩具小汽车而争抢起来，冬冬将成成推倒在地，并将玩具小汽车扔到了窗外。事后，陈老师将冬冬的小手绑住，并将他放在教室里高高的柜子上，随即关上门离开教室。冬冬为了挣脱绳索，在扭动身体时不慎从柜子上掉下来，摔成脑震荡，额头缝了3针。事后，冬冬的家长要求陈老师承担全部责任。

体罚、变相体罚或讽刺谩骂挖苦幼儿，都是违法的。体罚、变相体罚和侮辱人格的行为违反了《义务教育法》第二十九条、《教师法》第三十七条、《未成年人保护法》第二十七条、《学生伤害事故处理办法》第九条和《幼儿园管理条例》第十七条中关于严禁体罚和变相体罚幼儿的规定，体罚幼儿是违法行为。本案例中陈老师因为幼儿淘气就体罚幼儿，这种错误的做法严重侵害了幼儿的人格尊严等人身权利。《未成年人保护法》第二十七条规定："学校、幼儿园的教职员工应当尊重未成年人人格尊严，不得对未成年人实施体罚、变相体罚或者其他侮辱人格尊严的行为。"《教育行政处罚暂行实施办法》第十条规定，教育单位或个人、体罚或变相体罚学生的，由教育行政部门给予警告、1000元以下的罚款；经教育不改的，由所在学校或者教育行政部门给予行政处分或解聘；情节严重，构成犯罪的，由司法机关依法追究刑事责任。

对幼儿园存在的幼儿教师违法行为，究其原因主要是执法不严、普法不宽。教师要对这些原因有清醒的认识，以坚定的信心去推行依法执教，这样才能有效地预防违法行为的产生。

幼儿教师良好的职业道德修养是依法执教的基础和保障，教育法规仅是对幼儿教师行为的基本规范和从业条件要求，这是一种外在的强制力作用下的影响。幼儿教师需要具有较高的道德理性自觉水平，形成内心的道德自觉性，自觉地营造和谐美好的学校教育环境和公共秩序，遵纪守法，做到依法执教。提高幼儿教师师德修养是依法执教的重要因素，师德能弥补教育法规的不足和缺陷，教育教学活动要通过高尚的师德来完成，以形成良好的教学秩序和民主合作等良好的道德风尚。依法执教也能有效地对师德修养的建设起到良好的促进作用，是提升教师职业道德水平的保证。总之，依法执教和师德修养是紧密联系、相互渗透、相互补充、相互作用、相辅相成的。

二、《中小学教师职业道德规范》解读

我国于 1985 年、1991 年、1997 年先后 3 次颁布和修订了《中小学教师职业道德规范》。现今我国社会经济和教育进入新的历史阶段，为适应时代发展的需要，2008 年，教育部、中国教科文卫体工会全国委员会联合发布了重新修订的《中小学教师职业道德规范》（以下简称《规范》）。新的《规范》基本内容有 6 条，体现了教师职业特点对师德的本质要求和时代特征。我国幼儿教师是教师队伍中不可忽略的重要力量，国家也没有制定专门针对幼儿教师的职业道德规范，所以幼儿教师应认真遵守《规范》的要求。

（一）《规范》具体条文

1. 爱国守法

热爱祖国，热爱人民，拥护中国共产党领导，拥护社会主义。全面贯彻国家教育方针，自觉遵守教育法律法规，依法履行教师职责权利。不得有违背党和国家方针政策的言行。

2. 爱岗敬业

忠诚于人民教育事业，志存高远，勤恳敬业，甘为人梯，乐于奉献。对工作高度负责，认真备课上课，认真批改作业，认真辅导学生。不得敷衍塞责。

3. 关爱学生

关心爱护全体学生，尊重学生人格，平等公正对待学生。对学生严慈相济，做学生良师益友。保护学生安全，关心学生健康，维护学生权益。不讽刺、挖苦、歧视学生，不体罚或变相体罚学生。

4. 教书育人

遵循教育规律，实施素质教育。循循善诱，诲人不倦，因材施教。培养学生良好品行，激发学生创新精神，促进学生全面发展。不以分数作为评价学生的唯一标准。

5. 为人师表

坚守高尚情操，知荣明耻，严于律己，以身作则。衣着得体，语言规范，举止文明。关心集体，团结协作，尊重同事，尊重家长。作风正派，廉洁奉公。自觉抵制有偿家教，不利用职务之便谋取私利。

6. 终身学习

崇尚科学精神，树立终身学习理念，拓宽知识视野，更新知识结构。潜心钻研业务，勇于探索创新，不断提高专业素养和教育教学水平。

（二）《规范》解析

1.《规范》的特点

《规范》的基本内容是在继承优秀师德传统的基础上，根据教师职业特定的责任与义务做出的，充分反映了新形势下经济、社会和教育发展对幼儿教师、中小学教师应具有的道德品质和职业行为的最基本要求。《规范》对教师的职业道德起指导作用，是调节教师与幼儿、教师与教师、教师与学校、教师与国家、教师与社会相互关系的基本行为准则。

《规范》的许多内容是《教师法》等法律法规相关条文的具体化。但《规范》不是强制性的法律，而是行业性的纪律要求，是倡导性的要求，但同时具有广泛性、针对性和现实性。如《规范》中写入"保护学生安全"，这是由中小学教师职业特点所决定的。中小学教师面对的是自我保护能力弱的儿童和少年。对于未成年人群体，教师应当负有保护的必要责任。

《规范》中的"禁行规定"是针对当前教师职业行为中存在的共性问题和突出问题，也是社会反应比较强烈的问题而提出的，如"不以分数作为评价学生的唯一标准""自觉抵制有偿家教"等，但"禁行规定"也并非包括了教师职业行为中存在的所有问题。一个阶段提出一些阶段性的、可操作的、具体化的要求，能够使学校和教师在教育教学过程中，明确要求，有规可依，有章可循，规范教师职业行为，不断提高师德水平。

2.《规范》的核心内容

《规范》共6条内容，体现了教师职业特点对师德的本质要求和时代特征，"爱"与"责任"是贯穿其中的核心和灵魂。

① "爱国守法"——教师职业的基本要求。

热爱祖国是每个公民，也是每个教师的神圣职责和义务。建设社会主义法治国家，是我国现代化建设的重要目标。要实现这一目标，需要每个社会成员知法守法，用法律来规范自己的行为，不做法律禁止的事情。

② "爱岗敬业"——教师职业的本质要求。

没有责任就办不好教育，没有感情就做不好教育工作。教师应始终牢记自己的神圣职责，志存高远，把个人的成长进步同社会主义伟大事业、同祖国的繁荣富强紧密联系在一起，并在深刻的社会变革和丰富的教育实践中履行自己的光荣职责。

③ "关爱学生"——师德的灵魂。

"亲其师，信其道。"没有爱，就没有教育。教师必须关心爱护全体学生，尊重学生人格，平等公正地对待学生。对学生严慈相济，做学生的良师益友。保护学生安全，关心学生健康，维护学生权益。

④ "教书育人"——教师的天职。

教师必须遵循教育规律，实施素质教育。循循善诱，诲人不倦，因材施教。培养学生良好品行，激发学生创新精神，促进学生全面发展。不以分数作为评价学生的唯一标准。

⑤ "为人师表"——教师职业的内在要求。

教师要坚守高尚情操，知荣明耻，严于律己，以身作则，在各个方面率先垂范，做学生的榜样，以自己的人格魅力和学识魅力影响学生。要关心集体，团结协作，尊重同事，尊重家长。作风正派，廉洁奉公。自觉抵制有偿家教，不利用职务之便谋取私利。

⑥ "终身学习"——教师专业发展不竭的动力。

终身学习是时代发展的要求，也是由教师职业特点所决定的。教师必须树立终身学习理念，拓宽知识视野，更新知识结构。潜心钻研业务，勇于探索创新，不断提高专业素养和教育教学水平。倡导"终身学习"就是要求教师做终身学习的表率。教师终身学习应涉及教师职业道德修养的养成、教师教育科研能力的发展、教师反思能力的培养以及现代信息技术的掌握。

三、《新时代幼儿园教师职业行为十项准则》的解读

（一）《新时代幼儿园教师职业行为十项准则》出台的意义

幼儿教师是决胜全面建成小康社会、建设社会主义现代化强国的重要力量，是落实立德树人根本任务、培养德智体美劳全面发展的社会主义建设者和接班人的关键。我国绝大多数幼儿教师都尊重幼儿、关爱幼儿、严于律己、为人师表，受到幼儿敬重和爱戴，但是也有极个别幼儿教师理想信念模糊，育人意识淡薄，放松自我要求，甚至出现严重违反师德的行为，损害幼儿教师队伍形象，影响幼儿健康成长。同时，人民群众对更好教育的需求日益增长，知识获取方式和传授方式、教和学关系都发生了革命性变化，这些都对幼儿教师队伍的能力和水平提出了新的更高的要求。制定幼儿教师职业行为准则，明确新时代幼儿教师职业规范，针对主要问题、突出问题划定基本底线，加强师德师风建设，是建设政治素质过硬、业务能力精湛、育人水平高超的高素质幼儿教师队伍的重要举措，也为幼儿教师严格自我约束、规范职业行为、加强自我修养提供基本原则。

教师是人类灵魂的工程师，是人类文明的传承者。长期以来，广大幼儿教师贯彻党的教育方针，教书育人，呕心沥血，默默奉献，为国家发展和民族振兴做出重大贡献。新时代对广大幼儿教师落实立德树人根本任务提出了新的更高要求，《新时代幼儿园教师职业行为十项准则》（以下简称《准则》）的出台是为进一步增强幼儿教师的责任感、使命感、荣誉感，规范职业行为，明确师德底线，引导广大幼儿教师努力成为有理想信念、有道德情操、有扎实学识、有仁爱之心的好老师，着力培养德智体美劳全面发展的社会主义建设者和接班人。

（二）《准则》的特点

《准则》结合幼儿教师队伍的不同特点，提出10条针对性的要求，包括坚定政治方向、自觉爱国守法、传播优秀文化、潜心培幼育人、关心爱护幼儿、秉持公平诚信、坚守廉洁自律等方面，每一条既提出正面倡导，又划定师德底线。其中，坚定政治方向、自觉爱国守法、传播优秀文化等是共性要求，潜心培幼育人、关心爱护幼儿、秉持公平诚信、坚守廉洁自律等几个方面，结合幼儿教师的不同表现、存在的问题及在不同阶段幼儿教师队伍的差异性，提出不同要求，更贴合实际、更具针对性。要特别指出的是，十项准则并不能涵盖幼儿教师职业行为的所有方面，只是针对主要问题、突出问题进行规范。

学习《准则》要注意以下几个方面。

一是提高政治站位，增强"四个意识"。要站在幼儿教师职业承担的重要使命和责任的位置，从党和国家事业全局的角度理解《准则》的要求。处理好个人利益和国家、社会利益的关系，处理好个人理想和民族梦想的关系，集聚奋斗力量，做新时代的见证者、开创者、建设者。

二是把握基本定位，增强底线意识。《准则》中的禁止性规定是底线，是从事幼儿教师职业的最低要求，是幼儿教师必须遵守的，是不可触碰的红线。

三是正确理解认识，取得思想一致。《准则》中的禁止性规定，不是体检结果，而是预防保健手册，是对广大幼儿教师的警示提醒，是严管厚爱。

（三）《准则》的内涵分析

首先，《准则》是结合新时代、新要求、新形势、新问题制定的幼儿教师职业行为规范，既有正面倡导、高线追求，也有负面禁止、底线要求，是对之前《中小学教师职业道德规范》和"十条红线""红七条"等师德底线的继承和发展。其次，《准则》规范的不仅是幼儿教师职业道德行为，还对幼儿教师提高政治素质、传播优秀文化、积极奉献社会等方面提出了要求。最后，《准则》是原则性规定，此前制定的"红七条"等以及严禁教师违规收受学生及家长礼品礼金、严禁中小学校和在职中小学教师有偿补课的规定与《准则》结合执行。

《准则》的全文内容如下。

① 坚定政治方向。坚持以习近平新时代中国特色社会主义思想为指导，拥护中国共产党的领导，贯彻党的教育方针；不得在保教活动中及其他场合有损害党中央权威和违背党的路线方针政策的言行。

② 自觉爱国守法。忠于祖国，忠于人民，恪守宪法原则，遵守法律法规，依法履行教师职责；不得损害国家利益、社会公共利益，或违背社会公序良俗。

③ 传播优秀文化。带头践行社会主义核心价值观，弘扬真善美，传递正能量；不得通过保教活动、论坛、讲座、信息网络及其他渠道发表、转发错误观点，或编造散布虚假信息、不良信息。

④ 潜心培幼育人。落实立德树人根本任务，爱岗敬业，细致耐心；不得在工作期间玩忽职守、消极怠工，或空岗、未经批准找人替班，不得利用职务之便兼职兼薪。

⑤ 加强安全防范。增强安全意识，加强安全教育，保护幼儿安全，防范事故风险；不得在保教活动中遇突发事件、面临危险时，不顾幼儿安危，擅离职守，自行逃离。

⑥ 关心爱护幼儿。呵护幼儿健康，保障快乐成长；不得体罚和变相体罚幼儿，不得歧视、侮辱幼儿，严禁猥亵、虐待、伤害幼儿。

⑦ 遵循幼教规律。循序渐进，寓教于乐；不得采用学校教育方式提前教授小学内容，不得组织有碍幼儿身心健康的活动。

⑧ 秉持公平诚信。坚持原则，处事公道，光明磊落，为人正直；不得在入园招生、绩效考核、岗位聘用、职称评聘、评优评奖等工作中徇私舞弊、弄虚作假。

⑨ 坚守廉洁自律。严于律己，清廉从教；不得索要、收受幼儿家长财物或参加由家长付费的宴请、旅游、娱乐休闲等活动，不得推销幼儿读物、社会保险或利用家长资源谋取私利。

⑩ 规范保教行为。尊重幼儿权益，抵制不良风气；不得组织幼儿参加以营利为目的的表演、竞赛等活动，或泄露幼儿与家长的信息。

第四节　幼儿教师师德修养失范问题分析

道德失范指原有的道德准则和规范缺失或失去作用，现有的道德准则和规范尚未形成或未被接受，无法对社会成员产生约束力、无法对社会成员的生活行为发挥引导调控作用，使社会成员缺乏明确的道德准则作为约束，部分群体或者社会成员在社会活动中不遵守道德准则，违反社会规范，形成社会规范真空。

一、幼儿教师师德修养失范的表现

幼儿教师面对的是3～6岁的幼儿，承担着保育和教育的双重职能，直接关系到幼儿的健康成长，关系到学前教育事业的健康发展。可是近年来，少数幼儿教师在教育实践中屡屡突破师德底线，面对复杂的教育情境无法做出合理判断，"虐童"等道德失范行为频频曝光。幼儿园教育受到前所未有的关注，幼儿教师道德失范问题成为大家热议的话题。

2018年1月20日，中共中央、国务院印发的《关于全面深化新时代教师队伍建设改革的意见》，明确提出要"健全师德建设长效机制，推动师德建设常态化长效化"。教育部印发了《准则》《幼儿园教师违反职业道德行为处理办法》，以下行为属于应予处理的教师违反职业道德行为。

① 在保教活动中及其他场合有损害党中央权威和违背党的路线方针政策的言行。

② 损害国家利益、社会公共利益，或违背社会公序良俗。

③ 通过保教活动、论坛、讲座、信息网络及其他渠道发表、转发错误观点，或编造散布虚假信息、不良信息。

④ 在工作期间玩忽职守、消极怠工，或空岗、未经批准找人替班，利用职务之便兼职兼薪。

⑤ 在保教活动中遇突发事件、面临危险时，不顾幼儿安危，擅离职守，自行逃离。

⑥ 体罚和变相体罚幼儿，歧视、侮辱幼儿，猥亵、虐待、伤害幼儿。

⑦ 采用学校教育方式提前教授小学内容，组织有碍幼儿身心健康的活动。

⑧ 在入园招生、绩效考核、岗位聘用、职称评聘、评优评奖等工作中徇私舞弊、弄虚作假。

⑨ 索要、收受幼儿家长财物或参加由家长付费的宴请、旅游、娱乐休闲等活动，推销幼儿读物、社会保险或利用家长资源谋取私利。

⑩ 组织幼儿参加以营利为目的的表演、竞赛活动，或泄露幼儿与家长的信息。

将以上内容总结下来，简而言之，就是以下行为幼儿教师不得去做，做了就是幼儿教师师德失范。

（一）以职牟利，为师不廉

廉洁从教是幼儿教师从师立教的根本。在市场经济发达的今天，在利益的驱使下，个别幼儿教师也像某些利欲熏心的商人一样，见利忘义，充分利用教育和管理幼儿的权利来为自己谋取私利，即便是对排座位这样一点儿小小的权力也发挥得淋漓尽致。小小的座位安排也可以反映出隐藏着的师幼关系，甚至反映出幼儿教师与家长的关系。有些幼儿教师强行给幼儿订购各种所谓的绘本，制作毕业照，组织商业游学活动，利用家长资源开网店、做微商、做代购，在朋友圈推送商业广告，向本班家长推销商品，甚至把幼儿是否购买自己的商品或家长能否帮自己推销商品，作为与幼儿亲疏关系的标准。有些幼儿教师甚至暗示幼儿家长利用手中的权力给自己办私事，如给子女安排读书、工作等。在某些公立幼儿园，入园难是让家长头痛的事情，但正因为资源有限，入学指标也成了某些教师牟取利益的工具。

（二）厌岗怠业，思想松懈

爱岗敬业是幼儿教师必须具备的职业道德修养，但实际情况并不乐观。一些幼儿教师在师德修养方面存在的最大问题是进取意识薄弱，安于现状，献身教育事业的精神表现不佳，工作得过且过，不认真遵守劳动纪律，教育观念落后，教学思想与教学方法陈旧。

部分幼儿教师对自己所从事的职业并不太看好，对自己所处的职位、待遇表示不满，怨天尤人，出现职业倦怠现象。他们之所以从事幼儿教师职业，是因为幼儿教师工作相对稳定，休息的时间比较多，有周末和寒暑假这两个较长的假期，报酬比上不足但比下有余。他们总是在观望中工作，一旦找到满意的工作或经商发财的机遇，就拍屁股走人。有些幼儿教师则不专心对待本职工作，把在外兼职经商当主业，把时间和精力都放到赚外快上。

部分幼儿教师的职业状态仍处于谋生或养家糊口的生存型阶段，对于自己所从事的职业，感受不到快乐和幸福，自然也体会不到自我提升与发展的重要性。有的幼儿教师无意脱离教育界，但从事幼儿教师这个职业并非自己本身的愿望，而是一种无奈之举。这种幼儿教师身在曹营心在汉，缺乏工作的积极性和责任心，组织活动随随便便，工作马马虎虎，如一天的保育教育活动的大部分时间都让幼儿看动画片。

（三）依法执教观念淡薄，随意惩罚幼儿

依法执教，是幼儿教师最根本的职业道德修养规范。《未成年人保护法》与《幼儿园管理条例》明确规定严禁体罚和变相体罚幼儿，尊重未成年人的人格尊严，不得对幼儿实施体罚、变相体罚或者其他侮辱人格尊严的行为，但部分幼儿教师的法制观念淡薄，不同程度地存在着各种惩罚幼儿的言行，有的幼儿教师对此习以为常。

还有一些幼儿教师采取心理惩罚的方式对待幼儿。心理惩罚的主要形式有 5 种：支配，就是某些幼儿教师严格控制幼儿的一举一动，使他们绝对服从自己的意志和愿望；冷漠，如果幼儿的表现不符合幼儿教师的要求，这些幼儿教师就对他们采取冷漠的态度；贬低，就是幼儿教师有意忽视幼儿的优点和成绩；抹杀，只要幼儿的表现未达到标准，幼儿教师就不负责任地全盘否定其努力；公开，幼儿教师让全班幼儿歧视甚至人格侮辱某一幼儿。甚至有些幼儿教师认为，讽刺和挖苦幼儿是一种十分必要的教育方法。有些幼儿教师教育幼儿不是耐心开导，而是威胁和恐吓，例如下次再犯就不让上课。

（四）缺乏尊重，对待幼儿有失公正

热爱幼儿，对幼儿一视同仁，是幼儿教师师德修养的基本要求，但有些幼儿教师只重视完成自己的工作任务，而对幼儿缺乏应有的关心和爱护，爱分等级，区别对待。

尊重是爱的别名，而部分幼儿教师没有正确的儿童观，对幼儿不够尊重。他们认为幼儿没有什么值得尊重的，常把幼儿看作单纯的受管教者，而没有把幼儿当作一个有独立人格尊严、有基本权利的人来看待，常漠视幼儿应有的权利，野蛮地对待幼儿。部分幼儿教师随意挖苦幼儿，歧视幼儿，惩罚幼儿，侮辱幼儿的人格，对幼儿不够信任，特别是对所谓的调皮捣蛋的幼儿不够信任，即使他们有了进步也对他们持怀疑态度。有部分幼儿教师不能从内心深处去关心幼儿，不能细致入微地体察他们的生活冷暖；在幼儿需要帮助和关怀时，不能及时帮助他们解决实际问题；对幼儿过于冷漠，对于问问题的幼儿，不仅没有不厌其烦地进行解答，反而进行敷衍和推诿。

小思考

阅读著名的美国教育心理学家卡罗林·奥林奇博士所著的《塑造教师：教师如何避免易犯的25个错误》一书，思考自己学生时代所经历的最不愉悦且记忆犹新的事件。

二、幼儿教师师德修养失范的危害

（一）伤害幼儿的心灵

幼儿期是人一生发展的奠基时期。幼儿园的教育是具体的、基础性的、启蒙性的教育，关系着幼儿的认知能力、社会性、个体行为能力的发展。进入幼儿园后，幼儿的生活环境发生了很大的改变，幼儿要面临与父母分离的焦虑，要适应陌生的新环境，他们幼小的心灵会产生极大的不安全感。这时，幼儿教师作为与幼儿交往最密切的重要他人，必须承担起抚育幼儿心灵、关爱幼儿成长的责任，这是幼儿教师角色特殊性的需要。幼儿教师自身的行为、幼儿教师与幼儿的交往、幼儿教师对幼儿的评价等对幼儿未来的发展会产生极其深远的影响。幼儿教师的道德失范行为无疑会成为幼儿初入社会的一粒"慢性毒药"，为幼儿的身心健康成长埋下隐患。

幼儿教师用讽刺、冷落、挖苦的方式对待幼儿，拿个别幼儿的短处与其他幼儿的长处做比较，诸如此类的行为会严重影响幼儿对自己的客观评价，对幼儿自我概念的发展和社会性的形成百害而无一利。

在幼儿园里，幼儿教师与幼儿接触最多，关系最直接。幼儿教师对幼儿的评价对幼儿自我概念的形成起着至关重要的作用，而自我概念的形成又影响着幼儿认知能力、社会性的发展。

幼儿教师对幼儿施加失范行为之后，有的幼儿会表现出沮丧、难过的情绪，有的幼儿则表现为叛逆，和幼儿教师对着干，从而导致幼儿教师更加生气，进一步用过激的语言来讽刺幼儿，甚至冷落幼儿，对幼儿的合理需求置之不理，使师幼关系进入死角。

（二）影响幼儿的同伴交往

由于幼儿自身评价能力较弱，他们会根据班级中有重要地位的幼儿教师的评价来评价周围的同伴，他们会认为幼儿教师的评价是完全正确的。对于受幼儿教师欢迎的幼儿，很多幼儿可能会争着和他做朋友；而不受幼儿教师欢迎、经常受到幼儿教师批评的幼儿则可能遇不到愿意和他做朋友的幼儿。有的幼儿教师会在全班幼儿面前训斥、讽刺、挖苦或冷落幼儿，他的初衷可能是教育其他幼儿不要再犯类似的错误，但他这种不分场合、没有轻重的批评会在无意中损害其他幼儿对幼儿的评价和接受性，致使当事幼儿受到其他幼儿的排挤、冷落。甚至有的幼儿教师会说："某某不是乖孩子，大家不要和他玩！"在幼儿园中，经常有幼儿说："某某可笨了，老师不喜欢他，我们也不喜欢他！"

（三）制约幼儿的思维发展

幼儿是天生的探索家，他们对周围的事物充满了好奇，总想摸一摸、看一看。幼儿处于具体形象思维阶段，他们对周围世界的认识源于不断地尝试，以获得直接经验。蒙特梭利说过："我看到了，我忘记了；我听到了，我记住了；我做过了，我理解了。"幼儿的探究能力对幼儿逐渐社会化起着十分重要的作用。而部分幼儿教师为了有效约束幼儿的行为、方便班级的管理、维护自身的权威，对幼儿自发的探究行为给予无情的斥责。在教学中，部分幼儿教师往往强调整齐划一，要求答案统一。

部分幼儿教师忽视幼儿的个体差异，给他们规定了固定的喝水、上厕所的时间，甚至强迫幼儿喝水、上厕所。如果幼儿在其他时间提出这样的要求，这些幼儿教师就会采取冷落或者其他形式的行为来限制幼儿。幼儿教师的这种行为是对幼儿的权利与自由的剥夺。幼儿教师的过度控制，约束了幼儿的思维发展。这些幼儿教师的做法使教育不再发掘幼儿潜能，而是成为约束幼儿心智发展的障碍。长期下去，幼儿的想象力、探究能力受到束缚和制约，会挫伤幼儿行为的积极性。

三、幼儿教师师德修养失范的主观原因

幼儿教师师德修养失范问题，不仅会阻碍良好社会风气的形成，对幼儿的身心健康也会造成极大的影响。因此，我们应该对幼儿教师师德修养失范的现象进行客观冷静地分析，以改进和加强师德建设，将提升幼儿教师职业素养提高到一个新的台阶上来，这是培养祖国新一代建设人才的必然要求。

（一）职业认识出现偏差

职业认识直接反映一个人对本职工作的专一程度、重视程度，直接影响一个人的工作责任心。部分幼儿教师不能正确看待自己的职业，觉得工作强度大、过度辛苦、成就感低，付出与所得不成正比。一些幼儿教师把教书育人仅仅当作一份工作、一种谋生的手段，每天按照固定模式工作，体会不到工作带来的快乐和成就感，缺乏创造性，阻碍了自我完善与发展。有的幼儿教师认为自身社会地位低，得不到公众应有的认可和尊重。如果幼儿教师不改变这种错误的职业观念，长此以往就会产生职业倦怠。相比于其他学段的教师，幼儿教师的工作需要更大的耐心，需要付出更多的辛苦，既要照顾幼儿的生活起居，在生活上给予他们细心的照料，还要向他们传授知识，培养他们的兴趣，使他们在德、智、体、美等各个方面都得到良好的发展。

（二）功利思想较重，缺乏奉献精神

当前，由于市场经济不断发展，人们的经济观念不断增强，一些人对于金钱和权力产生了狂热的崇拜，价值观发生了扭曲。这股风气也影响了某些幼儿教师的价值观。部分幼儿教师出现了理想滑坡和信念动摇的情况，开始争逐名利，其工作重心由对幼儿的孜孜教导变为对金钱的狂热追求。有的幼儿教师向家长索取红包，利用家长资源做项目；有的幼儿教师开始慢慢对自己的职业感到迷茫，对自己的前途产生怀疑，最终辞职寻找新的发展。

"春蚕到死丝方尽，蜡炬成灰泪始干"常用来赞美教师的奉献精神。幼儿教师的奉献精

神体现了幼儿教师高尚的人格。一位有奉献精神的幼儿教师，既能毫无保留地把知识传授给幼儿，充实丰富幼儿，又能用正确的世界观、价值观，以及良好的思想品德、行为习惯影响幼儿，保证幼儿的身心健康全面和谐发展。部分幼儿教师缺乏奉献精神，得过且过，对待工作敷衍了事。因为缺乏事业心和责任心，他们不能做好本职工作，不主动了解幼儿，也不主动关心幼儿的学习和生活，对幼儿提的问题不能耐心回答。他们缺乏爱心，过于在乎自己的得失，从不培养幼儿的行为习惯，不关心幼儿长远和全面的发展，不能做到幼儿教师该有的爱岗敬业、乐于奉献。

（三）自身素质偏低，法律意识淡薄

有些幼儿教师学历不高，文化素质也不高，但是不肯学，也不好学；有些幼儿教师有高学历，拥有过硬的专业知识和技能，但是恃才傲物，性格偏执。幼儿园招聘教师不能只注重学历或专业能力，应从更深层次的道德品质方面综合考虑其素质素养。

幼儿教师若不提升自身的修养，不注重自身职业道德修养的培养，不能时时刻刻严格要求自己，就会难以抗拒诱惑，甚至会做出违背幼儿教师师德修养的行为。

有些幼儿教师不懂法律知识或者法律意识淡薄，对幼儿施以暴力殴打等肉体上的伤害，或冷漠对待、嘲笑、歧视幼儿，忽视幼儿的需求。这样极大地伤害了幼儿的身心健康，其后果不堪设想，不仅会使幼儿产生负面情绪，严重影响到幼儿良好性格的培养，造成幼儿人格的不健全，甚至会对幼儿的一生造成阴影。有些幼儿教师侵犯了幼儿的隐私权、人格尊严权、生命健康权、人生自由权，却不自知。这些都充分显示了幼儿教师法律意识的不足。

四、防范幼儿教师师德修养失范的对策

（一）提高自身专业认同

首先，幼儿教师要学会正确认识自我、评价自我，并接纳自我，强化对自我职业的认同感，认识到幼儿教师这个职业是充满爱的职业。爱是教育永恒的话题，一个身心健康的幼儿不仅需要来自家庭的爱，也需要来自学校老师的爱。在幼儿教师师德修养规范中，关爱幼儿、尊重幼儿被作为首要的要求。幼儿教师要对幼儿倾注无微不至的爱，用真诚关爱叩开幼儿的心扉，用温柔耐心的态度对待幼儿的错误，尽量满足幼儿的各种合理需求。幼儿感受到幼儿教师母亲般的爱，感受到一种亲切感和安全感，幼儿教师就会得到幼儿的信任与依赖，幼儿教师与幼儿心连心，感情就产生了共鸣。这样，幼儿教师充分认识到自己的重要性，可获得较强的成就感，可提高自身职业认同感。

其次，幼儿教师需要制订合理的职业规划。合理的职业规划不仅有助于幼儿教师充分了解自己，了解目前的发展状况，设立明确的发展目标，也有助于解决幼儿教师的职业倦怠问题。制订职业规划还能够使幼儿教师不断地反省自己，不断思考自己的优势和劣势、优点和缺点；分析自己的外在条件和内在条件，给自己准确客观的定位，以更好的心态去追求事业的成功。

一名合格的幼儿教师要有自己的理想和追求,要有充足的幼教理论知识,要有良好的职业态度,要有专业的素养和教学活动组织方法,因为幼儿教师是知识的传播者,是道德的引路人,是思想的启迪者。所以,合理的职业规划能使幼儿教师有计划、有步骤、有规律地朝着自己的目标前进,并经过不懈努力,取得事业上的成功,进而实现自己的人生价值。

(二)加强自身心理素质和道德素质的培养

幼儿教师也要注重自身心理健康教育,不断地学习心理健康知识,并勤于实践;既要正确认识自己、了解自己,又不能过分放大缺点,产生消极心理;既要保持自信,保持良好的心态,又要保持良好的自我意识。当现实环境不尽如人意时,幼儿要主动适应和改善环境,对于消极的情绪,要学会控制,自觉地进行调节,但绝不能压抑自己的情绪。

幼儿教师要做好自我心理健康的保健和维护,增强心理免疫力,及时高效地解决心理问题,建立良好的人际关系,提高自身的心理素质;要不断学习业务知识,多读书,提高自身觉悟和修养,以积极的心态投入工作。幼儿教师本身素质的提高,是幼儿教师师德修养提升的必要条件。幼儿教师的工作虽然繁杂琐碎而又忙碌,但是绝不能忽视对职业能力的培养。要提高自身道德素质,幼儿教师必须热爱自己的职业,关爱幼儿,有责任心、爱心、耐心;注重自己的形象,言传身教,为幼儿做好示范、做好表率;勤于思考,勤于钻研,不断提高自己的专业水平和教学能力;严于律己,宽以待人,保持平和的心态;开阔视野,陶冶情操,做一个高素质的幼儿教师。

(三)自我解压,克服职业倦怠

幼儿教师的工作琐碎又繁重,家长的期望过大也会使幼儿教师压力大,以致产生职业倦怠感。这就要求幼儿教师采取有效的办法和途径,减轻思想压力,克服职业倦怠。压力可以变为动力,但处理不好就会成为阻力,这就需要幼儿教师要以积极的心态和正确的方式来应对压力。

首先,培养自己的抗压能力,幼儿教师要以积极、乐观的心态对待消极的情绪,善于思考总结,当压力来临时,要学会控制,提高自我效能感,并采取有效的应对方法。同时,幼儿教师要制订切实可行的计划,合理安排工作时间和工作进度,以提高工作效率,增加满足感,并且做到劳逸结合,保持对工作的热情,切忌苛求完美。

其次,幼儿教师在面对压力时,应积极正面地应对,对自己要有正确的认识,不要高估或低估自己,要培养坚强的品质,提升自己的应变能力,独立解决工作和生活中的问题;在迷茫中,要学会坚持,不放弃;要把压力转化为动力,提升教学能力,提高教学质量。总之,不畏压力,化解压力,时刻激励自己,克服职业倦怠。

(四)培养良好的个性品质

个性品质深刻影响着人的行为。一名合格的幼儿教师,不仅要具备一定的专业知识和教学能力，而且要具备良好的个性品质。幼儿教师拥有良好的个性品质，能够促进幼儿教育顺利进行。幼儿教育对幼儿健全人格的塑造、良好个性品质的培养具有重要影响。幼儿教师具备良好的个性品质也有助于幼儿健康良好品质的形成。

幼儿教师良好的个性品质主要涉及以下几个方面。

① 事业心和爱心。热爱本职工作，对工作具有奉献精神和进取精神。面对天真无邪、活泼可爱、身心发育尚未成熟、稚气未脱、好奇心强、求知欲旺盛的幼儿，幼儿教师具有事业心显得尤其重要。事业心是爱心产生的前提条件。爱心，就是对幼儿充满爱。幼儿教师的爱是幼儿身心健康发展的必要条件。幼儿教师的爱能让幼儿产生安全感、愉悦感，由此幼儿才能健康成长。

② 良好的品格和稳定的情绪。良好的品格包括良好的思想道德品质、健康的兴趣爱好、远大的理想抱负。在教育教学中，幼儿教师良好的品格能潜移默化地影响幼儿。幼儿教师的情绪也对幼儿的性格有着巨大的影响，所以幼儿教师要注意控制自己的情绪。

③ 广泛的兴趣爱好。幼儿教师要有探索精神和广泛的兴趣爱好，涉猎更多的知识。由于幼儿正处在好奇心强、思维活跃、求知欲旺盛的阶段，如果不能很好地应对幼儿们的提问，幼儿教师便会失去威信。此外，幼儿教师还要积极探索幼儿的内心世界，了解他们的思维表达方式，做到有针对性地进行教育。

④ 坚强的意志。幼儿教师处理日常工作需要付出大量体力和精力，工作极其琐碎，既要悉心照料幼儿的日常起居，又要保护他们的安全，还要学习画画、舞蹈等专业知识，如果没有坚强的意志，是无法胜任幼儿教师这一职业的。

⑤ 诚实、自信、谦虚的性格。幼儿时期是个人性格塑造的关键时期，幼儿教师必须具备良好的性格特征，这样不仅能够对幼儿起到榜样和表率作用，而且能够促进教育教学活动的顺利开展。

（五）提高幼儿教师的法律意识

法律法规能够规范和约束幼儿教师的行为，是依法治教的前提和基础。有些幼儿教师专业能力比较强，工作业绩比较出色，但是法律意识却极其淡薄，导致猥亵、体罚、虐待幼儿的事件时有发生。因此，在幼儿教师队伍中普及法律知识十分必要，幼儿教师应重视对法律法规的学习，加强师德教育。提高广大幼儿教师的法律意识，既对幼儿身心健康发展、幼儿教师师德修养建设顺利进行具有重要意义，也是依法治校，建立标准化幼儿园的重要举措。

提高幼儿教师的法律意识，应从以下几个方面来进行。一是幼儿教师师德培育体系建设强调法律意识。幼儿教师需要参加相关法律知识的培训，了解相关法律知识，形成初步的法律意识。二是幼儿园可以聘请法律专家向幼儿教师普及法律知识，利用课余时间，组织幼儿教师学习各种有关教育的法律法规，组织幼儿教师收看法制栏目，让幼儿教师选择一些有关法律法规的图书杂志进行学习，通过"经典案例分析""教育行为反思与交流""律师进园""家园沟通讨论"等形式帮助幼儿教师树立良好的法律意识，进而有效拓展幼儿教师师德内涵，提升幼儿教师师德水平。幼儿园要通过各种途径方法，提高幼儿教师的法律意识，增强其法纪观念，努力提高其依法执教水平。

总而言之，在学前教育日益受到重视的新时期，在全面推进依法治国的背景下，社会对幼儿教师的师德修养提出了更高的要求。我们需要在继承发扬传统师德修养培育形式的基础上，重视法律意识对幼儿教师教育行为的指导作用、对幼儿教师师德内涵的理性拓展、对幼儿教师师德培育的导向作用，从而科学提升新时代幼儿教师的师德修养。

【课后思考】

1. 教育部在2021年的工作要点中提出全面推进依法治教，目标任务是提升教育领域依法治理能力和水平，工作措施包括推动学前教育立法，研究形成教师法修订草案，组织开展学校卫生工作条例、学校体育工作条例立法调研。你觉得一个幼儿教师应该为学前教育立法提出什么建议？

2. 认真学习《幼儿园教师违反职业道德行为处理办法》，写写你的心得体会。

第六章

幼儿教师的角色定位与职业行为

【本章结构】

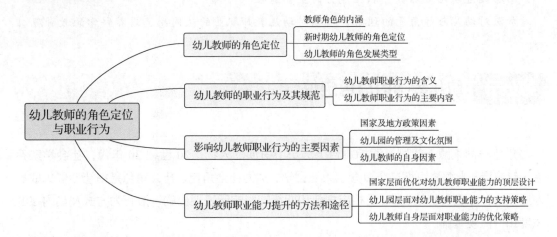

【导入案例】

　　李老师是一名新入职的幼儿教师。一直以来她都很喜欢小朋友，觉得他们非常天真可爱，于是高考填报志愿时选择了学前教育专业，在大学时她也非常认真努力地学习，专业知识扎实，毕业后顺利进入当地一所公立幼儿园。可是才进入幼儿园不久，她就感觉非常吃力，每天要备课，组织教学、游戏或生活活动，要处理小朋友们出现的各种小"状况"，幼儿园时常还有很多节日活动，到了晚上还要通过微信或者电话和家长沟通联系……每天应接不暇的工作让李老师陷入了迷茫：为什么小朋友们不听我的"话"？为什么在学校学的理论知识在实践中找不到对应点？为什么我极力想把工作做好却总是事与愿违？难道我真的不适合做一名幼儿教师？……此外，李老师也在不断思考：什么样的幼儿教师才是一名合格的幼儿教师？如何才能成为一名合格的幼儿教师？

　　对于幼儿教师而言，他们在幼儿园的日常教学管理中常常需要扮演多重角色，也常常需要进行各种角色的适应、调整和转换，同时还要根据各种角色的需要做出不同的职业行为。把握好幼儿教师职业中的各种角色十分重要，因为幼儿教师对其中任何一种角色的演绎都会对幼儿的身心健康产生全面而深远的影响，可以说，幼儿教师的职业信念的坚定是从了解幼儿教师的职业角色和职业行为开始的。因此，要培养一批优质的幼儿教师，我们需要明确幼儿教师的角色定位，促使其形成正确的幼儿教师职业行为，从而帮助幼儿教师树立正确的教师观，坚定其职业信念。

【本章学习要点】

　　认识幼儿教师角色的基本内涵和发展类型。

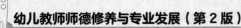
理解幼儿教师职业行为的主要内容。

理解影响幼儿教师职业行为的主要因素。

掌握促进幼儿教师提升职业能力的主要途径。

加深对幼儿教师角色的理解，增强对幼儿教师职业的认同感，培养科学的教育观。

第一节 幼儿教师的角色定位

角色一词来源于戏剧，原指舞台上演员所扮演的人物。20世纪20年代，社会学家乔治·赫伯特·米德最早把这个概念引入社会学，称为社会角色。社会角色是指社会群体成员为适应某种社会身份的要求，受相应规范和期待的影响所表现出的一般行为方式及其内在的态度和价值观基础。

一、教师角色的内涵

教师的角色定位主要是由教师的职业劳动特点所决定的，同时受制于社会的政治、经济、文化以及其他社会关系等多种因素的影响。"教师角色"一词，今天已被使用得很广泛，但对于"教师角色"的定位，还是存在很多不同的观点。关于"教师角色"的定位主要有以下3种观点。

（一）教师角色就是教师行为

教师角色的外显表现之一就是教师的行为。教师的行为是可以被直接观察到的，这些行为主要指教师在教学情境中的行为，即在学校或课堂中的行为表现。

（二）教师角色就是教师的社会地位

教师是一种特殊的社会群体，角色中必然包含社会性的成分。教师作为专业的教育工作者，承担着培育合格的社会成员、延续人类发展的重要职责。同时，教师对于社会培养人才起着重大的奠基作用，是"太阳底下最崇高的职业"。从这一角度认识教师，教师也具有独特的社会地位。随着我国《教育法》《教师法》的实施，随着人们对幼儿园教育在社会发展中作用的认识不断提高，幼儿教师越来越受到全社会的尊重。

（三）教师角色就是对教师的期望

还有不少学者认为，教师角色应当包含对教师的期望，其中包括教师对自己的期望，以及幼儿家长、幼儿、幼儿园行政领导、社会公众对教师的期望，这一认识着重考虑了教师所处的社会关系。每个人只有按角色期待行事才能保证对社会的适应，他的行为才会得到社会的认可和称赞。角色期待规范了角色行为，成为角色行为产生的依据。角色期待越明确具体，其清晰度就越高，角色扮演者就越有章可循。教师是一种清晰度很高的角色，一般的教师在工作一段时间后都能很快地进入角色。

"幼苗万顷，始育栋梁。"幼儿园教育作为基础教育的重要组成部分，对国家教育整体实力的发展至关重要。近年来，受市场经济利益化的影响，关于幼儿教师行为失范的报道偶有出现，令人痛心，究其原因，很重要的一点便是幼儿教师队伍"有量无质"，缺乏正确教育理念的引领，对自身角色的认知不到位。另外，当前一些幼儿园受办园理念、教育思想的影响，以及种种客观因素的限制，导致部分幼儿教师的角色行为亟待引导，不同程度地影响了幼儿园日常教学效果。所以，要如何正确地定位教师角色是我们需要思考的问题。

幼儿教师由于其教育对象的特殊性，决定了其角色的特殊性。幼儿教师对于角色的演绎会对幼儿的身心健康产生全面而深远的影响。因此，深入分析幼儿教师的角色定位，探讨幼儿教师专业角色的演绎和发展过程，对于优化育人环境、推动幼教事业发展具有积极的意义。同时，随着社会的变化发展，幼儿教师角色定位的内涵越来越丰富，呈现多元化与动态性，目前正朝着专业化的方向发展。

二、新时期幼儿教师的角色定位

20 世纪 50—60 年代，随着社会的发展，幼教事业蒸蒸日上，幼稚园更名为幼儿园，其设置也变得更为系统与合理。1952 年颁布的《幼儿园暂行规程草案》要求幼儿园各班设教养员 2 名，对幼儿负全面教养的责任。幼儿园还设生活助理员（每班 1 名）一职。由于社会分工更加细化，幼儿教师的职业更专业化，保育员的职业（早期的生活助理员）开始出现。从这时起，幼儿教师的角色成为"专业的幼儿教师"，其职业成分以教为主，保育成为保育员的主要责任，而幼儿教师则向专业型人才方面发展。

随着历史的推进、社会的发展和教育的不断进步，幼儿教师的角色定位问题成为幼儿教育领域一个基本而又重要的问题。总体来说，从受教育的内容和工作范围来看，幼儿教师的角色变迁是技能的掌握和运用变化的体现，即从"保姆"到"保育员"，到"保教结合的幼儿教师"，再到"专业的幼儿教师"。这也反映了保育员职业角色和幼儿教师职业角色的分离。

实际上，根据幼儿教师工作开展的方方面面以及从新时代下的国家政策方针综合来看，我们可以从不同的方面来对幼儿教师做出清晰明确的定位。

（一）与幼儿的交往方面

作为一名幼儿教师，其教育对象就是幼儿，所以在与幼儿的交往中，幼儿教师需要将角色正确定位为幼儿在学习上的支持者、合作者、引导者，成为幼儿的情感依恋者，用责任心、细心、耐心，对幼儿负责、对家长负责、对社会负责。

1. 幼儿教师是幼儿学习的支持者、合作者与引导者

关于幼儿教师角色定位的理论有很多，《幼儿园教育指导纲要（试行）》给我国的幼儿教师的角色做出了清晰明确的定位，提出"教师应成为幼儿学习活动的支持者、合作者、引导者"。

首先，幼儿教师应当作为幼儿的支持者而存在，适宜的教育支持是教育的核心成分，也是幼儿发展的重要条件之一。可以说，教育支持是对幼儿与幼儿学习的基本尊重，包括物质支持与精神支持，两者缺一不可。物质支持是指幼儿具有学习的潜能，能够充分发挥才能，幼儿教师就应创设条件，支持幼儿的学习。幼儿教师提供丰富的物质材料，能够让幼儿本身所具备的潜能发挥作用，使之由潜在形态向现实形态转变。精神支持是指幼儿教师不仅要为幼儿创设支持性的物质环境，还应为幼儿创设良好的精神环境，使幼儿感到安全、感到被信任，无论他做什么都能得到幼儿教师的积极关注，即使做错了事，幼儿教师也能原谅他的行为；让幼儿放心、大胆地探索，无拘无束地做自己想做的事，并且意识到自己的力量和存在，不必担心受到幼儿教师的指责和批评，在遇到困难时，可以得到幼儿教师的帮助。

▌案例分享▐

午睡纠纷

花花今天扎了一个粉红色的蝴蝶结，午睡脱衣上床时没有把蝴蝶结解下来，邻床的玲玲见到了便不时伸过手来摸花花的蝴蝶结。花花几次推开玲玲的手，但玲玲还是不停地伸过手来，终于花花被惹恼了。此时，师幼互动行为便开始了。"王老师，玲玲抓我头发！"花花大声朝着王老师的方向喊道。当时卧室里已经很安静了，王老师正在窗边拉窗帘，听到花花的喊声后转过身，她先是对花花做了一个"嘘"的手势，拉好窗帘后朝花花这边走过来，走到花花的床边蹲下身来，压低声音对花花说："要睡觉了，怎么还有声音呢？"花花也将声音放低了一些，指着玲玲对王老师说："她总用手抓我头发！"玲玲咬着手指，带着一丝惶恐的神情看着王老师。王老师把身体转向玲玲，把玲玲的手指从嘴巴里拉出来，一边帮她盖上被子，一边说："快点睡！有的小朋友都睡着了，老师喜欢睡觉乖的孩子。"玲玲连忙闭上眼睛。王老师又帮花花盖好被子，说了一句："你也快点睡吧！玲玲不抓你了！"

你觉得王老师在处理花花和玲玲的问题时，角色定位怎么样？

在幼儿眼中，老师是无所不能的，老师的办法最多；老师的话是真理，自己应言听计从。因此，在遇到困难和冲突时，幼儿最先想到的是幼儿教师。幼儿的这种依赖和服从心理，又被幼儿教师的言行加以强化。幼儿教师常常以"应该怎么做"来解决幼儿的求助，忘记了"循循善诱""启发引导"，甚至有的幼儿教师不理会幼儿的纷争。由此，一些幼儿

成年后缺乏正义感和判别是非的能力，也就不足为怪了。因此，幼儿教师不仅要为幼儿提供物质支持，也应当注重对幼儿精神上的支持与引导。上面例子中王老师处理幼儿冲突的简单方式是欠妥当的，她没有站在幼儿行为的支持者和引导者的位置去处理幼儿之间的问题和矛盾。

2. 幼儿教师是幼儿的情感依恋者

在幼儿园日常教学和生活活动过程中，幼儿教师和幼儿在互动过程中通过不断的感情交流形成情感联结。在交流的过程中，幼儿对幼儿教师产生了深刻的情感，与幼儿教师形成了一种信任与被信任的关系，幼儿教师在无形中也就成了幼儿依恋的对象，这种角色是根据幼儿教师与幼儿交往中的作用来定义的。

依恋是一个人对另一个人所形成的情感关系，这种情感关系使他们在时空上联结在一起。幼儿对成人的依恋，是其自尊和安全感的主要来源，它还可能是幼儿好奇心、学习兴趣以及探索行为产生的原因。幼儿能否顺利地开展学习活动，取决于一个关键因素，那就是幼儿是否对幼儿教师产生依恋。因此，幼儿在幼儿园中与幼儿教师的交往是非常关键的。对幼儿而言，幼儿教师是幼儿在幼儿园教育活动中的"监护人"，如果幼儿教师在与幼儿的交往中没有让幼儿产生适度安全的依恋，那么幼儿就可能对其产生畏惧和提防心理，出现一系列防御行为，如少言寡语，无心活动，甚至一个人偷偷地哭，盼望妈妈早点来接他回家。这在刚入园的幼儿身上表现得特别明显，因为这时母子依恋因时空距离而受到阻碍。简单来说，幼儿教师在与幼儿交往的层面上的角色定位是良好师幼依恋关系建立的关键，这需要幼儿教师能够对幼儿发出的信号给予及时的有效回应，需要幼儿教师在与幼儿的互动中提供更多积极正向的情感关注。

在师幼交往的过程中，幼儿教师作为更为成熟的一方，需要对依恋关系的建立切实加以重视，运用多种有效方式和手段帮助和引导幼儿建立起对自己的这种情感。只有建立起这种依恋情感，幼儿才能把幼儿教师的教育和要求看成对自己的关心和爱护而乐于接受。这样才能更好地促进幼儿在德、体、智、美等方面全面协调发展，为幼儿的后续学习和终身发展奠定良好的基础。

（二）与幼儿园的关系方面

1. 幼儿教师是幼儿课程的研发者和实施者

随着基础教育课程改革的不断推进与深入，课程资源的重要性日益显现。目前，幼儿园教学活动采取以主题教学统整各领域的模式，这对幼儿教师的课程开发能力和实践能力来说是一大考验。课程资源的丰富性、课程的实施范围和实施方式等都将影响幼儿课程目标的实现情况。幼儿教师作为幼儿园课程的研发者和实施者，从了解幼儿的知识水平、能力范围、兴趣领域出发，确定主题教学目标以后，构建知识网络，选择课程资源，通过一日活动和具体实施的课程活动来满足幼儿的学习与成长需要。因此，幼儿教师这一角色在很大程度上决定着幼儿教育课程资源的识别范围、开发的程度以及发挥效益的水平，幼儿教师无疑在幼儿园课程开发和实施的过程中起着无可替代的作用。幼儿教师要在工作中进行观察与反思，需要时刻对课程和教学保持严谨态度，将经验上升到理论层面，提高课程实施的质量。同时值得注意的是，《幼儿园教育指导纲要（试行）》明确指出："幼儿园应与家庭、社区密切合作，与小学相互衔接，综合利用各种教育资源，共同为幼儿的发展创造良好的条件。"这就对幼儿教师为促进幼儿的全面发展而综合开发各种类型的课程资源提出了挑战，幼儿教师的这一角色体现也必将通过改革的实施而变得更加深刻。幼儿教师通过提供一日活动和实施具体的课程来进行教育教学活动，满足幼儿的发展需要，完成规定的教学计划，引导幼儿的成长。课程的合理设计和有效实施离不开幼儿教师对日常生活、游戏、教学等常规活动的过渡环节的合理计划。合理的常规活动和计划安排可以使教师的课程实施更有效，也可以使幼儿更积极主动地参与活动。

2. 幼儿教师是幼儿园管理的参与者

幼儿园是幼儿教师的职业场所，是幼儿教师成长的空间。幼儿园为幼儿教师的教育活动开展提供了多方面的资源保障；而幼儿教师作为幼儿园里的重要一员，对于幼儿园的氛围、管理与发展都起到关键的影响作用。幼儿园的科学管理很多时候依靠幼儿教师的支持与配合，例如创造有利于幼儿健康成长、快乐学习的幼儿园氛围，与同事做好沟通工作，共同创造融洽和谐的工作环境，利用理论知识与实践经验为幼儿园的发展提出有效意见等。也就是说，幼儿教师的角色定位中必须明确自身属于一个专业教育团队的成员，园所发展事关每个成员，应当集思广益，共同打造优秀的团队和平台，依靠团队的力量来促进自己的成长，依靠平台的力量来成就自我。

（三）在家庭教育的层面

《幼儿园工作规程》中规定幼儿园教育的一项重要的任务，是为幼儿家庭科学育儿提供支持与服务。《专业标准》明确提出，教师应具备沟通与合作的专业能力，与家长进行有效沟通合作，共同促进幼儿发展。幼儿来自不同的家庭，家庭教育在幼儿的发展过程中显然是不可替代的。家庭和幼儿园都承担着幼儿教育的责任与义务，幼儿教师就起到了家庭和幼儿园之间连接的纽带作用，辅助幼儿在离开家庭的幼儿园中接受良好的教育。幼儿教师对幼儿进行系统的教育，但仍旧应当与幼儿家庭紧密联系，相互配合，及时与家长沟通，指导家长学习科学的教养方式，积极协助家长做好家庭教育，使家庭教育与幼儿园教育齐头并进。

▌案例分享 ▌

亮亮在幼儿园是一个乖巧、聪明的小朋友，他有礼貌，乐于助人，语言表达能力强，性格开朗，爱唱歌，积极参加各项户外活动，但对美术和手工兴趣一般。亮亮的生活自理能力较差，尤其是在家里，常常需要奶奶喂饭、穿衣，经常到处乱放自己的玩具、衣物等，还时常做出对爸爸妈妈或者爷爷奶奶不礼貌的行为，家长对此也很头疼。

了解情况之后，主班老师积极联系亮亮的家长，与其沟通亮亮的生活自理能力问题，向其表明亮亮已经上中班了，还需要家长喂饭、穿衣等，这对他的自理能力及独立自主的性格养成没有好处。主班老师给家长提供了一些策略，让亮亮在家里逐渐学会自己的事情自己做。家长听取了意见，积极配合主班老师培养亮亮的生活自理能力，不管是在家还是在幼儿园都坚持让亮亮做力所能及的事情，如系扣子、穿鞋子等。对于亮亮在家出现的一些不好的行为，主班老师也会在幼儿园中进行教育和提醒，如果有进步也会及时进行表扬。一段时间后，亮亮的生活自理能力有了很大的进步。

幼儿园时常会出现一个幼儿"两个样"的情况，有些幼儿在幼儿园表现很好，但是一回到家就完全不一样了，如需要家长喂饭、穿衣等，这主要是由于家长在家里过分溺爱，事事包办，导致幼儿依赖性强，懒于动手动脑。幼儿教师作为家长的协助者，及时为家长的科学育儿提供咨询和服务工作，在幼儿的成长发展中发挥着重要的作用。

（四）幼儿教师自身发展的层面

终身教育理念的提出者法国教育家保罗·朗格朗认为，数百年来，人的一生分为两半，前半生用于接受教育，后半生用于劳动，这并不合理，因为学习应当是贯穿人一生的事。作为基础教育重要组成部分的幼儿园教育，应当在教育中渗透终身学习的理念。社会发展迅速，信息化时代的影响深远，幼儿教师的生存"是一个永无止境的完善过程和学习过程"。面对尚处于幼年时代的教育对象，幼儿教师应摒弃教育惯性，树立起积极学习的态度，努力学习新的知识，培养新的技能。只有为自身建立开放的知识体系，才能跟上时代发展，切实做好新时代的幼儿教师，为幼教事业的开展做好坚强的后盾。

▌案例分享▌

她是个幼儿教师，一个一辈子教幼儿的幼儿教师

她是孩子王，也是一个管理者，更是一位在全国有一定影响力的幼教专家，她就是上海市本溪路幼儿园正高级教师应彩云。她曾说："孩子是天我是云"。

实践："再过30年，我依然是个实践者。"

从教34年来，应老师始终以一个教师对课堂和孩子的热爱，坚守在教育的第一线。她坚信：好教师的价值是教学生。所以，尽管平时任务繁多，但她依然奋斗在实践的一线，每周进班两天，如期进行着应彩云的"教育"。

应老师说她要一直坚定而安静地实践。

纯粹："我要带着敬畏之心去靠近孩子。"

应老师说："天大地大孩子最大。"长期以来，依据孩子的发展需要、社会对未来人才的需求，她进行了一系列的教育教学实践研究，以教学研究提升教育思想。她先后开展了"幼儿自主学习环境创设的策略研究""角色游戏的评价与孩子的认知研究""师幼互动促进教师专业成长的研究""借助图书的情景，开展幼儿园多元一体的教育的实践研究"等系列研究。这些研究不仅给本市的幼儿教师带

来改革的理念，还给全国各地的教师送去了改革的理念。应老师深入浅出的课堂演绎和经验报告，获得了广大教师的称赞。这样的教育研究，幼教人听得懂；这样的教学实践，幼教人做得到。

应老师说她永远都不会停止研究的脚步，尽力在教学实践中更靠近些、更靠紧些孩子……

温情："我鼓励一切选择幼儿教师职业、编织梦想的年轻人。"

作为上海市名师基地的主持人，应老师通过大量的开课、讲评等教学实践，使教师们关注课堂，感受"名师成长在教室"，实现"让课改发生在课堂"的理想，努力使教师们的教学在原有基础上扬长避短、凸显特色。

应老师说她要使不同层面、不同需求的教师在逐步形成的"雁阵"态势中，找到属于自己的一方天地……

极致："我一直努力成为大家需要的人。"

应老师不仅会出现在华东师范大学的国培讲堂上，也经常出现在江西、贵州、内蒙古、新疆等地的国培讲学中。她还积极参与公益活动，先后在多地以鲜活的课堂和讲座，为当地的幼儿教师传递教育研究信息。

"彩云"是本溪路幼儿园的，也是上海乃至全国的。应老师说过，她始终想为幼儿教育的均衡发展尽自己的力量……

微风吹拂，笑意在脸；清风拂面，温暖在心；如风如水，温情无限。她以亲切的笑容和纯真的教育理念，耕耘在幼教的沃土上，正如她所说的，"未尽的平凡之路，依然需要无尽的自我完善。"

应彩云老师是很多幼儿教师非常熟悉的幼教专家，是每个渴望在这一领域有所成就的幼教工作者心中的标杆。她的成就离不开她的不断学习，离不开在学习中的不断成长。平凡的路不应只是低着头去走，还应抬头看天，时刻去摘取最美的星辰，照亮前行的路。

三、幼儿教师的角色发展类型

幼儿教师的角色定位是清晰而明确的，但从现实的幼儿教师职业状态来看，我们还需注意的一个问题是：幼儿教师的角色是发展的而不是固定的，不同的人在诠释幼儿教师的角色时是有区别的。也就是说，幼儿教师职业角色的发展状态存在不同类型。当前，对于幼儿教师角色发展的理论都较为倾向于从教师社会角色的角度理解教师职业。实际上，如果从生活角度，更加人性化地看待教师职业，我们会发现教师职业不只包含承担社会责任的知识、技能、专业理想与态度，同样包含着教师的人生理想与价值等。因此，将幼儿教师职业的社会层面和个体层面结合起来理解，会将幼儿教师角色的发展类型看得更加全面。华东师范大学叶澜教授关于教师职业状态分类的观点受到了很多学者的认可，其同样也适用于对幼儿教师的角色发展的阐述。叶澜教授把教师角色存在的状态分为以下3种。

（一）生存型教师

生存型教师主要是出于生计的考虑，站在功利的角度，以被动和消极的眼光看待自己的职业。这种类型的幼儿教师从事这一职业更多是出于无奈，把幼儿教师的职业作为进入社会或者获得社会身份的手段，希望通过此职业来谋生，没有将自身的真实情感融入职业，在遇到困难时往往采取逃避或消极的处理方式，心态上往往感到困惑和痛苦。事实上，这种类型的幼儿教师充其量只能算是一个毫无思想、毫无创造性的"教书匠"。他们不是以幼儿朋友的形象出现在课堂上，更像是一个以一种短期工作的姿态出现在幼儿园里的"临时工"。因此，这样的教师角色定位不管是对于幼儿教师本身，还是对于幼教事业的整体发展都是不利的。

> **■ 案例分享 ■**
>
> ### 纠结的王老师
>
> 王老师是今年毕业的新老师，刚入职某幼儿园不久，还处于试用期。在工作中，她非常希望能快速适应新的环境，和同事们熟悉起来，也希望孩子们能喜欢她，家长们能认可她。所以，在日常带班生活中，王老师谨言慎行，注意观察，看到主班老师和生活老师有什么需要，就积极主动地承担或配合；遇到不懂的问题，会及时向主班老师和生活老师请教："今天午睡时，轩轩和萼萼一直在嘀嘀咕咕讲话，该如何处理呢？怎样能让孩子们快速入睡呢？"不过即使这样，王老师还是时常思考：孩子们是否会喜欢自己？同事们是否愿意和自己接触？幼儿园领导如何看待自己？

（二）享受型教师

享受型教师相较于生存型教师是进步的。这种类型的幼儿教师的内在动力是热爱幼教事业，乐于为之奉献，由此他们主要是站在非功利的角度，以对教育事业和幼儿的热爱来对待自己的职业，在心态上是感到快乐和幸福的。这种类型的幼儿教师并不否认作为人的基本生存需要，但在幼教事业上有更高的人生追求，在事业中找到了自己的正确定位，并由衷地关心幼儿，努力在工作中取得进步并享受进步，对幼教工作充满热情。

（三）发展型教师

发展型教师是处于理想境界的教师。这种类型的教师并不仅仅把工作当成满足物质需要的手段，也不仅仅享受工作成就带来的满足感，他们的职业定位是超功利的。这种类型的幼儿教师站在更高、更远的位置，从社会出发，以促进幼儿发展和推动幼儿园教育的发展为己任，并围绕着这一目标而孜孜不倦地勤奋工作，真正做到以人为本，力求培养出身心健康的幼儿。同时，从自身出发，他们为完善自我、追求职业生涯的专业化发展而努力，热情投入工作，积极塑造人格，勇于创新教学方法，立志更新教学理念，因而常常在幼儿教师的工作中体会到价值感。这样的幼儿教师不仅仅是"经师"，更是"人师"。

▌案例分享▐

王老师的成长

王老师在幼儿园一线工作多年，工作认真负责，深受小朋友和家长的喜欢，具有较强的教育教学能力，还有较强的科研能力，是同事们心中的"幼教专家"。

然而，她在刚刚走上幼教岗位时，也面临了很多难题：时常在自己带班和组织活动时感到无所适从；不知道如何与幼儿相处；觉得在学校学习的理论知识与幼儿园的实际情况差距太大；每日面对应接不暇的工作，自己疲于思考……有时甚至怀疑自己是否能胜任幼儿教师的工作。

在十几年的时间中，王老师勤于思考、虚心请教，同时不断加强理论知识学习，利用各种机会、各种途径提高自己的保教实践能力，在学习中慢慢地提高自己，不断调整自己的角色认知，从而感受到作为一名幼儿教师的幸福，并坚定自己的职业理想，愿意为幼儿教师这一职业努力奋斗。最终，经过不断努力，王老师从刚开始的"应付式工作模式"转变为现在能游刃有余地处理各种工作，并有了自己的研究专长，逐步成长为当地幼教界小有名气的"幼教专家"。

随着科技的飞速发展和社会的急剧变革，教育从目标到内容、方法等都发生了巨大的改变。当代教育发展的开放化、终身化、创新化、个性化的趋势，要求教师必须树立现代教育观念，实现由生存型教师向发展型教师的转变。幼儿园教育也一样，经历着从形式到内容的不断变化，社会期待的幼儿教师的角色定位也相应地发生了转变。幼儿教师的角色定位要突出主动性，强化人的发展与价值体现。

第二节　幼儿教师的职业行为及其规范

1978年，75位诺贝尔奖获得者在巴黎聚会的时候，有位记者问其中一位获奖者："您认为您一生之中最重要的东西是在哪所大学、哪个实验室里学到的？"这位白发苍苍的诺贝尔奖获得者平静地回答："是在幼儿园。"记者感到非常惊讶，诺贝尔奖获得者微笑着解释："在幼儿园里，我学会了很多东西。例如，把自己的东西分一半给小朋友；不是自己的东西不要拿；东西要放整齐；饭前要洗手；午饭后要休息；做错事要表示歉意；学习要多思考，要仔细观察大自然。我认为，我学到的东西就是这些。"在场的所有人都对这位诺贝尔奖获得者的回答报以热烈的掌声。

在许多幼儿的世界里，除了父母、家人之外，最重要的人就是幼儿教师。当幼儿放开父母的手走进幼儿园，幼儿教师给幼儿的那一片天是晴还是阴，是阳光雨露还是风霜雨雪，决定着幼儿内心世界的颜色是鲜明，还是暗淡。幼儿年龄越小，幼儿教师的责任就越重大。那么你认为一名合格的幼儿教师需要遵守哪些职业行为规范？

一、幼儿教师职业行为的含义

职业行为是指人们对职业劳动的认识、评价、情感和态度等心理过程的行为反映，是职业目的达成的基础。从事某种职业必须遵循的具有社会道德意义的规范与准则称为职业道德。教师职业行为规范是教师职业道德素质的重要组成部分，是教师职业道德的外化形式。

幼儿教师的职业行为规范，指的是幼儿教师在其职业活动中，调节和处理各种关系（幼儿教师与幼儿、幼儿教师与幼儿教师、幼儿教师与园长、幼儿教师与家长、幼儿教师与社会等）时所应当遵循的基本的行为规范和行动准则，涵盖了幼儿教师的人格与学识、外表与内涵等多个方面。值得注意的是，幼儿教师的职业行为具有目的性、自觉性、选择性和实践性4个特点。幼儿教师职业行为的规范有助于树立良好的幼儿教师职业道德形象。

二、幼儿教师职业行为的主要内容

幼儿教师的职业行为产生的根据是幼儿教师职业活动的内在要求，幼儿教师的职业行为若没有相应的职业道德要求，就无法完成它的职业使命和实现它的职业职能。《专业标准》针对幼儿教师提出师德为先、幼儿为本、能力为重、终身学习4个基本理念，这是国家对合格的幼儿教师专业发展的宏观性指引。结合《专业标准》，我们从以下几个方面来探讨幼儿教师的职业行为。

（一）良好的职业道德修养

"师者，人之模范也。""无德无以为师，德为师之本。"这都体现了教师"师德"的重要性。育人为本，师德为先。以人为劳动对象的教师，首先要具有良好的职业道德，优秀的道德品质，正确的人生观、价值观，这样才能成为"太阳底下最光辉的职业"。

1. 爱国守法，依法执教

爱国守法本身即所有职业行为规范标准的基础，每一名幼儿教师都应具备爱国这一最基本情感，在幼教工作中，注重体现爱国意志和行为，做到知法明纪，为幼儿做好示范。

依法执教包括 3 个方面的内容：一是要依法取得幼儿教师资格证才能从事专职的幼儿教师工作；二是严格贯彻党和国家的教育方针政策，遵守各级教育行政部门和所在幼儿园的各项规章制度；三是要关心爱护全体幼儿，制止有害于幼儿的行为或者其他侵犯幼儿合法权益的行为。

拓展阅读

爱国是师德之本

"师者，所以传道授业解惑也。"只有胸怀祖国的人民教师，才能培养出祖国未来的栋梁。

鲁迅小时候因偶尔迟到而在座位上刻一个"早"字……这跟他的恩师有莫大的关系。正因如此，教师才成为"太阳底下最光辉的职业"。教师的责任重大：一头连着家庭，另外一头系着祖国。一名胸怀祖国的教师，对幼儿的成长至关重要。

对于教师来讲，教书育人就是爱国的具体表现，因为他们正在培养祖国未来的栋梁。国家源源不断地有人才出现，中华民族的伟大复兴才指日可待，中国人的脊梁才会挺直。在贫困的边远山区，读书是山里的孩子走出大山的重要出路，知识是他们成长的翅膀，寄托了一代又一代家长的期盼。教师应该留在这里吗？答案是肯定的。这是时代的召唤，也是教师必须履行的爱国义务。山区教师坚守岗位，用知识的营养滋润孩子们的心灵，让孩子们了解山外的世界，这就是教师爱祖国的具体表现之一。

一名爱祖国的教师，肯定也会爱护学生。汶川大地震时，谭千秋老师用血肉之躯生生地护下了四个学生。黑龙江省佳木斯市第十九中学的张丽莉老师，在车祸发生时，用自己的身体保护学生，把安全留给了学生。这些教师把对祖国的爱转化为具体的爱学生的行动，为了学生的生命和成长，舍生忘死。

2. 爱岗敬业，忠于职守

爱岗敬业是对从业者的基本要求，对教育事业的忠诚是教师职业行为的核心体现。幼儿教师要敬重本职工作才会热爱本职工作，只有热爱本职工作才会把全部的心血和精力投入幼教事业中。幼儿教师爱岗敬业，忠于职守，要求幼儿教师对幼教事业有高度的责任感和强烈的事业心，热爱幼教事业，热爱教师岗位，恪守底线，认真履行教师职责。

拓展阅读

熊文艳——地震中的逆行者

2019年12月9日下午3时20分，四川省绵阳市安州区发生4.6级地震，距离安州区30多千米的北川县震感强烈。在地震发生的瞬间，人的本能是逃生，而北川县永昌幼儿园的熊文艳老师却反向往教学楼跑去。

地震发生时，熊文艳老师没有课，正在操场上。警报拉响后，师生们都在撤离，但熊文艳老师却逆着人群，往教学楼跑去。警报声一响，就像有一种本能和条件反射一样，她就直接冲向自己的班，为的是履行自己的教师职责，把孩子安全地带到指定的区域。看到自己班上的孩子都顺利撤离，熊文艳老师才放心地撤离教学楼。

事后，记者采访她，她朴实地答道："那个时候我没有想其他的，我相信我们每个老师应该都是这个样子的。"

3. 为人师表，以身立教

孔子云："其身正，不令而行；其身不正，虽令不从。"陶行知对教育有这样的理解："捧着一颗心来，不带半根草去。"叶圣陶先生也提出"教育工作者的全部工作就是为人师表"。幼儿教师的行为对于幼儿来说具有很强的示范性和表率性。幼儿教师要"照亮别人"，必须首先心中有火种，在日常的教育教学活动中应当注重提高个人的品德修养和文明程度；应做到遵守社会公德，仪表整洁得体，谈吐文明健康，生活检点，作风正派；在职业行为中充分展示幼儿教师应有的良好教养和精神风貌，"以身立教，为人师表"，以"随风潜入夜，润物细无声"的方式，担当好"人类灵魂的工程师"。

4. 团队合作，共促发展

教育是一项系统工作，是集体合作的工作，幼儿教师一定要尊重、团结自己的同伴，形成教育的合力，从而在实现教育效果最大化的同时提升自身专业素养。首先，团队合作是幼儿园工作的需要和保障。受幼儿年龄特点影响，很多时候，幼儿园的保教工作需要多人多方面的合作，因此需要班级成员之间、各班级之间多交流合作，共享资源和信息，便于有效地完成教学任务。其次，团队合作是幼儿园发展的前提和动力。幼儿教师之间通过有效的交流与合作，制订保教计划，创设游戏环境，开展教育教学讨论与研究，这不仅满足自身专业成长与发展的需要，也是幼儿园未来发展的宝贵资源和财富。要实现高效的团队合作，幼儿教师要谦虚谨慎、尊重同事、互相勉励、互相学习与帮助、友好合作、公平竞争。

（二）科学的教育观

幼儿教师要以幼儿为本，这是以人为本的具体体现。幼儿教师要关心和爱护幼儿，要尊重幼儿的权利，遵循幼儿的身心发展特点，发挥幼儿的主体性，为幼儿提供良好的生活和游戏条件，促进幼儿健康快乐成长。

1. 关爱幼儿，全面育人

幼儿教师对幼儿的关心和爱护是幼儿身心健康发展的重要条件。幼儿教师的关爱，能使幼儿得到情感上的满足，产生积极的情绪体验，增强自信心，获得安全感。关爱幼儿，强调幼儿教师应注重对幼儿身心健康的呵护，尊重幼儿的个体差异，因材施教。苏霍姆林斯基说过："学习——这不是把知识从教师的头脑里移植到学生的头脑里，而首先是教师跟学生之间的活生生的人的相互关系。"幼儿教师对幼儿的尊重与关爱是幼儿教师与幼儿建立良好关系的前提，可以使幼儿乐意接受教育。

> **┃ 小思考 ┃**
>
> 2015年3月15日凌晨，一名妇女在路口发现了一个小男孩，小男孩边走边哭。这名妇女怀疑小男孩走丢了，便打电话报警。当地公安局前进派出所值班民警吴兆年等人很快便赶了过去。小男孩大约3岁，说不清家庭住址及父母名字，而且一

直在哭。

民警询问110指挥中心，了解是否有人报警寻人。警务平台上没有关于"小孩走失"的报警记录，民警只好将小男孩带回派出所，并买食物给他吃，他才安静下来。

第二天上午10点多，警务平台上仍然没有关于"小孩走失"的报警记录。11点多时，一个自称是小男孩姨丈的男子来派出所认领小男孩，一同前来的还有一家幼儿园的园长。

幼儿园园长告诉民警，小男孩名叫郭郭（化名），今年3岁，是他们幼儿园的小朋友。他们幼儿园是寄宿制学校，晚上8点半就安排小男孩睡觉了，但管理员没注意到小男孩不见了。直到第二天早上，扫地的阿姨发现大门的钥匙掉在地上，管理员清点人数的时候才发现郭郭不见了。但那时他们并没有报警，因为郭郭的亲戚家就在幼儿园附近，他们以为郭郭偷了钥匙自己开门跑回了亲戚家……

上述案例中幼儿园的做法是否妥当？

2. 尊重幼儿，以人为本

尊重是教育的基础，是现代教育的基本价值尺度。首先，尊重幼儿，是要尊重幼儿作为"人"的权利和尊严。1959年联合国大会首次通过《儿童权利宣言》；1989年联合国大会又通过《儿童权利公约》，明确规定了儿童的生存权、发展权、受保护权和参与权，强调了儿童应该与成人平等共享相同的价值，平等共享相同的权利。其次，尊重幼儿，就是要尊重幼儿的身心发展特点和规律。幼儿的发展是一个自然的进程，有其内在的发展规律。《幼儿园教育指导纲要（试行）》中指出："尊重幼儿身心发展的规律和学习特点，以游戏为基本活动，保教并重，关注个别差异，促进每个幼儿富有个性的发展。"幼儿教师要依据幼儿身心发展特点，尊重幼儿，科学保教。最后，尊重幼儿，就是要尊重幼儿的个别差异。平等对待每一个幼儿，尊重幼儿的个别差异并满足不同幼儿的需求，这是尊重幼儿的深层次要求。幼儿教师要因材施教，给予每个幼儿平等的机会和资源，科学公正地评价幼儿，使每一个幼儿在原有基础上不断地发展和进步。总之，对幼儿是否尊重反映了幼儿教师是否公平、公正地对待每一个幼儿，也反映了幼儿教师是否拥有正确的师幼观。

▎案例分享▎

侵犯幼儿肖像权案例

某幼儿教师在为中班幼儿过集体生日时，拍了一组照片，效果相当好。一家蛋糕店的老板恰好看到这些照片，就选了两张准备做宣传画。幼儿教师感觉这样的宣传有益无害，故非常乐意地奉送了两张照片。宣传画贴出后，幼儿的父母立即向蛋糕店老板提出侵权的问题。蛋糕店老板认为是幼儿教师同意自己使用这些照片的，故不存在侵权之嫌。幼儿的父母又向幼儿教师提出侵权的问题。幼儿教师这才意识到自己的行为侵犯了幼儿的肖像权。最后通过调解，蛋糕店老板把贴出的宣传画全部收回并销毁，并给予幼儿的父母一定的经济补偿，幼儿教师也向幼儿的父母赔礼道歉。

在该事件中，蛋糕店老板在幼儿的父母不知情的情况下，用幼儿的照片制作宣传画是侵权的行为，而幼儿教师擅自将幼儿的照片送给蛋糕店老板，也是没有尊重幼儿的权利。所以，一名幼儿教师要加强法律知识的学习，尊重幼儿的各项权利。

（三）有良好的专业能力

专业能力是幼儿教师专业化发展在教育实践中的集中体现，它直接影响幼儿园的保教质量和幼儿的发展。幼儿教师要以能力为重，将教师专业发展中的专业知识与专业能力进行有机结合，提升教育质量，科学保教，有效促进幼儿身心的良好发展。另外，由于教育对象的特殊性，幼儿教师的专业能力具有综合性、全方位的特点。

1. 严谨治学，科学保教

有学者认为，一名合格的幼儿教师，不仅要具备弹、唱、跳、画、讲等专业技能，还需要具备科研能力、心理健康教育能力、创设环境的能力、随机教育的能力、制订教育计划的能力、组织一日生活的能力等 13 种能力。这些能力实际上都是针对幼儿教师教学的职业能力层面来说的。叶圣陶先生说过："教师对自己从事的教学工作抱什么态度，对掌握业务知识抱什么态度，这也是师德问题。"教书育人是一项职责重大的严肃工作，尤其是面对尚未成熟的幼儿，来不得半点虚假、敷衍和马虎。幼儿教师就应当严谨治学，在研究学问、钻研业务和传授知识的过程中做到严肃认真，一丝不苟地对待工作职责要求，表现出实事求是的工作精神和工作态度。同时，教育是发展的事业，教育的对象是发展的对象，因此幼儿教师在教学研究和教学实践中，还要善于吸收最新教育教学成果，创造性地将其运用到教育教学中，并能充分体现自己的个性特色，有独到的见解，能在教学中发现并使用行之有效的教学方法。幼儿教师要在严谨治学的基础上，运用新思想、新材料、新技术对知识进行重新加工和组合，推陈出新，结合幼儿实际，发现幼儿教育中的新问题，对新问题提出新的解决方法。

2. 家园共育，形成合力

著名教育家陈鹤琴先生说过："幼儿教育是一件复杂的事情，不是家庭一方面就可以单独胜任的，也不是幼稚园一方面能单独胜任的，必定两方面合作方能得到充分的功效。"苏霍姆林斯基也曾说："没有家庭教育的学校教育和没有学校教育的家庭教育，都不可能完成培养人这一极其细致而复杂的任务。"和家长共同合作、共同协作来促进幼儿的健康发展是幼儿教师职业行为的又一重要方面。幼儿教师要做到尊重家长，以诚相待，对所有家长一视同仁；主动与家长沟通联系，认真听取家长的意见与建议；积极向家长宣传科学育儿理念与方法，获得家长的支持，共同教育幼儿；多换位思考，为家长着想。幼儿教师要从狭隘的教育观中走出来，充分认识到家长是教育过程中的重要力量，做到家园合作，形成合力。

┃案例分享┃

红色的纸条

在小一班的家园联系栏里，贴着一张粉红色的纸，上面赫然写着这样一则通知："我班的3号、8号、17号、20号、24号小朋友的生活自理能力还比较弱，与其他小朋友相比还有较大差距，请这些小朋友的家长在家里帮助小朋友多练习，以尽快提高小朋友的生活自理能力。谢谢合作！"

而在小二班的家园联系栏里，同样也贴着一张粉红色的纸，不同的是这张纸上的内容有点儿不一样："尊敬的各位家长，如果您的孩子在生活自理能力方面有了一些进步，请您及时写信告诉幼儿教师，我们非常愿意与您分享孩子的点滴进步。谢谢合作！"通知的旁边还贴上了一个精致的粉红色信筒。收到家长的来信，幼儿教师都会把它们读给全班听，并把它们贴在家园联系栏中。渐渐地，家长们对写信越来越有兴趣，信筒中的信也越来越多。最喜人的是，这个班的孩子在生活自理能力方面有了长足的进步。

（四）终身学习，不断成长

当前幼教事业正不断地发展，社会对幼教事业的重视程度越来越高。这对幼儿教师的知识储备和知识更新提出了更高的要求，幼儿教师需要时刻保持积极的学习态度，不断更新知识，提高道德修养，改善自己的知识结构，这样才能更好地帮助幼儿发展，也能让自己在不断的进步中成为一名优秀的幼儿教师。正如陶行知所言："要想学生好学，必须先生好学。唯有学而不厌的先生才能教出学而不厌的学生。"

总体来说，幼儿教师对本职业的职业行为实践得越是到位，他们就越是以主动、积极的心态投入工作，才会对在职业行为实践中的自身需要和动机进行认同和了解，从而积极地化解工作中产生的各种矛盾和压力，并从内心喜欢上幼儿教师这一职业。同时，幼儿教师对职业行为规范的理解与履行有利于幼儿教师更加努力地钻研本专业，促进自身专业的成熟和发展。

第三节 影响幼儿教师职业行为的主要因素

幼儿教师的职业行为作为评价与衡量幼儿教师的关键因素之一，影响着每个幼儿的健康成长，也影响着幼教事业的发展。那么到底是哪些因素在影响幼儿教师的职业行为？

一、国家及地方政策因素

"人生百年，立于幼学。"重视发展幼儿园教育，抢占人才培养的制高点，已经成为许多国家的共识及共同选择。"教育大计，教师为本。"国家在幼儿教师的专业发展中承担主要责任，国家对幼儿教师的专业规范建设、准入制度、选聘与评价体系的修改等都会直接影响幼儿教师这一群体的职业行为。

（一）幼儿教师职业行为规范及准入政策

政府在建设幼儿教师队伍及其专业发展中承担重要职责，针对幼儿园教育的发展所提出的种种政策方针也影响着幼儿教师的职业行为，为幼儿教师职业行为规范的发展指明了道路。2010 年发布的《国务院关于当前发展学前教育的若干意见》指出："多种途径加强幼儿教师队伍建设。加快建设一支师德高尚、热爱儿童、业务精良、结构合理的幼儿教师队伍。"2012 年发布的《国务院关于加强教师队伍建设的意见》也指出："幼儿园教师队伍建设要以补足配齐为重点，切实加强幼儿园教师培训，严格实施幼儿园教师资格制度，依法落实幼儿园教师地位待遇……"2012 年印发的《专业标准》，规范了幼儿教育工作者的行为方向，帮助幼儿教师完善对职业行为的理解，鼓励幼儿教师努力实践，是工作在一线的幼儿教师的行为标杆，指引他们向着正确的方向努力。政府针对幼儿教师的各种规范及准入政策文件的颁布及执行，是影响幼儿教师职业行为的重要因素。国家对幼儿教师的准入条件在逐渐规范和提高，特别是在 2021 年发布的《教师法（修订草案）（征求意见稿）》中就明确了幼儿教师资格的获得必须是专科及以上的学历。

（二）幼儿教师的选聘和评价体系

目前，幼儿教师的选聘除了考核专业文化知识之外，还有师德修养方面的要求。幼儿园必须对幼儿教师的品德品行进行考察，以求其在将来的工作中能够以行动保证基础的道德底线，坚持优良的道德品质。当前幼儿教师队伍的绝大多数是优秀的，是符合人民教师职业道德与岗位履职要求的，但需要提及的是，当前对于这方面的考核还是存在要求界限相对模糊、操作性不强、考核不规范等问题。

幼儿教师的评价系统也是影响幼儿教师职业行为的重要因素之一。幼儿教师的评价系统实际上是对幼儿教师行为的监督与考察，幼儿教师的职业行为有没有做到，履行得好不好都应该从幼儿教师评价系统里得到体现。简单来说，好的评价系统应当包括幼儿园方、幼儿、家长以及幼儿教师本人的评价，将过程性评价与结果性评价相结合，能系统全面地分析评价幼儿教师在工作期间的行为，并对幼儿教师的行为起到及时修正的作用，提醒幼儿教师时刻严肃对待自己的工作。

二、幼儿园的管理及文化氛围

幼儿教师的职业行为与专业发展很大程度上受幼儿园管理的影响。幼儿园要将《专业标准》作为引领，加强对本园教师进行职业理想与职业道德教育，提升教师的职业能力，增强教师的责任感和使命感。

（一）幼儿园的管理规章制度

幼儿园是幼儿教师日常工作的场所，幼儿教师的大部分职业行为的形成和实践都在幼儿园内完成，因此，幼儿园的各项管理规章制度，与幼儿教师的职业发展息息相关，如幼儿园的岗位责任制度、教育教学制度、园本教研和园本培训等制度。另外，幼儿园管理工作的根本目标就是要充分激发幼儿教师的积极性和创造性，因此在制定各项管理规章制度时要对多种因素进行考量，不能以"压制"的手段管理幼儿教师，要通过制度激发幼儿教师工作的热情和积极性，提升幼儿教师的工作效率及工作质量，同时还要满足幼儿教师实现自身价值的需要，进而形成一种良性循环和良性发展模式。幼儿园的管理规章制度要最大限度地促进幼儿教师的专业自主发展，提高幼儿教师的教育教学创新水平，激发幼儿教师的工作积极性。

（二）幼儿园的文化氛围

幼儿园的文化氛围蕴含着幼儿园的办园宗旨、理念、社会责任、管理模式、园风园貌、精神气氛等，蕴含着独特的凝聚力，是激励全体教职工不断努力的精神力量，是幼儿园可持续发展的巨大内驱力，所以幼儿园的文化氛围也对幼儿教师的职业行为发展有重要影响。

总体来说，在工作环境好的幼儿园中工作的幼儿教师的职业认同感和归属感会更强一些，这些幼儿教师对自身的要求会高一些，职业行为也就会更加规范一些。

▌案例分享▐

打造幸福幼儿园

某幼儿园近几年来经过不断实践，摸索出了一条"制度管理"与"情感管理"相结合的阳光教师团队的"适度规范"管理模式，提出强化非权力影响，从园长做起，勇于放下权威、接受质疑，正确看待问题，学会换位思考，提高制度执行力。为了充分体现教师的多才多艺，幼儿园给教师搭建展示平台，还对周前会议进行了改革，每次周前会议都会让教师自告奋勇地进行才艺展示，包括唱歌、跳舞、诗朗诵、乐器演奏等，每次会议都让教师们很放松、很愉快。

幼儿园工会也定期组织集体活动，创造机会让教师宣泄情绪、交流情感；教师的生日到了，会收到一束鲜花、一张贺卡；教师的家人生病了，会有领导上门看望慰问。

幼儿园鼓励教师拥有梦想，为此组织了寻根访谈、办学思想专题培训等活动，鼓励教师以科学的态度，对现状进行反思，对未来的工作提出大胆的改革设想。幼儿园还放手让教师担任大型活动的策划人，让教师们有了发挥才智和提升能力的机会。

另外，该幼儿园对每一名教师的评价都有所侧重，不求全，尽量发挥教师的长处，让每一名教师都最大限度地实现自我价值，感受成功的乐趣。此外，幼儿园采用团队激励的方式，开展"阳光班级"以及"阳光教研组"评选活动，其中的每一个环节都体现了阳光的理念——"公开、公平、公正"，提高了评比的可信度。

在这样的阳光氛围中，该幼儿园的教师都很有激情。他们追寻着教师平凡而又富有诗意的生命轨迹，不断焕发着生命的活力，享受着生命的幸福。

三、幼儿教师的自身因素

幼儿教师自身是影响幼儿教师职业行为的内因，也是最根本的因素。幼儿教师自身是其职业行为的出发点、实施者、调整者与控制者，具有很强的主观能动性，其中最能够影响其职业行为的自身因素包括教育观念、教学能力和课程建构3个方面。

（一）教育观念

我国幼儿园教育起步相对于世界幼儿园教育来说是比较晚的。在没有幼儿园的漫长年代里，幼儿教育的任务主要由家庭承担。作为幼儿教育任务最初的承担者，这些父母可能没有专门的幼儿教育知识，有的只是一辈一辈流传下来的经验，其中有可取的，也有不可取的。当然，那个年代对幼儿来说是一个相对自由的年代，但也浪费了幼儿学习和自我发展的大好机会。近代，幼儿教育的重要作用越来越为人们所认识，被誉为"中国的福禄贝尔"的陈鹤琴先生在南京创办了中国第一所幼儿园，开始了对幼儿园教育的新探索。一直到现在，中国的幼教界都没有停止这种探索的脚步。在不断深化的教育改革浪潮中，幼儿园教育得到了长足的发展，幼儿教师的观念也得到了重大转变。这种转变主要表现在以下几个方面。

1. 教育目的

幼儿园教育的目的到底是什么，这是首先需要回答的问题。在很长的时间里，幼儿园教育只是作为初等教育的附属品，主要目的就是为幼儿上小学做好准备，而忽视了幼儿园教育在幼儿发展中的重要作用。其实，幼儿园教育的目的并不是培养神童，而是培养头脑灵活、身体健康、性格开朗、品质优秀、人格健全的幼儿。幼儿园教育要以幼儿自身发展为最终的目的，促进幼儿全方位的发展。

2. 教育内容

幼儿园教育的内容是全面的、启蒙性的，可以相对划分为健康、语言、社会、科学、艺术5个领域，也可进行其他不同的划分。各领域的内容相互渗透，从不同的角度促进幼儿情感、态度、能力、知识、技能等方面的发展。

3. 教育方式

随着教育改革的逐步深入，我们要摒弃那些刻板的、不适应幼儿身心发展需要的教育方式，采用灵活多样的教育方式，允许幼儿自主地选择活动的内容和活动的方式，允许幼儿自由选择伙伴，允许幼儿有自己的见解；要推行赏识教育，发现幼儿的闪光点，引导幼儿不断探索和创新。另外，随着新技术的蓬勃发展，许多幼儿园引进了多媒体教育手段，使幼儿园的教育方式更加丰富，也有效地提高了幼儿的学习兴趣。此外，一些幼儿园加强与家长的沟通，努力做到家园同步，发挥幼儿园教育的最大作用；同时开始最大限度地利用其他社会资源为幼儿园教育服务。从总体上讲，幼儿园的教育方式是多种多样的，这些教育方式是为幼儿园教育的目的服务的。

4. 师幼关系

幼儿教师要建立民主、平等、和谐的师幼关系，在幼儿园一日生活中要有一种与幼儿对话的师幼观，要"蹲下来与幼儿说话"——当然这种"蹲下来"的主张并非只是形式上的蹲下来，而是把幼儿当成真正具有自己的思想和见解的人，积极倾听和了解幼儿的想法，尊重幼儿的观念和选择，真正实现幼儿教师与幼儿人格上的平等，进行积极的师幼互动。

因此，作为一名幼儿教师，我们应该具备先进的教育理念和教育观念，采用科学的教育方式，建立和谐的师幼关系，给幼儿一个快乐的童年。

┃ 拓展阅读 ┃

大学之教也，时教必有正业，退息必有居学。不学操缦，不能安弦；不学博依，不能安诗；不学杂服，不能安礼。不兴其艺，不能乐学。——《礼记·学记》

教师的职务是"千教万教，教人求真"；学生的职务是"千学万学，学做真人"。——陶行知

教育者，非为已往，非为现在，而专为将来。——蔡元培

一切为了儿童，为了儿童的一切。——陈鹤琴

教育孩子要学会四个对待，即正确对待自己，要认清自己的优缺点；正确对待他人，要尊重他人的价值观；正确对待社会，要对社会有责任心；正确对待自然，要善待自然。——顾明远

（二）教学能力

教学是教师职业行为展现的主要阵地。幼儿教师在教学水平上的研修主要体现在以下几个方面。

1. 观察能力

现代教育主张充分发挥幼儿的主动性，"要创造适合幼儿的教育，不要选择适合教育的幼儿"，要把握幼儿的"最近发展区"，教学走在发展的前面，以取得最佳效果。这些都要求

幼儿教师要具备一定的幼儿教育和心理学的知识，把握幼儿心理发展动向和发育成长的特点、规律，有的放矢地开展教育教学活动。并且，幼儿教师要善于观察、善于发现，有效把握幼儿外在的行为表现，及时捕捉幼儿内心活动的细微表现，从而对幼儿进行良好的引导。

▐ **拓展阅读** ▐

观察和记录幼儿的学习

我们为何要记录幼儿的学习？记录的初衷是什么？可能是因为第一次看到幼儿完成一项任务，可能是因为幼儿比以往更想完成某件事情，也可能是洞悉了幼儿的每一次成长和进步。这样的记录方式是自然而然的，无须刻意为之。幼儿教师往往是通过观察、等待，记录下幼儿寻常的学习时刻，并不是为了记录而专门设置出一个场景。

怎样培养观察意识和观察能力？记录，离不开观察与发现。实施教育，观察先行，观察能力是读懂幼儿的专业素质之一。

每个幼儿都有自己鲜明的特点，幼儿教师唯有通过观察和分析，才能真正了解幼儿的内在需要和个别差异，以决定如何协调环境，并采取何种方式来支持幼儿的成长需要。幼儿表达他们的需要时也显示出不同的个性特征，如为了获得成人的关注，有的幼儿可能会尖叫，而有的幼儿可能会咬人。虽然都是为了引起注意，但表现方法确实各不相同，因此，只有基于观察，判断幼儿行为产生的原因，才能更了解幼儿当下的想法和目的。

以下方法可以帮助我们观察、捕捉和记录幼儿的行为。

① 将幼儿沉浸在自主学习体验中的时刻捕捉下来。

② 写下简短的故事，记录幼儿的言行。

③ 把幼儿正在做的事情拍下来（如果可以的话，在附近准备一台照相机）。

④ 备好便条纸，方便拿取。把看到的或听到的有趣的事情写下来，之后再判断是否将其用作正式评估幼儿的关键依据。

⑤ 同幼儿进行非正式的聊天；提出问题，以便清楚地认识幼儿是怎样思考他们正在做的事情的。

⑥ 制作一块记录板，按时间顺序展示幼儿对一个主题的深入研究，其中包括研究的步骤。

2. 沟通能力

学习与幼儿对话是幼儿教师的必修课。幼儿不同于成人，幼儿教师能否运用符合幼儿特点的语言表达，使对话具有儿童性，影响着教育行为的效果。生动具体、丰富幽默的言语表达比平铺直叙、沉闷死板的言语表达更能引起幼儿的注意，让幼儿喜欢，同时也能够为幼儿树立榜样，从而能更好地达到尊重幼儿、关心幼儿的目的。此外，良好的谈吐与表达有利于幼儿教师在与家长进行沟通时能有效传递信息，实现家园联合教育的目的。

> **拓展阅读**
>
> 把"不要再讲话了"改成"请小朋友们安静一会儿"。
>
> 把"别把玩具扔在地上"改成"请把玩具放到篮子里"。
>
> 把"再说一遍"改成"老师没有听清楚，你能再说一遍吗？"。
>
> 把"去把椅子搬过来并坐好，不要发出声音"改成"请大家把椅子轻轻搬过来并坐好"。

3. 活动组织能力

幼儿教师会教，幼儿才能会学，教学才有意义。幼儿教师的职业行为十分强调保教合一，其中的"教"很多时候就是指课堂教学。课堂组织能力的提升首先是建立在扎实的专业知识与技能上的，幼儿教师只有了解和掌握了幼儿园教育的基础知识与技能，才能做好上课前的准备工作。另外，幼儿年龄和经验的特点决定了幼儿学习课堂的特点，幼儿教师只有在课堂教学中切实摆脱程式化的讲述和机械化的训练才能使课堂活起来，要多将主动性放在幼儿身上，激发幼儿的学习兴趣。同时，随着各种现代化的教学手段在教学中的大量使用，幼儿教师对这些技术的掌握已成为现代幼儿教师体现教育能力的基本素质之一。

4. 反思和创新能力

教师的反思和创新能力决定了教师的职业行为的续航力，正如孔子所说"学而不思则罔"。尤其是在当前素质教育全面实施的背景下，人们对幼儿教师的教学也提出了新的要求，幼儿教师只有努力达到新的要求才能更好地将职业行为付诸实践。善于反思是幼儿教师从事教育教学活动的核心能力之一，是幼儿教师为了保证教育的成功，达到预期的目标，将教育活动本身作为意识的对象，不断地对其进行积极、主动的计划、检查、评价、反馈、控制、调节的能力，能促进幼儿教师职业技能的提升。一次或一个阶段的教育活动完成后，幼儿教师需要总结和反思自己的教育实践活动，反思其是否适合幼儿的实际水平，是否能有效促进幼儿发展，并及时分析自己的优缺点，积极主动地吸收新思想和新理念，改进自己的教学方式，锐意创新，做好幼儿的开发性教育工作，这样才算是严谨地对待自身的职业。

同时，幼儿教师在教学上有较大的灵活性，他们可以根据幼儿的身心发展状况制定教养目标，自选内容，自主组织安排各种活动，只有具备创新能力的幼儿教师才能在行为中体现其职业独特的探索性和艺术性。具备创新能力的幼儿教师会开拓、发展幼儿的创造性，无创新能力的幼儿教师通常会压抑幼儿的创造性。所以，创新能力是现代幼儿教师职业能力结构中不可缺少的一个方面。

（三）课程建构

幼儿园课程建构的核心是促进幼儿的发展，重视发展每个幼儿的好奇心、自信心、独立性和应变能力；强调创设丰富的室内外环境，结合幼儿的兴趣和已有水平开展各项活动；

强调游戏是课程组织的基本形式，鼓励幼儿用自己的方式思考和解决问题；强调幼儿教师要在变化的情境中根据个体不同的发展需求提供灵活而有差异的教育。

拓展阅读

它让游戏点亮童年，它将幼教重新定义——"安吉游戏"，魅力何在

20世纪80年代，毕业于原浙江幼儿师范学校（现浙江师范大学杭州幼儿师范学院）的程学琴回到家乡安吉县，在幼儿园担任一线教师。几年后，她来到安吉教育局从事幼教行政管理工作。

彼时，基层幼儿园教育发展已出现瓶颈。1998年，整个安吉县幼儿园教育所有资产只有96万元。一次调研更是令程学琴印象深刻：在一所乡镇幼儿园里，她看到一个孩子坐在高低不平的凳子上，双腿因够不着地而悬在空中。这幅画面深深地印在了她的脑海中。

程学琴在调研中发现，这样的现象在安吉县并不少见，大多数幼儿园和小学只有一墙之隔，孩子们用的桌子椅子，都是小学用过后改造而成的……"小学化"的趋势令幼儿园自身的发展颇为尴尬。

然而，比硬件设施更为落后的是软件的配置。大多数幼儿教师定位模糊，他们不具备专业性，不知道自己应该教什么，孩子应该学什么。

整个社会对幼儿园的认知也存在偏差。家长、老师、专家都认为幼儿园是"看住"孩子的地方，把他们放置在一个相对安全的环境中，让他们不哭、不闹、不出事，便是负责任的幼儿教育方式。

身在这样的教育环境中，孩子们真的快乐吗？带着这样的疑问，程学琴召集了县里的一些幼儿教师，商量如何改进幼儿园教育。在热烈的讨论中，大家都不约而同地怀念起自己的童年时光：那是幼儿园教育尚未普及的20世纪70年代，孩子们约上邻家伙伴在田野里尽情奔跑，去门前的小溪流中"探险寻宝"……

"无比快乐的童年时光，至今令我深深怀念。"程学琴回忆道。玩是孩子的天性，能不能把游戏的权利还给孩子？

1999年，安吉县印发《安吉县幼儿教育管理办法（暂行）》，确定了安吉县内幼儿园镇村一体化管理模式，打破了以往低、小、散的教学模式，一场课程改革应运而生。2000年起，安吉县提出"让游戏点亮孩子的生命"的观念，积极探索富有特色的"安吉游戏"新模式，把游戏的自主权还给幼儿，让幼儿在自主、自由的游戏中，获得经验、形成想法、表达意见、完善规则、不断挑战，从而激发自身最大的潜能。

后来，"安吉游戏"走出了这座小县城。

2014年，威斯康星大学麦迪逊分校课程与教学专业博士切尔西·白丽第一次来到安吉，目的是参加一场学前教育研讨会。在幼儿园实地参观的过程中，眼前的一切颠覆了她对中国学前教育的印象。

切尔西记得，自己来到一家幼儿园，这里只有3个房间，其中一间只有抱枕和书，另一间堆满了粗略切割的积木，这些积木没有涂油漆，散发着新鲜的、木头的味道。"幼儿园怎么会有这样的教室？这家幼儿园给了我一种独一无二的感受。"她向记者回忆道。那些积木令她联想到了《纳尼亚传奇》中那个充满奇幻色彩的橱柜。

在那次研讨会上，程学琴第一次向漂洋过海而来的教育专家们介绍了"安吉游戏"——本着"让游戏点亮孩子的生命"的理念，通过放手让孩子玩，把游戏的权利还给孩子，由此形成独具特色的课程和教学模式。

也就是在那一年，安吉县又将"安吉游戏"推进，将其作为第二期学前教育3年行动计划的重大工程，每年投入200万元专项经费，用于"安吉游戏"的实践研究。

此后，不少"安吉游戏"的发起者被邀请到国外交流经验。一次，程学琴在洛杉矶演示完"安吉游戏"的模式后，在场的听众全场起立鼓掌。有美国人问她："您在哪个国家留学？您的教学理念太先进了。"

程学琴说："这是原汁原味的中国学前教育模式，它就来自安吉。"

2018年，浙江省在103所"安吉游戏"实践园开展实践活动，仅仅半年时间就投入近3000万元改善游戏环境，全省5万余名幼儿在游戏中快乐成长。2019年，"安吉游戏"模式在黔东南、山东临沂等地被运用，全球有26个国家的256个幼儿园申请进行"安吉游戏"的相关培训。

第四节 幼儿教师职业能力提升的方法和途径

幼儿教师是我国师资队伍中的重要组成部分，他们在教育对象、教育内容和培养目标等许多方面与中小学教师都存在着较大的差异，有着与众不同的角色定位，同时也有着与众不同的职业能力要求。随着社会的进步、教育领域的发展，社会对幼儿教师这一特殊群体的关注程度持续上升，其中，幼儿教师的职业压力也逐渐引起人们的关注。近年来，有学者的研究显示，当前大部分幼儿教师表现出明显的职业倦怠症状，虽然程度并不十分严重，但是应当引起我们足够的重视。那么，有哪些途径可以更好地提升幼儿教师的职业能力？

一、国家层面优化对幼儿教师职业能力的顶层设计

幼儿教师职业能力的发展离不开国家和社会的支持。国家和社会的支持能给幼儿教师创设一个良好的发展环境，有效促进幼儿教师职业能力的提升，有力地推动学前教育事业的持续健康发展。

（一）提供教师专业发展的政策支持，加强专业引领

随着经济的发展，人们对教师专业性的认识逐步深入，幼儿教师的专业发展也得到了国家和政府的大力支持，包括许多制度支持。教育部2001年印发的《幼儿园教育指导纲要（试行）》提出："教师应成为幼儿学习活动的支持者、合作者、引导者。"这充分肯定了幼儿教师在教育和幼儿发展中的作用和地位，并明确给予幼儿教师专业化的角色定位——对孩子一生发展具有影响深远的专业人员。2010年审议通过的《国家中长期教育改革和发展规划纲要（2010—2020年）》中专门论述了学前教育的发展任务，其中明确提出：依法落实幼儿教师的地位和待遇，加强幼儿教师队伍建设。2011年教育部研究制定的《幼儿园教师专业标准（试行）》（征求意见稿）提出建立幼儿园园长和幼儿教师培训体系，满足幼儿教师多样化的学习和发展要求。随着一系列幼教法规的贯彻及实施，幼儿教师的职业行为愈加专业化、规范化。

总之，学前教育作为社会福利事业，离不开国家和社会的支持。一个国家的政策保障是影响幼儿教师专业能力的宏观因素。国家要提高学前教育质量，就要提升幼儿教师的职业能力，要以《专业标准》为专业引领，实施一系列提高幼儿教师专业化程度的方案和措施，为幼儿教师职业能力的发展提供支持。政府可以发挥桥梁作用，筛选一批教学质量较高、管理模式较好的优质公办幼儿园或民办幼儿园，使其发挥辐射作用，结对帮扶部分发展落后的幼儿园，使其一起教研、一起管理，加强对弱势园所的专业化扶持。除了幼儿园之间的连接，政府也可以加强高校与幼儿园之间的联系，有效利用高校丰富的专业资源。

（二）有效且完善的师范教育，培养学前教育专业人才

"百年大计，教育为本，强国必先强教。"在新时代，人们对高质量教育的需求日益强烈，而要解决这一难题，必须从教育的源头——师范教育出发。

1952年，教育部按照国家"以培养工业建设人才和师资为重点，发展专门学校，整顿和加强综合性大学"的方针，形成了由中等师范学校、师范专科学校和师范学院（大学）构成的独立设置的师范教育体系。20世纪70年代末，科学技术快速发展，高等教育中科研的重要性日益显著，导致师范院校综合化发展或者综合化评估的趋势愈发明显。20世纪90年代以来，经济、信息技术等的飞速发展对人才培养的层次和需求提出了新的要求，师范教育发展受到很大影响，高等师范院校的数量急剧减少，师范教育被不断地弱化，在羁绊中前行。1999年发布的《中共中央国务院关于深化教育改革全面推进素质教育的决定》，指出"加强和改革师范教育，大力提高师资培养质量。调整师范学校的层次和布局，鼓励综合性高等学校和非师范类高等学校参与培养、培训中小学教师的工作，探索在有条件的综合性高等学校中试办师范学院"。师范教育的发展呈现明显的分层态势。

过去，在幼儿教师的培养当中，幼儿教师的专业知识和技能被放在了重中之重的位置，因此幼儿教师师范教育的内容也相对有所倾斜。但是，决定幼儿教师对待幼儿的态度、对待

教学工作的态度的，与改进幼儿教师工作效率直接相关的，幼儿教师职业心理、职业能力规划等相关内容和相关课程却几乎没有。实际上，大部分幼儿教师在走上自己的工作岗位之前并没有学会如何全面了解自己，没有学会怎样定位今后的职业角色，没有学会如何规范自身职业行为，没有学会怎样面对职业能力提升中遇到的挫折和困难，这不利于其之后的岗位适应和职业能力的发展。

因此，我们需要明确的是，师范教育是对幼儿教师职业能力培养的初始阶段也是最基础阶段，我们需要更加完善的师范教育内容和体系，需要将幼儿教师职业能力的知识考虑在内，需要对幼儿教师职业能力的上一级概念"职业能力"进行界定和分析。因为对职业能力的概念理解不同，对从业者所需要具备的职业能力的要求也不同。明确了职业能力的概念，才能够促进幼儿教师更好地适应岗位角色，树立正确的儿童观与教育观，拥有健康的心理素质、创新能力、课程开发能力与科研能力等。

（三）完善的教师培训体系，增强教师的职业能力

一方面，参加培训可以使幼儿教师的专业知识与能力得到丰富和深化，使幼儿教师不仅拥有职前培养阶段所获得的学科知识和专业技能，而且拥有一定的实践经验，能够更好地将培训中所学的理论知识和自己的教学实践相结合，运用理论分析实践问题。另一方面，幼儿教师可以吸收先进的教育思想，了解国内外学前教育领域最新的发展动态、教育理念、教学方法等，能够更加从容地应对社会发展和教育改革对教师提出的高要求的挑战。可见，幼儿教师通过参加培训，无论是在思想品德上，还是在专业水平上都能得到提升，从而提高幼儿教师队伍的整体素质。

有效的培训是促进幼儿教师职业能力提升，帮助幼儿教师更好地实现专业成长的重要途径。按照培训的时间来分类，幼儿教师的培训类型包括职前培训、职中培训和职后培训；按照培训的内容来分类，幼儿教师的培训类型包括新手幼儿教师培训、骨干幼儿教师培训和园长岗位培训。此外，幼儿教师的培训还有各类按需培训、专项培训等。

各国的幼儿园教育也相当重视对幼儿教师的培训。如法国教育部规定每个初等教育教师从工作第5年起至退休前5年止，可带薪接受累计一学年的继续教育，目的在于让教师更新知识，了解当前教育的相关理论和理念，提高教学能力。美国幼儿教师培训的课程包括算术、语文、科学知识、社会历史知识、体育、美术、音乐等方面，也帮助幼儿教师达成包括有健康的体魄、渊博的知识等目标。日本的幼儿教师进修，从进修的机关上看，主要有新制教育大学、有关大学以及各都道府县市的教育研究（研修）中心；从进修的时间上看，分为长期和短期两种；从进修的地点来看，分为园内和园外（国内和国外）进修；从进修的形式上看，分为脱产进修和半脱产进修、共同进修和自主进修、函授和面授等。除此之外，日本的幼儿园也十分重视园内教研活动。韩国幼儿教师接受继续教育的方法主要有3种。第一种是幼儿教师自觉自愿的培训方式，比如阅读相关书籍、开展讨论会、自己报名继续深造以及参加其他教育机构组织的培训等。第二种是政府指导下的培训，主要

分为各种进修和讲学指导。第三种是由高等学府或者专业培训机构为在职幼儿教师提供专业培训。

我国于 2010 年审议通过的《国家中长期教育改革和发展规划纲要（2010—2020 年）》指出："严格执行幼儿教师资格标准，切实加强幼儿教师培养培训，提高幼儿教师队伍整体素质，依法落实幼儿教师地位和待遇。"2012 年颁布的《教育部 中央编办 财政部 人力资源社会保障部关于加强幼儿园教师队伍建设的意见》指出："提高幼儿园教师培养培训质量""实行幼儿园教师 5 年一周期不少于 360 学时的全员培训制度，培训经费纳入同级财政预算。幼儿园按照年度公用经费总额的 5%安排教师培训经费。扩大实施幼儿园教师国家级培训计划。加大面向农村的幼儿园教师培养培训力度"。2018 年颁布的《中共中央 国务院关于学前教育深化改革规范发展的若干意见》提出，为了切实提高教师专业水平和科学保教能力，有必要建立健全教师培训制度，出台幼儿园教师培训课程指导标准，实行教师定期培训和全员轮训。一系列的政策文件，使幼儿教师培训体系不断地优化和完善。

当前，我国的幼儿教师培训发展态势良好，幼儿教师的师范类培训和职前培训发展迅速，学前教育师资培训的内容广泛、全面，不仅包括专业知识的培训，而且包括教师教育、教学技能的方方面面，如基本修养、基础教育（哲学、政治学、历史、社会学等）和专业课程（幼儿园课程、幼儿发展理论等）等都有涉及，以满足不同教师的不同需求。但我国的幼儿教师培训也存在一定的问题，主要体现在职后培训上。如培训方式单一，对培训对象不加区别，不分层次；偏远地区培训进程落后；培训目标不明确，大多是为了提高学历，或者是为了获得某种技能而开展的；培训内容重复；培训师水平不均；等等。如若不提高幼儿教师在职培训的实效，则培训无法满足幼儿教师成长发展的需要，甚至阻碍幼儿教师职业能力水平提升的进程。

二、幼儿园层面对幼儿教师职业能力的支持策略

幼儿园是幼儿教师进行保育、教育实践和研究的主要场所，幼儿教师的大部分职业行为在幼儿园得以实施，幼儿园的管理运作方式，园长的工作作风、管理方式都会对幼儿教师的职业能力提升产生影响。因此，幼儿园应为幼儿教师的职业能力提升提供专业的支持。

（一）营造良好的幼儿园工作氛围

幼儿教师的职业生命需要良好的生态环境的培育，幼儿园应当以生态化的观点来指导幼儿教师的发展。良好的幼儿园工作氛围，能够提高幼儿教师的职业认同感和工作效能感。

幼儿园需要营造幼儿教师职业能力学习和研讨的氛围，提高幼儿教师提升职业能力的

主动性。幼儿教师的职业能力发展不仅仅是幼儿教师的个体需求，也是幼儿教师的群体需求。因此，幼儿园作为幼儿教师的实践场所，应为幼儿教师营造积极进取的和谐氛围，让幼儿教师的职业能力提升有基础载体，可以鼓励幼儿教师通过幼儿园的制度和课题来营造对职业能力研究探讨的氛围，引导幼儿教师成为研究和实践的主体，把职业能力的提升问题作为研究的内容，为幼儿教师创造职业能力提升的平台。

（二）有效的园本教研和园本培训制度

园本教研主要是指以幼儿教师为主体，以教育教学过程中遇到的实际问题为研究对象，以促进幼儿园发展为目的，将研究成果运用于幼儿园教学实践中的教学研究活动。它强调立足于幼儿园实际，引导幼儿教师在常态化的教育教学中发现问题、研究问题、解决问题，促进幼儿、幼儿教师及幼儿园的共同发展。科学合理的园本教研制度，能有效搭建平台，整合资源，促进幼儿园内部思想的交流与观念的交锋，帮助幼儿教师展现自我、提升自我。园本培训是以本园幼儿教师的特点和发展需求为依据，由专家指导、幼儿园规划实施、幼儿教师参与的，以反思为中介，把培训与教育教学实践和幼儿教师研究活动紧密结合起来，制定具体的培训方案，旨在促进幼儿教师自主发展和幼儿园整体办学水平不断提升的培训活动。园本培训能在很大程度上关注幼儿教师的个体差异，结合幼儿教师的具体情况解决问题，帮助幼儿教师改善其职业行为，提升专业能力，同时促进幼儿园发展。幼儿园的管理者要以促进幼儿教师专业发展的办园理念，开展各种园本教研、园本培训，有效提升本园幼儿教师的职业能力。

幼儿教师在幼儿园中的保育教育实践研究活动是其职业生活的基本组成部分，幼儿教师职业活动的质量影响幼儿教师对职业的感受、态度和专业水平的发展，以及生命价值的体现。因此，幼儿园必须树立以幼儿教师专业化和幼儿全面发展同步的办园理念，有效开展园本教研、园本培训，提升幼儿教师职业能力，提升本园所的教育质量。

（三）公正有效的评价和激励机制

幼儿园应当形成公正有效的评价和激励机制，对幼儿教师在发展过程中出现的错误要有一定程度的理解和宽容，对其发展过程中取得的进步和阶段性的成功则要能够及时鼓励。幼儿园的支持能有效地帮助幼儿教师减少职业能力问题的发生，幼儿园的激励会有效地帮助幼儿教师积极面对职业能力提升的问题，幼儿园的帮助又可能会使幼儿教师把职业压力变成职业动力。

总之，幼儿园管理者应将提高幼儿教师职业能力水平作为制定幼儿教师专业发展规划的目标之一，可以明确规定每名幼儿教师每年应参加的培训内容与时间，适当减少幼儿教师的工作量，将幼儿教师从繁重的工作中解放出来，为幼儿教师的专业学习研究提供时间上的保证。

三、幼儿教师自身层面对职业能力的优化策略

幼儿教师职业能力的发展，除了取决于幼儿园、社会等外在因素外，关键还是要看其自身，其要有不断学习、自主发展的意识，并科学制订职业发展规划，在实践中不断反思和改进，从而实现职业能力的发展。

（一）强烈的自主发展意识

随着经济的发展，当前全球化的教师教育改革倡导教师专业发展更加注重教师个人成长，教师专业发展已经由"教师教育"转向"教师自主学习""教师自主发展"。幼儿教师的自主发展主要是指，幼儿教师为了提高自身的能力和素养水平，自主采取富有个人特色的发展行为，如树立终身学习的教育观念，对自身职业生涯的有效规划，对教育理论和教学方法的主动学习，对个人学习方法的选择等。幼儿教师的自主发展行为是提升职业能力的重要的因素，是幼儿教师角色完善和职业发展的内在动力。

幼儿教师要具有强烈的自主发展意识，首先要形成一定的危机感，意识到自己肩负着重大的责任和面临着复杂的挑战，关注自身专业发展的内在需求，激发自身的内在发展愿望，变"我不得不去做"为"我想要去做"，变被动为主动，使自己成为专业发展的真正主人。其次，幼儿教师要厘清自我和职业认同的关系，要对未来发展有明确的规划设想。这需要幼儿教师对自己的教学能力、专业水准、人际关系等方面有正确的自我评价，对专业发展现状有科学全面的认识，并确定自身专业发展计划。最后，幼儿教师要战胜职业能力提升过程中遇到的困难与挫折，建立积极良好的心态，保持对幼教事业的兴趣和热情。首都师范大学教师教育学院的田国秀教授指出："教师的使命是教育，而教育是'生命影响生命的过程'，教师在课堂上的一切，是对幼儿生命的影响。"所以，对教育的一份执着、一份敬畏、一份热情，终将成为影响幼儿教师及影响幼儿成长的重要力量。

（二）有效的个人专业发展规划

古人云："凡事预则立，不预则废。"教师作为自身专业发展的主体，从踏上工作岗位时起就进行专业发展的自我设计、自我规划，显得尤为重要。所谓个人专业发展规划，是指教师结合自身的专业环境、专业需求和发展水平等具体情况，进行的个人发展设计和专业规划，它包括教师对专业目标、预期成就的设想，对工作岗位的理解，对专业素养的具体目标设计和成长阶段的设计以及所要采取的措施等。

合理的个人专业发展规划，不仅能对教师的专业发展有引导、督促和监控作用，还是教师职业能力提升的重要途径，是教师职业发展过程中非常重要的环节。所以，我们要鼓励幼儿教师以《专业标准》为引领，结合自身专业发展现状，制订适宜的、具体的且操作性强的专业发展规划，以提升职业能力。

【课后思考】

1. 请说一说，影响幼儿教师职业行为的因素有哪些？有哪些方法或途径可以提升幼儿教师的职业能力？试举例说明。

2. 对幼儿教师的专业发展情况进行调查。（任选以下一项具体内容：幼儿教师的专业成长情况、新幼儿教师入园适应情况、幼儿教师的职业幸福感、幼儿教师的职业倦怠、幼儿教师的专业性体现等。也可以自选其他角度。）

3. 请选择一个幼儿园，对该幼儿园中不同工作年限的幼儿教师进行观察与访谈，探究他们的职业行为差异，并思考造成差异的原因。

第七章

幼儿教师的专业发展及其规划

【本章结构】

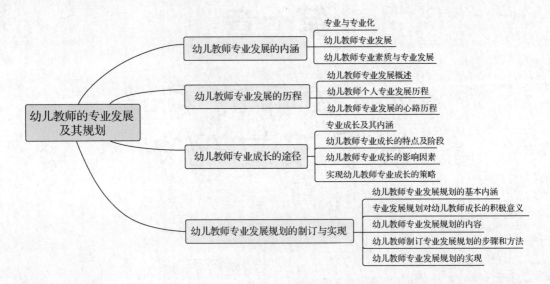

幼儿教师的专业发展及其规划
- 幼儿教师专业发展的内涵
  - 专业与专业化
  - 幼儿教师专业发展
  - 幼儿教师专业素质与专业发展
- 幼儿教师专业发展的历程
  - 幼儿教师专业发展概述
  - 幼儿教师个人专业发展历程
  - 幼儿教师专业发展的心路历程
- 幼儿教师专业成长的途径
  - 专业成长及其内涵
  - 幼儿教师专业成长的特点及阶段
  - 幼儿教师专业成长的影响因素
  - 实现幼儿教师专业成长的策略
- 幼儿教师专业发展规划的制订与实现
  - 幼儿教师专业发展规划的基本内涵
  - 专业发展规划对幼儿教师成长的积极意义
  - 幼儿教师专业发展规划的内容
  - 幼儿教师制订专业发展规划的步骤和方法
  - 幼儿教师专业发展规划的实现

【导入案例】

　　邓益云，长沙市雨花区幼教领域的知名园长，给人的第一感觉是率真、积极和乐观。谈起自己成长的历程，她满脸洋溢着幸福，毫无保留地为我们娓娓道来。

　　她是1986年考进长沙师范学校的，坦诚地说，当时的她对于未来并没有什么明确的认识。但在长沙师范学校读书期间，学校的氛围深深地感染了她，早功、晚功、上课、晨练，无比忙碌而又充实的日子，也给她打下坚实的专业基础。身边优秀的老师、优秀的同学也让她重新思考自己所选择的职业，这个时候有一种原始的目标在驱动着她——要让自己站到知识金字塔的顶端。目标明确，这也是很多优秀的人身上具备的特点。她毕业时，又很幸运地考上了北京师范大学，开始了本科阶段的学习。

　　从北京师范大学毕业以后，她回到长沙师范学校附属幼儿园，在这里真正开始了她的成长之路。她说她对幼教的理解是一个顿悟的过程，她性格中的乐观，让她能够接受任何的批评；有主见，让她坚持干自己认定的事。别人不乐意上的公开课，她不推脱。她还创新性地根据实际情况改变原有的课程计划。例如，看到下雨了，就带着小朋友去看雨，听雨，画玻璃上的雨，踩雨；看到风吹过树梢飘然而下的银杏叶，就带着小朋友一起去看落叶，捡落叶，拿落叶回来拼画……这些大多是如今的主题教学，而在20世纪90年代初，她根本没想到自己进行的就是后来流行的主题教学。

　　在长沙师范学校附属幼儿园沉淀了10年，她于1999年主动从省级单位"下嫁"到市区级单位——雨花区教育局第一幼儿园，承担起雨花区幼教的开疆拓土工作。当时雨花区的幼儿教育还在起跑线上徘徊，仅有1所公办幼儿园，园内有36个幼儿，但在政府的高度重视和领导的大力支持之下，她带领着她的团队，采取幼儿园负责培养骨干、骨干开辟新园的模式，在短短的十几年时间，培养出了大批骨干和精英。

很多优秀的人以他们的成长经历告诉我们，方向明确的坚守是成就自我的前提。从这个故事中，你感悟到树立教师专业成长的目标并为之而努力的意义了吗?

【本章学习要点】

了解幼儿教师专业发展的历程。

掌握幼儿教师专业成长的途径。

能够运用专业发展的知识合理规划自己的专业发展方案。

第一节 幼儿教师专业发展的内涵

《礼记·学记》有言:"亲其师，信其道。"一个人只有在亲近、尊敬自己的师长时，才会相信、学习师长所传授的知识和道理。有渊博知识、善言谈技巧、秉高尚人格、富工作热情的教师，会有更多的追随者。任何一名幼儿教师都应该努力成为有学识涵养的被追随者。

一、专业与专业化

专业是指专门从事某种工作或职业的个体，经过专门的教育训练，掌握专门的基础理论和特殊技能，从而可以按照一定的专业标准承担独特而重要的社会任务，发挥特有的社会功能和价值。

专业主要有 3 种内涵:一是指高等学校的学科门类的不同类别，如学前教育专业、艺术设计专业等;二是指专门的技术或学问，如环境保护专业、高新技术专业等，与高等学校所指的专业近似，但类别远远多于高等学校设置的专业;三是指专门从事某种学业或职业，全面掌握某项技能，拥有较高的职业才能，处于较高职业阶段，成为该领域专家，引领该领域发展。本章所提"专业"指第 3 种内涵。

专业化是指把工作视为专门的职业，这种职业要求工作者经过严格的持续性的学习，获得并保持专门的知识和技能，并有一定的专业地位。教师专业化，要求教师不仅是有知识、有学问的人，而且是有道德、有理想、有专业追求的人;教师要终身学习，不断进行自我知识的更新;不仅是某一专业的专家，还应该是教育的行家。

从事专门职业则需要学习并掌握专门或高深的理论与技能，如医生、教师等专门职业，而这类"专门职业"被称为"专业"。专业理念、专业知识与专业技能构成专业标准的三个维度。

毋庸置疑，幼儿教育是一种专业。从事幼儿教育专业必须具备幼儿教师职业道德修养，掌握幼教工作知识及幼教工作技能，只有胜任幼教工作的工作者才被称为"幼儿教师"。

二、幼儿教师专业发展

发展是动态的演变过程，指由简单到复杂，由合格到优秀，由不成熟到成熟。对于个人发展来说，发展是从生疏到熟练，由新手到熟手再到专家的过程。

专业发展指某个专业领域内的个体由不成熟到成熟的发展演变过程，或专业整体由不成熟到成熟规范的发展演变过程。重视教师职业的专业性，是当今国际教师教育的总趋势，强调教师的可持续发展是教师专业化的前提条件，也是世界教育和社会发展的共同特征。

幼儿教师的专业发展，一方面是指幼儿教师个人专业发展，研究幼儿教师个体不断发展，提升个人专业素质水平与专业能力；另一方面是指幼儿教师集体专业发展，研究幼儿教师集体不断发展，形成行业标准与规范，提升行业素质水平与专业能力。幼儿教师个人专业发展是幼儿教师集体专业发展的基础。因此，幼儿教师个人专业发展水平决定了幼儿教师集体专业发展的水平。

幼儿教师个人专业发展是在经历职前培养、入职培训及入职后发展，形成职业认知、完善职业素质，发展成为卓越的职业精英的过程，也是不断发展与提升自身幼教专业素质与水平的过程，是从一名新手幼儿教师成长为熟手幼儿教师，再成长为专家型幼儿教师的过程。

由此可知，幼儿教师的专业发展是个漫长的成长过程，由"合格的幼儿教师"开始，凭借自身的发展能力，通过学习与努力，成长为"专家型幼儿教师"。

三、幼儿教师专业素质与专业发展

3～6 岁的孩子离开家长的怀抱，开始进入幼儿园学习与生活。此时，家长最大的愿望莫过于有一名好的幼儿教师陪伴孩子健康成长。那么，什么样的幼儿教师是好的幼儿教师？好幼儿教师有哪些特征？是对幼儿有爱心、耐心，是具有扎实的弹唱说跳能力，还是具有广博的社会与文化知识？当然这些都是一名好的幼儿教师需要具备的重要专业素质。作为未来的幼儿教师，我们需要明确了解幼儿教师专业素质的全部内容及其具体要求，这样我们才能在职前培养阶段努力培养专业素质，在入职培训时努力提高专业素质，在职后发展中完善专业素质，成为一名优秀的幼儿教师。

培养幼儿教师专业素质，是幼儿教师个人专业发展的第一步。要想培养幼儿教师专业素质，我们要了解幼儿教师专业素质的内涵及具体内容。

（一）幼儿教师专业素质的内涵

生活中的许多领域都会提及素质，其在不同领域具有不同的含义，其内涵已经远远超过了原有的范畴。我们可能听到过多种说法，如身体素质、心理素质、文化素质、专业素质等，还有评价他人的素质是高是低等。基于此，我们将从几个角度对素质进行解释。

"素"指事物的基础与本色，"质"指事物的性质与成分，"素质"即构成事物的基本成分或本来性质。古诗词中可见此用法，如清代的汪懋麟在《忆秦娥》中说："天然素质铅华贱，从教傅粉何郎羡。"现在我们常说的"素颜"也是这个意思。素质是人们在生活、工作与学习等方面表现出来的品质、状态与能力，如修养素质、身体素质、文化素质等。素质还指人们通过学习与训练，获得的一些能力与条件，如专业素质、科学素质、艺术素质等。

具备专业素质是指人们通过学习与训练，获得的从事某一职业或专业所必须具备的条件与能力。它是从业者所固有的一种职业品质，是某种职业技能的综合体现，包括专业品质（专业精神）、专业知识、专业技能 3 部分。

（二）幼儿教师专业素质的具体内容

幼儿教师专业素质指为履行幼儿教师职责、解决教育教学工作中的具体问题而必须具备的基本品质和基础条件，内容包括幼儿教师的专业理念、专业知识与专业技能。这些工作标准是幼儿教师开展幼教工作时必须达到的最低标准。

幼儿教师的素质是随着教师这一社会职业的出现而出现的。不同的时代，人们对教师的要求不同，使教师素质随着时代的发展而出现不同的时代特点。它是由诸多要素构成的，是包含内容和结构的统一体。它经过长时间的培养而逐步形成，一旦形成便具有一定的稳定性。由于教师自身各方面发展基础的差异和不同教学任务与学科的不同要求，教师的素质具有一定的差异性和层次性。

教育发展的关键是教师，特别是教师的综合素质，其关乎教育发展的整体质量。这是大多数教育家的共识。20 世纪初，蔡元培开我国教师有组织地提升师德修养之先河。陶行知指出："在教师手里操着幼年人的命运，便操着民族和人类的命运。"徐特立老先生认为，教师工作不仅是一个光荣而重要的岗位，而且是一种崇高而愉快的事业。它对国家人才的培养、文化科学教育事业的发展及后一代的成长，起着重大的作用。幼儿教师自身素质的全面提高，是保证幼儿素质全面发展的基本前提，也是实现优质教育的必要条件。教师素质是影响教育质量的因素之一，没有好的教师就不会有好的教育，教师素质的高低关系到教育实施的成败。幼儿教师的专业素质影响幼儿的成长，影响国家的未来。

基于幼教工作"保教结合"的特点，幼儿教师的专业素质有其独特性。下面从专业理念、专业知识、专业技能3个维度阐述幼儿教师专业素质的内容。

1. 专业理念

幼儿教师的专业理念指幼儿教师在工作中秉承的态度以及反映出的教育行为，它首先要求教师必须有深厚的教育情怀和强烈的事业心。事业心是幼儿教师从事教育教学工作的根本动力，事业心展示了幼儿教师对自己所从事的教育事业的热爱和努力，以及把工作做好的执着追求。事业心也是幼儿教师在其他方面提高自身素质的基本保证。

幼儿教师的专业理念可以细分为幼儿教师对职业的理解与认识，幼儿教师对幼儿的态度以及反映出的教育行为，幼儿教师对幼儿保教结合型工作的态度以及反映出的教育行为，幼儿教师对自身修养的态度以及反映出的教育行为4部分内容。

（1）幼儿教师对职业的理解与认识

幼儿教师对职业的理解与认识，是培养幼儿教师的职业意识和信念的基本前提，主要包括幼儿教师对职业道德修养、职业理想与职业价值的理解与认识，也包括幼儿教师对自己所从事的教育事业的性质、任务、作用、价值以及自身角色和责任的认识。幼儿教师首先应该有强烈的职业意识和信念，只有认同了幼儿教师这个职业，理解了幼儿教师的职业价值，才会树立自己的职业理想，而遵守职业道德修养是实现职业理想的必然要求。

通过前面对"幼儿教师职业道德修养"的学习，我们明确幼儿教师在日常的保育工作与教育工作中，必须时刻以"爱国守法、爱岗敬业、关爱幼儿、教书育人、为人师表、终身学习"6条规范作为行为指南，努力在每项具体的幼教工作中践行幼儿教师师德规范，逐渐做到知行合一，让遵守幼儿教师师德规范成为习惯。

综上所述，幼儿教师要从职业道德修养、职业理想与职业价值等方面对幼儿教师的职业角色、职业特点进行认识与理解。

（2）幼儿教师对幼儿的态度以及反映出的教育行为

幼儿是幼儿教师的直接工作对象，幼儿教师的态度和行为直接影响着幼儿的智力与非智力因素的和谐发展。幼儿教师首先要关心幼儿，有发自内心的诚挚的亲密情感和行为。爱是幼儿健康成长的最基本前提和需要，作为专业教育者的幼儿教师与非专业教育者如家长的区别就是，家长的爱是专门的、特定的爱，更多表现为对自己子女的偏爱，而幼儿教师的爱是普遍而广泛的，他需要对所有幼儿一视同仁，将自己的爱给予全班幼儿，并保证每个幼儿获得平等的教育机会，都过上幸福快乐的童年生活。被平等对待与获得尊重是幼儿的权利与成长的需要，也是幼儿教师对待幼儿态度的重要体现。它包括两个方面的内容。一是幼儿教师重视和尊重幼儿的差异。每一个幼儿都是不同的，每个幼儿都具有不同的个性、能力、兴趣，都有其独特的家庭成长背景和生活经验，幼儿教师应该认识到这些差异是正常的，并充分重视和尊重这些差异，公正、平等地对待每个幼儿。二是促使每个幼儿富有个性，充分发展每个幼儿的天赋和优势。幼儿教师要为每个幼儿提供最广泛的、具有个体适宜性的机会，为他们提供表现自己的长处和获得成功的条件，并提供及时的反馈，既帮助幼儿充分认识自己，又帮助幼儿增强信心，促进每个幼儿积极充分地发展。

　　幼儿教师要具有强烈的责任心，抱着对幼儿发展负责的态度，不仅要把幼儿作为一个年幼的个体来培养，而且要把幼儿作为一个成长中的个体、未来的社会成员来培养；不仅要对每一个幼儿在幼儿园期间的学习负责，而且要对每个幼儿一生的学习和发展负责。幼儿教师作为一个专业化的职业，本身就要求从业人员尽力做好自己的工作，对工作要有高度的责任感，要按照幼儿教师职业的规则和要求做好本职工作。

　　（3）幼儿教师对幼儿保教结合型工作的态度以及反映出的教育行为

　　保育和教育相结合是幼儿园教育的一个基本原则，也是幼儿教师日常工作的特点，它们是相互渗透、相互联系、不可分割的有机整体。在工作分工上，不能简单地认为教育工作是幼儿教师的事情，保育工作是保育员的事情，两者应是和谐统一的，只有在保育和教育有机结合的情况下，才利于幼儿的发展。日常保教工作中，幼儿教师应该以饱满的热情、积极的态度认真投入工作，对自己所从事的教育事业恪尽职守。幼儿园教育的特点决定了幼儿教师的工作持续时间长、工作对象复杂以及工作内容广泛，幼儿教师在工作的过程中必须以饱满的热情和积极的态度去对待每一个幼儿，要有强烈的使命感和责任感，时刻不忘职业要求，认真对待、关心热爱每一个幼儿。

　　同时，幼儿教师应该具有开拓和创新精神，在教育实践中积极进取、善于思考，努力参与教育教学改革研究。幼儿教师在工作中还要不断学习，不断反思，更新观念，不断提高自身的综合素质。

　　总之，对待保教结合型工作，幼儿教师要坚持家园合作、创新工作、重视游戏与实践的态度与理念，在保育工作中，秉持爱心、细心、耐心与用心的态度；在教育工作中，坚守以激发幼儿兴趣与好奇心为主、言传身教的态度。

　　（4）幼儿教师对自身修养的态度以及反映出的教育行为

　　罗曼·罗兰说过："要播撒阳光到别人心中，自己心中总要先有阳光。"幼儿教师希望培养出"什么样"的幼儿，首先就要明确自己是"什么样"的人。幼儿是通过模仿来认识与理解外界的，因此，幼儿教师自身的修养与行为对幼教工作的效果举足轻重。

2. 专业知识

　　专业知识是开展幼儿教育工作的理论基础，幼儿教师必须熟练掌握专业知识，包括幼儿身心发展知识、幼儿保育与教育知识、通识性知识。

　　（1）幼儿身心发展知识

　　幼儿教师的保育与教育工作建立在遵循幼儿身心发展规律的基础之上，因此幼儿教师必须掌握幼儿身心发展的相关知识，具体包括以下内容。

① 幼儿生理解剖特点与生长发育规律、心理特点与发展规律、幼儿身心发展中的个体差异及幼儿身心发展中存在的问题与对策。

② 特殊需要幼儿的身心发展特点、身心发展中存在的问题与对策。

③ 保护未成年人的相关法律法规。

（2）幼儿保育与教育知识

幼儿教师的工作就是实施幼儿的保育、教育工作。其中，保育工作的重点在于培养幼儿的优秀品质、良好习惯及适应其年龄发展特点的行为能力；教育工作的重点是培养幼儿探索世界的兴趣与乐趣，培养幼儿的想象力与创造力。幼儿园教育通过保育工作和教育工作来保证幼儿的生命安全，促进幼儿身心健康发展。因此，幼儿教师需要掌握相关的保育与教育知识，具体包括以下内容。

① 掌握保育与教育的目标、任务、内容、要求和基本原则。

② 掌握幼儿园环境创设、一日生活安排、游戏活动、班级管理、家园沟通、安全应急、意外事故和危险防护等保育相关知识与方法。

③ 掌握幼儿园健康、语言、社会、科学、艺术五大领域教育的特点与知识点，掌握观察、谈话、记录等了解幼儿的基本方法和教育心理学的基本原理及方法。

④ 了解0～3岁婴幼儿保教和幼小衔接的有关知识与基本方法。

（3）通识性知识

通识性知识指在社会生活中被广为认可与接受的常见、常用及流行的知识，具有广泛性、非专业性、非功利性等特点，大致分为自然科学类、人文社会科学类、艺术审美与表现类、风俗习惯类、新闻传说类及现代信息技术等。

幼儿教师应掌握的通识性知识如下。

① 具有一定的自然科学和人文社会科学知识储备。

② 了解中国教育基本情况。

③ 掌握幼儿园各领域教育的特点与基本知识。

④ 具有相应的艺术欣赏与表现知识。

⑤ 具有一定的现代信息技术知识。

3. 专业技能

专业技能是开展幼儿教育工作的实践基础，幼儿教师必须熟练掌握专业技能。幼儿教师专业技能环境创设与利用能力、一日生活的设计与组织能力、游戏活动的设计与组织能力、教育活动的设计与实施能力、激励与评价幼儿的能力、沟通与合作的能力、观察与分析的能力、反思与发展的能力。

（1）环境的创设与利用能力

创造良好的幼儿保育与教育环境能保障幼儿的生命安全，促进其身心健康发展。幼儿保育与教育环境主要包括幼儿园设施设备及环境、班级环境与氛围、师幼关系等。幼儿教师应具备环境的创设与利用能力，具体如下。

① 创设有助于促进幼儿成长、学习、游戏的教育环境。

② 合理利用资源，为幼儿提供和制作适合的玩教具和学习材料，引导和支持幼儿的主动活动。

③ 建立班级秩序与规则，营造良好的班级氛围，让幼儿感到安全和舒适。

④ 建立良好的师幼关系，帮助幼儿建立良好的同伴关系，让幼儿感到温暖和愉悦。

（2）一日生活的设计与组织能力

幼儿的保育与教育活动贯穿幼儿的一日生活安排。合理安排与组织幼儿一日生活的能力是开展幼教工作的保障。幼儿教师应具备一日生活的设计与组织能力，具体如下。

① 合理安排和组织一日生活的各个环节，将保育与教育灵活地渗透到一日生活中。

② 科学照料幼儿的日常生活，指导和协助保育员做好班级常规保育和卫生工作。

③ 充分利用各种教育契机，对幼儿进行随机教育与随时渗透。

④ 有效保护幼儿，及时处理幼儿的常见事故，在危险情况发生时优先救护幼儿。

（3）游戏活动的设计与组织能力

游戏活动是实施幼儿保育与教育工作的主要手段与方式，幼儿教师对游戏活动的设计与组织能力决定了保育与教育活动的质量。幼儿教师应具备游戏活动的设计与组织能力，具体如下。

① 设计游戏时首先考虑幼儿的兴趣需要、年龄特点。

② 充分利用与合理设计游戏活动空间，提供丰富、适宜的游戏材料，支持、引导幼儿进行游戏。

③ 鼓励幼儿自主选择游戏内容、伙伴和材料，支持幼儿主动地、创造性地开展游戏，使幼儿充分体验游戏带来的快乐和满足。

④ 引导幼儿在游戏活动中获得身体、认知、语言和社会性等多方面的发展。

（4）教育活动的设计与实施能力

幼儿的教育活动不仅强调教育目标、内容、方式与效果，还应在教育活动中渗透保育知识，达到保教相互渗透的效果。幼儿教师应具备教育活动的设计与实施能力，具体如下。

① 制定阶段性的教育活动计划和具体活动方案，根据幼儿的表现和需要调整活动，给予适宜的指导。

② 在教育活动的设计和实施中体现趣味性、综合性和生活化，灵活运用各种组织形式和适宜的教育方式，提供更多的操作探索、交流合作、表达表现的机会，支持和促进幼儿主动学习。

③ 在教育活动中渗透保育活动的内容，让幼儿在教育活动中获得品质与习惯的发展。

（5）激励与评价幼儿的能力

幼儿的成长与进步需要适当的激励与评价来进行有效刺激。幼儿教师应具备激励与评价幼儿的能力，具体如下。

① 关注幼儿的日常表现，及时发现和赏识每个幼儿的点滴进步，注重激发和保护幼儿的积极性、自信心。

② 有效运用观察、谈话、家园联系、作品分析等多种方法，客观、全面地了解和评价幼儿，并有效运用评价效果，促进幼儿的成长与进步。

（6）沟通与合作的能力

幼儿教师在保育与教育工作中不仅需要与幼儿沟通，还需要与同事、家长及社区保持沟通与合作，因此，幼儿教师应具备沟通与合作的能力，具体如下。

① 使用符合幼儿年龄特点的语言进行保教工作。

② 善于倾听，和蔼可亲，与幼儿进行有效沟通。

③ 与同事合作交流，分享经验和资源，共同发展。

④ 与家长进行有效沟通合作，共同促进幼儿发展。

⑤ 协助幼儿园与社区建立合作互助的良好关系。

（7）观察与分析的能力

因为幼儿好动、好奇，掌握的知识与经验较少，所以幼儿教师应具备较强的灵活性与掌控能力，而工作中的仔细观察与分析是提高工作灵活度与掌控性的基础。幼儿教师应具备观察与分析的能力，具体如下。

① 通过记工作日志的方法记录工作中出现的问题，并进行分析与处理。

② 定期进行总结，提炼出幼教工作中的常见问题，积累解决方案及相应对策。

（8）反思与发展的能力

幼儿教师应具备反思与发展的能力，具体如下。

① 对幼教工作中出现的问题进行反思，从反思中学习，从而得到提升与发展。

② 主动收集、分析相关信息，不断进行反思，改进保教工作。

③ 针对保教工作中的现实需要与问题，进行探索和研究。

④ 制订专业发展规划，积极参加专业培训，不断提高自身专业素质。

第二节　幼儿教师专业发展的历程

幼儿教师专业发展的历程呈现出多种表现形式，或是幼儿教师的专业素质经历"培养—提高—完善"的历程，或是幼儿教师经历"职前培养—入职培训—职后发展"的历程，或是幼儿教师经历"合格幼儿教师—优秀幼儿教师—专家型幼儿教师"的历程，或是幼儿教师经历"新手型幼儿教师—熟手型幼儿教师—专家型幼儿教师"的历程。幼儿教师凭借拥有的专业发展能力通过以上任何一种形式，都可以实现其专业发展。

一、幼儿教师专业发展概述

幼儿教师的专业发展始于幼儿教师了解与形成幼儿教师专业素质的全部内容，包括树立正确的专业理念、掌握专业知识、熟悉专业技能；在幼儿园一日生活与教学活动中持续完善这些专业素质。虽然有些幼儿教师走到这一步就停滞不前了，但优秀的幼儿教师会在这个基础上不断提升，达到自我超越。

成为幼儿教师，需要经历师范学校的职前培养、幼儿园的入职培训、幼儿园入职后的职业实践与发展等阶段，其职业角色是从学前教育专业的学生，到刚入职的准幼儿教师，再到入职后的幼儿教师。这只是一个外在的专业身份获得，如何在自我角色上进行准确定位，并将这个角色演绎得丰富多彩，就需要幼儿教师有自己专业成长和发展的思路。

二、幼儿教师个人专业发展历程

一个有想法的幼儿教师是希望在工作中有所建树的，希望经历从合格幼儿教师到优秀幼儿教师，再到专家型幼儿教师的历程，或经历从新手型幼儿教师，到熟手型幼儿教师，再到专家型幼儿教师的历程。这种蜕变过程是幼儿教师专业成长中的发展，也是幼儿教师个人专业发展历程。

基于幼儿教师个人专业发展形式的多样性，本文选取"新手型幼儿教师—熟手型幼儿教师—专家型幼儿教师"的幼儿教师个人专业发展历程进行分析与阐述，以期清晰描述幼儿教师个人专业发展历程。

（一）新手型幼儿教师

新手型幼儿教师阶段是幼儿教师专业成长的初级阶段，该阶段从幼儿教师通过入职考核开始。

1. 持续时间

新手型幼儿教师阶段大致持续 3～5 年，个人专业发展能力强的幼儿教师会较快地进入熟手型幼儿教师阶段。

① 第 1～2 年：适应每日常规工作，适应与幼儿相处、与同事相处、与家长相处、与领导相处，形成稳固的专业素质，能胜任常规的保教工作。

② 第 2～3 年：在胜任常规的保教工作后，有了自己对工作的思考与领悟，工作积极主动，乐于自我表现，进一步寻求外部的认可。

③ 第 3～5 年：进一步夯实专业素质，形成自我工作风格，初步积累保教工作经验，得到外界认可，为进入熟手型幼儿教师阶段做好充分准备，同时也了解到职业的困难与艰辛。

2. 特征

人格特征：热情、积极、主动、谦虚、谨慎、好学。

工作目标：适应并胜任工作，取得成绩，得到表扬。

工作方法：针对保育工作，结合模仿、请教及掌握的专业素质来形成保育工作方法；在教育工作中重视教学设计，并完全按照教学设计内容组织好教育教学活动；课堂掌控能力较差。

工作幸福感：因有稳定的收入及组织支持，积极情绪多，幸福感强。

（二）熟手型幼儿教师

经历了专业成长的初级阶段后，幼儿教师便进入了另一个较为高级的生涯阶段——熟手型幼儿教师阶段。

1. 持续时间

熟手型幼儿教师阶段持续的时间因人而异，有人可能经历5～8年就跨越到专家型幼儿教师阶段，有人可能需要花费15年甚至20年才能进入专家型幼儿教师阶段，而有的人可能永远停留在熟手型幼儿教师阶段，永远无法进入专家型幼儿教师阶段。

① 第1～5年：基本胜任保教工作，积累了保教工作经验，得到外界认可。

② 第5～8年：专业素质得到完善，保教工作经验提高，外界充分认可，但同时进入工作倦怠期，经常质疑工作的意义与价值，出现消极情绪与状态，也容易出现心理问题。

③ 第8～15年：专业素质进一步提高，保教工作经验丰富，外界高度认可，能够观察、分析与解决保教工作中出现的问题与状况，能调适自我情绪与状态；一部分幼儿教师开始向专家型幼儿教师阶段冲击。

2. 特征

人格特征：随和、宽容、稳重、豁达、友好、助人。

工作目标：完全胜任工作，渴望突破，实现自我。

工作方法：有自己的保教工作方法与风格，能根据实际情况及时调整工作方法与实施过程；有一定的教学策略，在工作中更强调理论与实践的结合，更深入地贯彻保教结合，更关注将管理方法与沟通艺术用于保教工作，对保教工作的掌控能力很强。

工作幸福感：对收入及组织支持的满足感下降，一些幼儿教师出现职业倦怠情绪；整体上对职业的幸福感较为稳定，但低于新手型幼儿教师的幸福感。

（三）专家型幼儿教师

专家型幼儿教师阶段是幼儿教师专业成长的最高阶段。与新手型幼儿教师阶段和熟手型幼儿教师阶段不同，专家型幼儿教师阶段并不是幼儿教师专业发展的必经之路，有人可能穷其一生也未能跨越到专家型幼儿教师阶段。

1. 持续时间

幼儿教师进入专家型幼儿教师阶段需要克服巨大的困难，需要在熟练的保教工作中实现创新与突破，要能发现教育教学领域中存在的问题并有解决对策，直至成为领域内的领军人物，影响领域的发展步伐。

2. 特征

人格特征：乐业、稳重、智慧、自信、自省、自律，充满领袖的魅力与影响力。

工作目标：实现突破，成为引导领域发展的人。

工作方法：工作中强调创新与突破，有严谨的批判精神，注重工作的过程监控与管理，制定保教工作标准与规范。

工作幸福感：对职业有强烈的认同感与使命感，并在工作中收获了成就感；有较强的、较稳定的工作幸福感。

三、幼儿教师专业发展的心路历程

从一名新任教师成长为一名合格教师，再成为一名骨干教师，最后发展为一名专家型教师，需要经历一个不断学习和成长的过程。教师在不同的发展阶段所具有的心态和行为特点是不同的，所关注的问题也是不同的。不同学者对教师从新手型教师成长为专家型教师的过程划分了不同的阶段。按照幼儿教师的专业成长发展阶段的划分，我们将幼儿教师从新手型幼儿教师成长为专家型幼儿教师的发展历程分为顺应、适应、发展、专业化 4 个阶段。

（一）顺应阶段

从学校到幼儿园，从学习书本理论到每天面对各种"状况百出"的幼儿、形形色色的家长、性格各异的同事，新手型幼儿教师起初最关心的就是自己是否能胜任幼教岗位要求，能否摆脱目前的混乱状况，顺利适应新角色。为尽快适应新角色，新手型幼儿教师应该克服内心的惶恐、焦虑和无准备状态。

该阶段的幼儿教师迫切需要得到班级管理、突发事件处理、幼儿行为问题等方面的具体指导和帮助；迫切需要家长的理解、同事的鼓励、领导的肯定、家人的安慰等精神上的支持。一般而言，师徒制的方式是对该阶段幼儿教师进行辅导的最有效的方式。幼儿教师可以通过自己寻找本园或其他园所的名师、优秀教师、骨干教师作为自己职业成长的师傅，寻求指导，提升自己。

> ▌拓展阅读▐
>
> 师徒制是指组织内资深者与资历尚浅者之间建立起来的支持性师徒关系，师傅向徒弟提供高度的支持与协助，徒弟通过观察、借鉴和模仿吸收并升华蕴含于师傅分析和解决问题过程中的知识、技能。通过职业指导、榜样示范和社会支持，师傅对徒弟在职业方面的帮助和社会心理的支持都对徒弟提高工作绩效有显著的影响。

（二）适应阶段

经过一段时间的紧张忙乱，新手型幼儿教师基本上克服了最初的惶恐、焦虑和无助，开始有了对工作的胜任感。之后，幼儿教师开始把注意力从无序杂乱的事务中转移到具体的教育教学活动中来，如怎样组织一个完整的教育活动，怎样有效处理幼儿的特殊问题。

该阶段的幼儿教师在收集信息、整理资料、解决问题方面的能力仍然欠缺，仍需要有经验的幼儿教师给予现场培训与指导。对于该阶段的幼儿教师而言，经常与有经验的同事交流，能帮助他们获得知识和技能，减少心中的不成熟感和挫败感，提高专业能力，增强工作信心。

（三）发展阶段

工作四五年以后，部分幼儿教师开始对程序化的、平淡无奇的工作模式感到倦怠。他们开始重新审视自己的教育职业。这个时候，想在专业道路上走得更远的幼儿教师开始关注学前教育的新趋势、新观点、新方法和新问题，同时开始收集、研究新的教学内容和材料，以调节、更新和充实自己。

该阶段的幼儿教师迫切需求注入新能量，因此该阶段的幼儿教师要有针对性地把工作重点聚焦于知识和技能的更新上，多参加各种教学研讨活动和科研活动，争取有机会与各地幼教专家接触，不断提高自身的专业能力。

（四）专业化阶段

多年后，幼儿教师已经掌握了足够多的概念和理论基础，能较好地整合已有的知识和经验，开始对深层次的、更加抽象的问题感兴趣，逐渐形成了自己的教学思想。

该阶段的幼儿教师愿意广泛阅读与教育研究有关的文献资料，参与课题研究和园本课程建设；愿意与不同层面的教育学者交流，参加学术会议；希望有深造的机会，获得更高的成就。这个阶段的幼儿教师培训应当包括为幼儿教师提供机会，使他们能通过研讨会来同别人分享自己的观点，通过交流来促进个人成长；鼓励幼儿教师写作和发表文章，形成自己的思想。

第三节　幼儿教师专业成长的途径

阿基米德曾说："假如给我一个支点，我就能撬动整个地球。"这种夸张式的表述蕴含着深刻的道理：如果一个人没有"撬动地球"的自信和勇气，如果没有找到用一根杠杆"撬动地球"的智慧和手段，那么他将很难取得最终的成功。幼儿教师的专业成长，又何尝不是如此？

给自己一个支点

首先，幼儿教师一定要学会自己"逼"自己。学习、反思以及进行专业写作，是幼儿教师促进自我成长的方式。可以这样说，只有反思才能改变行为，只有创新才能成就未来。教育教学工作，并不是幼儿教师谋生的一种"手段"，而应是成就自己梦想的最佳途径。但在现实中，懒惰与享乐，是幼儿教师成长路上的障碍；繁忙和烦琐，是许多幼儿教师无法静心学习、潜心研究的借口。其实，如果下定决心，学会逼自己——逼自己读书，逼自己写反思日记，逼自己创造一切机会来改正自己教学中的缺点，解决教学中的突出问题，就能有所收获。只有在这种逼迫中，才会有所得，才会有所获，才会在不知不觉中实现自我改变。

其次，幼儿教师一定要学会自己"磨"自己。磨好一个教学设计，磨好一节课，磨好一篇论文，磨好一副口才……"十年磨一剑"，磨中增耐性，磨中出悟性，磨中长才干。只有自己"磨"自己，才能改掉自己的不足，经营好自己，建构起属于自己不断成长的"心灵磨坊"，打造属于自己长足发展的精神"特区"。"磨"自己才能让自己在教育教学中变得得心应手，并逐渐形成自己的教学风格。

再次，幼儿教师一定要学会自己"量"自己。每个人都有自己的长处和短处，只有扬长补短，才能找到适合自己的成才与成功之路。这就需要幼儿教师学会"量"自己的长处与短处，"量"自己的优势与劣势，"量"自己的坚定与怯懦。只有"量"准自己，才能对症下药，才能瞄准目标，才能少走弯路。有句话说得好："每个人都是被上帝咬过的苹果，都是有缺陷的。只不过有的苹果格外香甜，上帝就多咬一口。"确实是这样。即使面对"上帝多咬一口"的缺陷，我们也无须自卑。在人生坐标系中，如果一个人不经营自己的长处——拥有一技之长，发展一技之长，并且保持浓郁兴趣，就恰恰会在自己长处的阴影中一事无成。

最后，幼儿教师一定要学会自己"疑"自己。要善于怀疑自己以前的习惯和行为，要勇于怀疑自己信奉的专家与权威，要勇于怀疑自己的假性提高与表面成长。古人云："学贵知疑，小疑则小进，大疑则大进。"虚心好学，善于怀疑，勤于发问，收获就会越来越多；兴趣和快乐，会一点点形成与增长；自己也会找到和发挥出自己潜在的力量来。有这样一句名言："播下一个行动，你就收获一种习惯；播下一种习惯，你就收获一种性格；播下一种性格，你就收获一种命运。"每一位幼儿教师的起点虽然各不相同，但是，行动由自己控制，习惯由自己改善，命运由自己把握。一线很苦很累的教师，如果能够找到一根撬动自己成功的"杠杆"，那么，这些苦和累，就会化作生命的另一种芬芳，永远滋润和飘落在自己和幼儿们的心田。

这一切看似简单，做起来却不大容易：要实现自主专业成长，主要是靠自己的主观努力。那么，一名幼儿教师怎样在自己的专业成长过程中为自己找到一个合适的"支点"？

一、专业成长及其内涵

专业成长是指人的一生中的职业历程。专业成长这个概念的含义曾随着时间的推移发生过很多变化，在 20 世纪 70 年代，专业成长专指个人生活和工作相关的各个方面。随后，又有很多新的意义被纳入这个概念中，包含了生活中关于个人、集体的方方面面。专业成长是发展的、动态的过程。它不仅包括一个人从过去、现在和未来可以实际观察到的连续从事的职业发展过程，还包括个人对专业成长发展的见解和期望。

专业成长至少包含以下 4 个方面的含义。

第一，专业成长是行为和思想双重结合的结果。专业成长主要由行为活动与态度两方面构成，要充分了解一个人的专业成长，必须从他的职业行为和职业态度两方面进行理解。

第二，专业成长是职前职后动态连续的过程。专业成长过程是人们一生中所有与职业相关的连续活动或经历。踏入工作岗位并不是专业成长的开始，它还包括从事工作前的职业准备阶段，如职业知识的储备、职业能力的获得、职业兴趣的培养、职业的选择和定位等。

第三，专业成长是受多方面因素影响的。专业成长受到教育、家庭、性格、价值观、性别、健康状况、社会环境、机遇等多方面因素的影响。

第四，专业成长是一个动态的概念。专业成长不仅意味着工作时间的长短，还包括职业发展、变更的经历和过程。

职业不只是谋生的手段，更是实现个人价值、追求理想生活的重要途径。相对而言，人的素质越高，对专业成长的期望也越高，对自我实现的要求也就越高。

专业成长是满足人生需求的重要手段。一个人的专业成长是一个漫长的过程，既可以一生只从事一种职业，持续而稳定地在其岗位上晋升、增值；也可以根据个人的兴趣、能力、价值观以及工作环境的变化而经历不同的岗位、职业甚至行业。作为个人生命中投入时间和精力最多的人生组成部分，专业成长使我们体验到爱与被爱的幸福，感受到尊重他人与受人尊重的满足，享受到美和成就的快乐。

专业成长是促进人的全面发展的重要手段。人的全面发展本质上是指人的劳动能力的全面发展，即人的智力和体力的充分、统一的发展；同时也包括人的才能、志趣和道德品质的多方面发展。在专业成长中，人们在渴望拥有丰富的知识、突出的能力、良好的人际关系的同时，也渴望在事业上有所建树，并享有幸福和谐的家庭生活和丰富多彩的休闲时光。追求成功的专业成长，最终是要获得个人的全面发展。

二、幼儿教师专业成长的特点及阶段

（一）幼儿教师专业成长的特点

总体来说，专业成长具有 4 个主要的特点。①漫长性。它是一个人在职业岗位上所度过的漫长岁月的整个历程。②独特性。它是个人为实现自我而逐渐展开的一种独特的生命历程。③综合性。它可以分为外专业成长和内专业成长。④互动性。它不完全是受个人支配的，还受到各方面的影响，除了本人对专业成长的规划和设计之外，家庭、组织、社会环境等方面的因素也会对专业成长产生影响。

（二）幼儿教师专业成长的阶段

幼儿教师的素质及其工作成绩或成果最能反映幼儿教师的成长和变化。通过对幼儿园骨干教师进行研究，我们能够比较科学地描述幼儿教师专业成长的全过程。在这里，我们把幼儿园骨干教师的专业成长分成 4 个阶段：准备期、适应期、发展期、创造期。在每个阶段结束时，他们可以分别被称为新任教师、合格教师、骨干教师、专家型教师。具体来说，每个阶段都有其独特的特点。

1. 准备期

准备期是指幼儿教师从事幼教工作以前接受的学习和实习的阶段，包括综合知识的学习和专业知识与技能的学习。准备期主要是在师范教育阶段，这个阶段的学习对幼儿教师以后的专业发展道路有重要影响。在准备期所积累的专业知识和技能功底，直接影响着幼儿教师未来的职业生命力。幼儿教师走上工作岗位标志着准备期结束。

准备期的幼儿教师有以下素质特点：第一，以学习书本知识为主，缺乏实际经验；第二，所习得的知识和经验具有表面化的特点；第三，形成了幼教工作所需要的一部分独特的素质。

幼儿教师在职前准备期的素质如何，取决于多种因素，包括家庭和学校两方面。其中对幼儿教师的素质高低起决定作用的因素是幼儿教师自身在准备期是否勤奋，学习是否得法。

2. 适应期

适应期是幼儿教师走上工作岗位，从没有实践体验到初步适应幼儿园教育教学工作，具备最基本的教育能力和其他素质的阶段。在这个阶段，幼儿教师要完成由学生到幼儿教师的角色转换，要实现从间接经验到直接经验的转化，包括熟悉幼儿园的工作环境和工作常规，熟悉教学内容，熟悉备课和上课等。适应期的幼儿教师通常被称作新手型幼儿教师。当幼儿教师能够适应和胜任教育教学工作时，意味着其适应期的结束，此时的幼儿教师可以被称为合格教师。

适应期的幼儿教师有以下素质特点：第一，幼儿教师开始形成实际的、具体的、直接的知识和经验；第二，幼儿教师开始形成初步的教育教学实践能力；第三，此时幼儿教师的教学水平还处于较低的层次，还不够全面和平衡。

幼儿教师专业成长中适应期的长短因人而异，并不是统一的，它取决于以下一些因素：幼儿教师在职前准备期的素质高低，幼儿教师在适应期是否得到有经验的幼儿教师的帮助指导，幼儿园是否为幼儿教师提供较好的教育教学实践平台，幼儿教师自身是否努力，等等。

3. 发展期

发展期是指幼儿教师初步适应岗位后，继续锻炼自己的教育教学能力并提高素质，使自身的教育教学能力达到熟练程度的时期。在发展期，幼儿教师的能力得到提升，他们对工作充满了活力。与此同时，幼儿园会对幼儿教师提出更高的要求，希望他们成为好教师和有经验的教师。幼儿教师也开始注重对教育教学实践的理论总结，逐渐形成自己的教学风格。

发展期的幼儿教师有以下素质特点：第一，在专业水平上，向熟练化、深广化发展；第二，在专业技能上，向全面化和整体化发展；第三，在专业理念上，由注重自己的教转向注重幼儿的学。

4. 创造期

创造期是幼儿教师由固定的、常规的、自动化的工作状态进入探索和创新的时期，是形成自己的独到见解和教学风格的时期。

创造期的幼儿教师有以下素质特点：第一，具有创新性思维，已经形成了问题意识、反思意识、创新意识；第二，具有探索能力，开始就某些问题进行专门的探讨；第三，具有教育家思想，注意理论总结，开始形成自己的教学风格、教学模式和教育思想。

在创造期，有的幼儿教师能够不断创新，不断探索教育问题，并能够形成比较系统的见解，逐渐成长为教育专家甚至教育家。

三、幼儿教师专业成长的影响因素

幼儿教师的专业成长受到很多因素的影响。支持性、鼓励性和援助性的因素能够帮助幼儿教师追求积极的职业进步，反之，引发冲突的和带来压力的因素会对幼儿教师的专业成长产生负面影响。各种影响因素常常是相互作用的，我们很难确定影响幼儿教师专业成长的特定因素。影响幼儿教师专业成长的因素分为个人因素、组织环境、专业知识和专业技能。

（一）个人因素

来自个人环境的变量中，影响幼儿教师专业成长的因素有家庭、临界事件、生活状态、个性特征、择业动机与态度、业余爱好以及幼儿教师经历的生活发展阶段等。这些因素不断影响着幼儿教师的工作行为，成为幼儿教师的专业成长驱动力。下面只对个人环境中一些影响专业成长的组成要素进行描述。

1. 家庭因素

对于幼儿教师的专业成长来说，家庭因素起到的作用可能是积极的，也可能是消极的。如结婚、幼儿的出生、父母及配偶的鼓励和支持等家庭因素，可以为幼儿教师奠定支持和安全的基础，会使教师的专业成长更加顺利。如爱人生病、近亲死亡、经济困难、配偶不支持等家庭因素，会给幼儿教师的专业成长带来巨大的阻力。

2. 个性特征

每个人都是独特的。经验积累、志向与目标以及个人价值观，这些因素的结合决定了一个人的个性特征。个性特征影响着一个人的职业抉择与发展方向。

另外，每名幼儿教师的情感、意志、兴趣、能力、性格等直接影响着他对问题的处理效率和效果。个性心理品质比较强的新手型幼儿教师在遇到问题时，总能找到解决问题的途径和策略。例如，在现实的工作场景中，新手型幼儿教师如果遇到棘手的问题，能够积极主动地向有经验的同事请教，在实践中留心观察，并且不断总结和反思，那么他们将能很顺利地完成角色适应过程。然而，在现实情境中，很多新手型幼儿教师难以很快地融入现实工作场景，难以做到虚心向经验丰富的同事请教；还有一部分新手型幼儿教师不够耐心和细心，一旦被拒绝或感到被怠慢便垂头丧气、怨天尤人。这些都影响着个体专业成长的发展。

3. 择业动机与态度

动机是满足需要而追求特定目标实现的意识，引起动机的内在条件主要是需要、兴趣、价值观念和抱负水准。在不同的生活阶段，每个人经常会反思职业、家庭、生活目标以及个人的优先考虑因素。很多幼儿教师当初在选择幼儿教师职业时缺乏清晰的职业认知，可能是迫于家里的压力或是高考成绩所限而不是出于自己的兴趣，没有对幼儿教师职业形成清晰的认识；有些幼儿教师之所以选择这一职业，是因为幼儿教师有很长的假期，工资待遇也不错，没有对幼儿教师这个职业所必须担负的责任有一个清晰的了解。怀着这样的心态走上幼儿教师这一工作岗位，其职业方向不坚定，解决困难、战胜挫折的信心和勇气便会大打折扣。一旦遇到挫折或者其他诱惑，他们就会被击败或改变其职业选择，另谋他就。

4. 业余爱好

业余爱好是幼儿教师发挥才能、体验成功和获得认可的另一种渠道，它可以为幼儿教师的专业成长提供动力。幼儿教师可以发展的业余爱好包括业余兴趣活动、志愿服务、旅游和体育锻炼等。

（二）组织环境

幼儿园的组织环境是影响幼儿教师专业成长的又一重要因素。起影响作用的变量有规章制度、行政领导的管理风格、公众信任因素、社会期望因素等。这些因素中的支持性倾向会强化和鼓励幼儿教师在专业成长中向前迈进；相反，这些因素中的反对性倾向则可能对幼儿教师的专业成长造成负面影响。

1. 规章制度

幼儿教师要遵守来自园所、教育行政机构等的规章制度。这些规章制度通常规定了幼儿园的教学秩序和结构，反映出教育系统、社会和国家的目标与价值观。然而，规章制度的不合理执行和落实可能会导致工作僵化，对幼儿教师产生负面影响。例如，规章制度中的课程标准及有关测量或评价要求等可能被部分幼儿教师误解或僵化执行，以致影响其课堂教学和专业成长。

2. 行政领导的管理风格

行政领导的管理风格可能对幼儿教师的个人专业成长产生很大的影响。如果行政领导营造的是一种信任与支持的氛围，那么幼儿教师的反应肯定是积极的；而缺乏信任、以监控为主的管理则会降低幼儿教师的职业热情。

3. 公众信任因素

公众的信任因素会对幼儿教师的专业成长和工作效果产生深刻的影响。在积极的氛围中，公众信任幼儿教师和幼儿园，这会提高幼儿教师的自尊感，并使幼儿教师以积极的态度对待教学工作；相反，公众不停地抨击或批评幼儿园和幼儿教师，肯定会对幼儿教师的自我评价产生负面影响。

4. 社会期望因素

除了公众信任因素以外，社会对幼儿园的期望也以多种形式影响幼儿教师的专业成长。社会目标、伦理规范、价值观念、期望抱负等都起着重要的作用，如各种特殊利益集团、全国性和地区性有关幼儿园和幼儿教师的报告所产生的影响。这些外部期望的一种表现形式是对幼儿园活动的财政资助。幼儿园运行和改革所需要的预算资助水平，幼儿园基建需要的资助力度以及来自社会组织或通过与教育行政部门合作的基金资助强度，都反映出这一点。

（三）专业知识

教师的专业知识是教师胜任教育教学工作所必须具备的知识，是被教育实践证明了的、真实准确的、可以指导教育教学实践中的问题的经验。幼儿教师是教师队伍中不可忽略的重要力量，同样需要具备一定的专业知识作为胜任幼儿保育教育工作的条件和保障。然而，由于服务对象的特点以及幼儿教育工作的特殊性，幼儿教师的专业知识也有了自己的相对独特性。根据教育部颁布的《专业标准》，幼儿教师的专业知识由"幼儿发展知识""幼儿保育和教育知识""通识性知识"3个部分组成。

1. 幼儿发展知识

按照《专业标准》的要求，幼儿教师必须具备的幼儿发展知识可以归纳为 4 个方面：幼儿身心发展的一般规律知识、发展的年龄特征与个体差异知识、发展中的常见问题与有特殊需要幼儿的相关知识，以及有关幼儿生存发展权利的法律法规知识等。

2. 幼儿保育和教育知识

《专业标准》中幼儿教师必备的幼儿保育和教育知识涉及 5 个方面的内容：幼儿园教育的目标、任务和基本原则，幼儿园教育的内容、途径与方法，幼儿卫生保健与安全，幼儿学习与发展的基本方法，幼儿园与其他阶段的教育衔接。

3. 通识性知识

20 世纪 60 年代，斯坦顿对育儿学校的幼儿教师进行了这样的描述：他应该具有相当的教育程度，他应该有心理学及医学的博士学位，最好还有社会学的基础；另外，他也应该是经验丰富的木工、水泥工、水电工，还应该是训练良好的音乐家及诗人……这样到了 83 岁时，他就可以当幼儿教师了！用这样的标准去要求幼儿教师，显然是过于理想化了，但这段话启示我们：幼儿教师不仅需要具备专业知识，还需要具备广博的科学文化知识。

《专业标准》中幼儿教师的通识性知识包括一定的自然科学和人文社会科学知识、相应的艺术欣赏与表现知识、一定的现代信息技术知识等。其中，自然科学知识和人文社会科学知识，是幼儿教师需掌握的通识性知识中的主要部分。

（四）专业技能

幼儿教师的专业技能是通过保育和教育实践得以体现的，也是在保育和教育实践的过程中不断生成的。幼儿教师的专业技能也是其专业理念与师德、专业知识和专业行为相互作用的结果。幼儿教师专业技能的提升是一个渐进的过程。内力和外力的共同作用，加上有意识的规划和适宜的条件等因素，有利于加快幼儿教师专业技能的提升。

幼儿教师专业技能的发展过程是一个具有连续性和终身性的过程，可以大致地分为以下 3 个阶段。

① 生成阶段。这是新手型幼儿教师刚刚走上工作岗位时的能力发展阶段。新手型幼儿教师通过实践将职前教育习得的专业知识技能转化为自身的专业技能。

② 再造阶段。随着教育经验的积累，幼儿教师的专业技能不断提高，从而能够应对各种比较复杂的教育情境和教育实践，具有能根据幼儿的需求提供更加个性化和有针对性的教育的技能。

③ 创造阶段。幼儿教师经过长期的学习、实践，其专业技能达到了很高的水平，具备了通过研究不断创新的能力，能够根据幼儿身心发展的规律和教育规律和自己的研究解决遇到的问题，创造新的更加适宜有效的教育教学活动方式和方法。

四、实现幼儿教师专业成长的策略

（一）园本教研

幼儿园要建立研修团队，组织经常性、制度化的教育教学活动研究和培训活动，引领和促进幼儿教师的专业能力提升。幼儿教师个体也要积极参与幼儿园的各项研修活动，在与同伴的观念碰撞与经验分享中，在幼儿园业务园长和专家的引领下，不断提升自己的专业能力。

1. 园本教研的内涵

园本教研是"立足幼儿园自身的成长与发展需求，以园为本的教学活动研究"的简称。它以幼儿园为研究基地，以园长和幼儿教师为研究主体，以幼儿园教育教学活动实践中的真实问题为研究对象，以促进师幼共同发展为研究目的而开展的研究活动，是幼儿园贯彻落实《幼儿园教育指导纲要（试行）》、促进幼儿教师专业自主成长、推动幼儿园教育质量提高的有效途径。

2. 园本教研的要素

幼儿教师个人、幼儿教师集体、指导专家是园本教研的 3 个核心要素。园本教研强调幼儿教师的主体参与和个人反思，强调每所幼儿园作为一个学习型组织在教研活动中的整体作用，强调指导专家在教研过程中的参与式介入与合作。

幼儿教师个人——自我反思。自我反思是幼儿教师与自我的对话，是开展园本教研的基础和前提。幼儿教师通过记录教育笔记、教养日记、教学活动反馈的形式进行自我反思。

幼儿教师集体——同伴互助。同伴互助是幼儿教师同伴之间的对话。园本教研强调幼儿教师在自我反思的同时，加强幼儿教师之间的专业切磋。幼儿教师通过个人反思的分享以及交流会、问题板、案例研讨、观点辨析等形式进行同伴互助。

指导专家——专业引领。专业引领是园本教研得以深化发展的重要支撑。尽管园本教研是在本园内开展的教学活动研究，是围绕本园的问题进行的，但它应当是一种在理论指导下的实践研究，不应当局限于本园。专业引领的形式多样，可以是学术专题报告、理论学习辅导讲座、教学现场指导、教学专业咨询（座谈），以及专业研究人员与幼儿教师共同备课、听课、评课等。

幼儿园在园本教研中不仅要注重幼儿教师个人的反思，鼓励幼儿教师同伴间的互助合作，还要通过集体研讨共同诊断问题、寻找对策、分享经验、挖掘价值。只有充分地发挥自我反思、同伴互助、专业引领各自的作用并注重相互间的整合，才能有效地促成以园为本的教学研究制度的建设。

3. 园本教研的特征

① 研究问题的本土性与针对性。园本教研是立足于某一幼儿园的教学需求和实践，以解决本园幼儿教师在教育教学活动中遇到的独特而难以解决的问题为目的的教研。

② 研究人员的群体性与多元性。园本教研的目的决定了幼儿教师共同参与的群体性。园本教研只有吸纳各方有识之士，组成优势互补的教研共同体，才能切实推进教研的进展。如与高校、教研机构、教育管理部门通过合作研究，实现优势互补。

③ 研究价值的现实性与实效性。园本教研追求的是对幼儿园教育实践的改进而不是教育理论方面的建树。通过园本教研，幼儿教师吸纳和利用各种经验、方法和理论，分析幼儿园实际问题，探寻优化和解决问题的决策。

④ 研究过程的开放性与发展性。园本教研的问题源于幼儿园教育教学的实践，参与研究的幼儿教师是在教学活动中边实践边教研。幼儿教师在研究过程中及时吸纳他人的研究成果，紧紧把握时代的脉搏，不断深化认识，提高教研质量。

拓展阅读

园本教研的基本过程

不同于幼儿教师日常教学活动，园本教研是一种研究。园本教研有自己的基本操作过程。园本教研的基本操作过程包括提出与聚焦问题、设计方案并行动、交流反思。

过程1：提出与聚焦问题

这个过程是发现问题和提出初步解决问题的设想的过程。园本教研所针对的问题是幼儿教师自己在教育教学实践中发生的真实问题。需要说明的是，虽然园本教研的问题来源于实践，但并不是实践中的所有问题都可以纳入园本教研的范围。园本教研研究的问题必须具有普遍性，并指向具体而明确的实践，是经过幼儿教师的思考和反思的真问题。只有这样，研究才会有针对性，才会有指导作用，幼儿教师才会喜欢研究。

过程2：设计方案并行动

这是幼儿教师通过共同体之间的对话来寻求最优化的方案并选择适宜的研究方式和工具的过程。

通过对话寻求最优化的问题解决方案，是指幼儿教师彼此之间进行平等、自主的交流，从而使幼儿教师的相关知识进行重组和建构，最后得出最优化的解决方案。这种对话一般经历3个过程：描述，即对整个教学事件进行真实的描述；澄清，即通过追问等形式，澄清假设和相关观念；质疑，即检验教育观念和理论假设的合理性。值得一提的是，这种对话不仅仅贯穿这个过程，而是要贯穿园本教研的全过程，最终才能达到对问题的有效界定和解决。

幼儿教师要根据自己研究的需要选择适当的研究方式和工具。适合幼儿教师进行研究的方式或手段有很多，如教学档案袋、教师笔记、案例分析、教学叙事、录像、视频等。在园本教研中，不存在绝对的"最优方法"，只要是能达到园本教研目的的方法，就是最合适的方法。

过程3：交流反思

交流反思是增强幼儿教师的问题意识，进一步挖掘问题背后隐藏的教育理念和困惑，并构建幼儿教师实践智慧和知识的重要途径。在园本教研中，交流反思有不同的层次，既有单个幼儿教师的自我反思，也有幼儿教师团体的反思，还有管理者的反思。

自我反思是幼儿教师个体对自己在教育教学中的所作所为以及产生的结果进行审视和分析。幼儿教师团体的反思是幼儿教师集体进行对话交流，共同对园本教研的过程进行思维碰撞，重组和建构相关知识结构。管理者的反思，指的是管理者从管理的视角对园本教研的整个过程进行的反思。

4. 常见的园本教研形式

（1）观摩学习骨干幼儿教师的示范课

对新手型幼儿教师而言，专业成长的一个主要途径就是观摩和模仿优秀课例，通过观摩示范课并与执教教师交流，了解上课的基本流程、教学环节上的设计、语言组织和问题设置等细节问题，从而反思自己的教学活动，在比较和反思中取得进步。

（2）开展同课异构

同课异构是能提高新手型幼儿教师业务能力的活动。以教研员的"引"、骨干幼儿教师的"帮"等为形式，开展"一课多人上，一课同人多次上"的活动，能提升新手型幼儿教师的业务能力，做到课课有研讨、次次有反思。开展同课异构的过程中，新手型幼儿教师通过去找资料，去丰富自己的理论知识，去反思自己的活动，形成一个个成熟的活动方案。可以说，这样的教学活动才是有意义、有价值的活动。

（3）参与全员示范观摩课

参与全员示范观摩课，与其他幼儿园相互观摩学习。把优秀幼儿教师请进来，或让优秀幼儿教师走出自己的幼儿园去上示范观摩课，在一个更大的平台上交流学习，开阔自己的视野，并依据自己幼儿园的基本情况吸收他人的新方法、新点子，丰富自己的教学活动。

（4）参与课题研究。"课题"就是要尝试、探索、研究或讨论问题，是指为解决幼儿园教育教学过程中一个相对独立而单一的问题而确定的最基本的研究单元。我们经常说"立项"，有的人把"课题"称"项目"，实际上课题与项目既有联系又有区别。课题是科学研究的最基本单元，具有较为单一而又独立的特征；而项目是由若干彼此有联系的课题所组成的一个较为复杂的、带有综合性的科研问题。

近几年，青年幼儿教师增多，教育行政部门也加强了对幼儿园的专业引领，许多幼儿教师已经有了做课题、写课题计划及论文的意识，认识到教育科研不是高不可攀、遥不可及的事，幼儿园的教研活动也有了蓬勃生机。

5. 几种最新的园本教研形式

（1）幼儿园教师研究工作坊

幼儿园教师研究工作坊是以自组织性、团队合作性、自然真实性、灵活性为特征的学习研究组织形式。幼儿教师自由组合成团队，团队共同选择和决定研究内容，根据共同的研究目标和目的来研究问题，促进自身素质和整个教师团队水平的提升。活动时间和研究主题都十分灵活并和教育教学实践密切相关，幼儿教师之间可以就幼儿园教育过程中发现和遭遇的各种问题进行沟通、及时解决和处理。

幼儿园教师研究工作坊不限制活动时间，不约束活动次数，可以根据幼儿教师的计划和安排申请活动经费，幼儿园方面根据申请提供合理支持。这种园本教研形式灵活自由，没有领导和固定模式的约束，在行动上采取自我管理、自我发展的形式，自行创生和演化，极具生命力。

幼儿园教师研究工作坊的主要研究形式如下。

情景触动式：在实践中，幼儿教师受一定具体情况的触动，往往会迸发出灵感的火花，这使幼儿教师在活动中受到启发，创造性地开展工作，产生更多见地与感悟。

多点聚焦式：针对教育教学实践中的具体问题，不同的幼儿教师从不同的视角提出多种不同的解决方案和见解。它促使幼儿教师思考自己的教育教学行为，并尝试在实践工作中进行创新和突破，从而展开更加深入的研究。

持续跟进式：确定一个研究主题，制订研究计划，每实践到一个阶段就进行反思、总结与交流，再进行下一步的研究；每一个研究阶段关注不同的焦点，保障研究的持续开展，确保研究能够真正解决幼儿园的实际问题，解决幼儿发展中的各种疑难问题。

幼儿园教师研究工作坊的其他研究形式有激情创建式、整体联动式、案例研究式、闲暇交流式。

开放多元的研究形式最大限度开发了幼儿教师的潜力，促进了幼儿教师的专业成长，它是目前颇为流行的一种幼儿教师提升自我的方式。与一般的教研形式不同，幼儿园教师研究工作坊除了一人主讲之外，其他人要在坊主的指导下，通过讨论和活动实践主动地表达自己，从而在某个方面获得知识和能力的提升。幼儿园教师研究工作坊讨论的话题更有针对性，是每个参与者感兴趣的。

（2）区域联盟

区域联盟是在共同发展与均衡发展的框架下，寻求不同地域之间、城乡之间、园际之间学前教育的共同发展，通过联盟实现学前教育优质资源的互通与共享、师资队伍的交流与优化、教育投资的互帮与扶持等；在联盟思想的指导下，创新园本教研形式，区域推进园本教研，为各幼儿园之间的研讨注入新的理念，搭建教学研究的平台，提高幼儿教师的教育科研能力和水平，成就幼儿教师的可持续发展。

区域联盟园本教研方式是一种新的合作模式，它有助于形成和谐互助的人际关系和学习研究氛围，具有自主性、多元与开放性、规范与保障性等方面的优势。

区域联盟园本教研在实施的过程中，首先要明确研究问题的本质与界限；其次要利用相关制度解决现实存在的问题，同时加强幼儿教师培训，营造科研氛围，提升幼儿教师的文化层次。

（二）园本培训

1. 园本培训的内涵

幼儿教师园本培训就是为了满足幼儿园和幼儿教师的发展目标和需求，由幼儿园自己发起组织，立足于幼儿园实际而开发进行的师资互动式培训，旨在提高幼儿园整体办学实力和教育质量，促进幼儿园的可持续发展。

2. 园本培训的特点

① 针对性。幼儿教师园本培训立足于幼儿园工作岗位，培训目标是提升幼儿教师的教育教学能力；针对不同年龄段、幼儿教师特长设置课程；教学内容等均根据幼儿教师的实际要求确定并量身打造。

② 自主性。园本培训的主体是幼儿园和幼儿教师，幼儿园和幼儿教师有充分的培训自主权。

③ 灵活性。园本培训根据幼儿园和幼儿教师的实际，在内容设置、方法选择、对象组合、时间安排等方面具有广泛的灵活性。

3. 园本培训与园本教研的关系

如果说园本教研是幼儿园日常教研活动的主体，那么园本培训就是临时性的、突击性的培训。如果说园本教研侧重解决的是日常性的、需要长时间才能解决的问题，那么园本培训侧重解决的是那些临时性的、应急性的问题。因此，园本培训和园本教研密切相关、相互配合。很多情况下，有些问题由园本培训开头，再由园本教研具体落实和检验。

4. 园本培训有效实施的策略

（1）增强幼儿教师参与园本培训的动机

幼儿教师需认识到，参加园本培训不是为了应付幼儿园里的任务，而是为了促进自身的专业发展。在实践中，我们发现幼儿教师"说出来"的与"做出来"的会脱节，这就表明幼儿教师虽然嘴上说的是新理念，但那不一定就是他自身的观念。所以，我们要通过园本培训使幼儿教师认识到自身的问题，并帮助其解决问题，增强幼儿教师参与园本培训的动机。

（2）聘请专家来园引领

有调查显示，幼儿教师认为在专家的引领下，他们获取专业理论知识和技能的实效性及科研能力增长显著。因此，园本培训不能仅仅局限于本园内的幼儿教师，还要积极地"走出去"和"请进来"，为园本培训的持续发展提供活力。

（3）将课程实施与专题培训相结合

青年幼儿教师的课程预设能力通常较差，他们会在活动开展的各个环节碰到各种各样的问题。为此，幼儿园应安排有经验的幼儿教师帮助青年幼儿教师找出问题，并给出改进意见；可以组织青年幼儿教师边学习优秀的课例边走进现场，开展具体内容的研讨；还可以开展角色游戏指导方式专题培训，使青年幼儿教师真正理解教育理念。

（4）多种培训方式相结合

由于青年幼儿教师的个性差异明显，不同的青年幼儿教师可能对培训方式有不同的需求，因此多种培训方式相结合才能取得更好的效果。通常而言，交流式培训更能营造宽松的氛围，让青年幼儿教师能更自主、自信地敞开胸怀，讨论问题。不过，这种方式不够正式，因此在开展交流式培训的同时，还宜开展研讨式培训。研讨式培训以教研组、年级组活动为载体，以行动研究为主要方式，聚焦教学活动现场，让青年幼儿教师有机会共同斟酌的教学方式，解决教育上的困惑。此外，案例式培训、对话式培训也是颇受青年幼儿教师欢迎的园本培训方式。

（三）行动研究

行动研究是近些年来我们常听到的一个名词，究竟什么是行动研究？

1. 行动研究的内涵

行动研究指的是幼儿教师为了提高教育教学实践质量，解决教育教学实际问题而开展的基于反思的研究活动。研究的主体是幼儿教师，研究的对象是幼儿教师自身的教育教学实践，研究的目标是提高教育教学实践质量，研究的方法是以质的研究方法为主，辅以课堂观察、问卷调查等方式。行动研究就是幼儿教师对教育行为实践、分析、再实践、反思的一个反复过程。

2. 行动研究的特点

我国学者刘华良认为，行动研究的关键性特征包括参与、改进、系统与公开。

① 参与。它指幼儿教师参与研究并成为研究的主体。

② 改进。首先，"改进"指改进教学实践，也可以理解为在教学实践中解决问题；其次，"改进"指改变幼儿教师对实践的理解，包括幼儿教师的"内隐理论"或"个人化理论"的改变；最后，"改进"也指变革实践所处的社会情境。

③ 系统。"系统"在行动研究中主要是指系统地收集资料和分析资料，使行动研究具有科学性。

④ 公开。"公开"意味着幼儿教师公开自己的研究过程、发表研究成果，使自己的研究成为公开的探究；意味着幼儿教师与其他教师或研究者合作，而不是私下的个人化操作。

3. 行动研究的过程

许多研究人员都提出了行动研究过程模型。因为行动研究是一个动态过程，所以有不同的模型，但是各种模型都具有许多相同的要素。综合国内外学者的看法，可以发现行动研究大致上包含了问题确定、情境厘清、规划制订、行动实践、反思检讨、行动评监、行动修正与实践等反复循环的过程，直至研究者认为问题已经解决或研究目的已达到或研究进入最后公开发表阶段，并将这一行动研究正式结束。

4. 行动研究促进幼儿教师专业成长的策略

幼儿教师在行动中反思，通常需要经过以下 4 个步骤。

① 行动（实践）。

② 对行动进行描述：尽量白描，将行动的主体、发生发展的过程、有关人员的思考等详细记录下来。

③ 对行动的描述进行反思：分析自己为什么这样做、这样想，挖掘行动背后的理论。

④ 对行动的描述的反思进行反思：反思自己反思的方式、思维习惯和定式，同时在技术层面和人际互动层面上进行反思。

行动研究的价值还在于改变幼儿教师的专业生活方式，让幼儿教师在付出精力的同时，能够补充知识、提升智慧、强化能力，体验创造之幸福。通过行动研究，幼儿教师可以主动学习，在专业上获得更迅速的发展。当幼儿教师将从事研究视为一种习惯时，他便成了一位真正的专业教育人员。

第四节 幼儿教师专业发展规划的制订与实现

一、幼儿教师专业发展规划的基本内涵

专业发展规划指个人将自己与所在单位的实际情况相结合，在对影响个人职业发展的

主客观条件进行测定、分析、总结的基础上，对自己的兴趣、爱好、能力、特点进行综合分析与权衡，结合时代和社会发展需求，根据自己的职业倾向，确定最佳的职业奋斗目标，并为实现这一目标而制定的行动方案。它能帮助个人正确认识自己，根据主客观条件设计出合理且可行的职业生涯发展方向，有助于实现个人职业目标。

幼儿教师专业发展规划是指幼儿教师为自己的专业发展设计的一个蓝图，是幼儿教师结合自身、幼儿园的实际情况，并针对决定个人专业成长的内在和外在因素进行分析和评析，确定个人的奋斗目标，以实现个人发展与园所教育效果提升的统一的过程。

幼儿教师专业发展规划能够为幼儿教师自身的专业发展提供引导和监控，也能为自身专业发展的反思提供一个参照框架。幼儿教师的专业发展取决于自身的发展意愿、努力程度和策略。规划自己的专业发展并成为一个自我导向的发展者，这就是实现幼儿教师专业发展的重要策略。

二、专业发展规划对幼儿教师成长的积极意义

（一）专业发展规划对幼儿教师的成长具有指导作用

制订专业发展规划有助于幼儿教师认清自己人生与事业的目标，这一目标是建立专业发展规划的基础和前提。在确立目标的过程中，幼儿教师要深入地进行自我分析，从而明确内心的需要，正确认识自身的特质、综合优势与劣势、潜能，并评估个人目标与现实之间的差距，进而树立明确的专业发展目标与人生理想。幼儿教师在把握自我、熟悉教学环境的基础上进行专业发展规划，能够使自己理智地找到职业生涯的起跑线。筹划未来的发展愿景，做好专业发展计划，并据此调控教育活动和学习活动，这对幼儿教师的成长具有指导作用。

（二）专业发展的动态规划能充分激发幼儿教师专业发展的内驱力

唤醒幼儿教师专业发展的内驱力是实现幼儿教师专业成长的前提。行之有效的专业发展规划必然有详细的发展内容和明确的发展策略，这两部分内容一定是幼儿教师在全面分析的基础上，结合自身的潜在能力而最终确定的。换句话说，幼儿教师的未来发展重点一定是有利于发掘其潜能并使其持续增值，也必将会是增强其个人实力和竞争能力的重要突破点。这种规划是动态的，是建立在自身需要、动机等内驱力之上的。幼儿教师要在与他人的交流互动中找差距，感受职业的劳动价值；在听课、评课、参加活动中找差距，感受正向的、积极的动力，静下心来不断学习，克服困难，不断锤炼自己。这种动能形成了幼儿教师对教育的精益求精的态度，对自己的严格要求和自我发展的意识。根据自己的发展水平动态规划自己的专业发展方向并不断调整，这能使幼儿教师尽快进入专业发展的快车道。

（三）专业发展规划有助于幼儿教师克服职业倦怠感，增强幸福感

许多幼儿教师在初入职场时，无法清楚地认识自己的优势和劣势，缺乏专业发展规划

的意识，对于自己的人生目标和社会目标以及自己在一生中所经历的发展阶段等，更是缺乏理性的思考和设计，只是被动地听从安排，随波逐流，久而久之就会因无法应付外界超出个人能力和资源的要求而产生职业倦怠。因此，通过制订有效的专业发展规划，幼儿教师可以认识到自身的兴趣、特长、现在和潜在的资源优势以及自身的价值，树立专业发展目标和职业理想，并为实现自己的理想和目标努力奋斗，在行动过程中获得巨大动力，实现人生价值，在心灵和精神的层面获得满足感和幸福感。一般来讲，有效的专业发展规划能够使幼儿教师在工作的过程中体验到工作带来的成就感，从而激发其朝着下一个目标努力奋发，这样其每刻都拥有积极的心理状态，工作、生活的质量自然就有所提高。

三、幼儿教师专业发展规划的内容

（一）自我评估

1. 基本信息
基本信息包括幼儿教师的性别、教育背景、家庭背景、个人现状等方面。

2. 个性心理特征
个性心理特征分析是指幼儿教师从自己的性格气质、兴趣价值观、能力等方面进行自我分析。

3. 职业分析
职业分析包括幼儿教师对自身已有的专业发展水平、当前专业问题、专业发展需要的分析。

4. 幼儿园环境分析
幼儿园环境分析是指幼儿教师在自我评估中会考虑的幼儿园的发展规划、幼儿园的发展理念、幼儿的需求。

（二）职业目标

职业目标分为短期目标和中长期目标。一般短期目标的时间跨度为 6 个月到 1 年，中期目标的时间跨度为 3～5 年，长期目标的时间跨度为 10 年以上。短期目标是中长期目标实现的基础，两者要在内容上体现一致性。

注意：幼儿教师确立职业目标时需注意：①设定的职业目标与自我评估是否匹配；②设定的职业目标和幼儿园发展目标是否一致；③职业目标的实现是否会对幼儿学习产生积极的影响。

（三）发展策略

拟定发展策略是设计行动方案的重要部分，包括如何掌握和开发可以利用的资源的策略、如何高效利用时间的时间管理策略及如何管理心态的心态调整策略等。

拟定发展策略要注意：①发展策略要符合个人特点；②发展策略要符合个人目标；③发展策略要具有可行性。

四、幼儿教师制订专业发展规划的步骤和方法

（一）充分认识自己的发展状况

影响个人成长的关键因素是幼儿教师本人。对自我从家庭、个性特征、专业兴趣等方面进行全方位的剖析，做到真正地了解自己，是制订自我专业成长规划的第一步。

首先，幼儿教师要了解自身现有的发展水平。幼儿教师的工作、生活离不开教学活动场地、办公室和家庭，那么幼儿教师的现有发展水平可以从课堂教学、同事交往及家庭生活三大部分加以考察，从而得出关于幼儿教师自身能力、素质、师德等方面的一些量化或质性的结论。

其次，了解实际还必须指向过去。对现有发展水平的考察并不是自我了解的终结。幼儿教师还必须分析形成现有发展水平的直接和间接原因，即为什么自己在某些方面比较强，而在另外一些方面又显得比较弱。

最后，幼儿教师还需要对自己的发展潜力进行估计，这是了解自身的真正目的。发展潜力的估计要立足于对发展原因的分析。幼儿教师现在在某些方面取得了一些成绩，而这些成绩是自己付出了比别人更多的努力赢得的，那么幼儿教师在这一方面的发展潜力可能就不大；相反，幼儿教师目前在某些方面可能稍有不足，但自己在这些方面的发展很快，而且也很有兴趣，那么这些方面就可能是幼儿教师的潜力所在。

（二）分析幼儿园的发展资源和发展环境

幼儿园能为幼儿教师提供多大的发展空间，幼儿园的发展环境是否适宜幼儿教师的专业发展，幼儿园能够为幼儿教师的发展提供哪些可供利用的资源，幼儿园领导是否注重幼儿教师的持续发展……这些都是幼儿教师在制订个人专业发展规划时需要思考的问题。

幼儿园的发展与幼儿教师的专业发展是紧密相连的。一般来说，同样发展水平的幼儿教师在不同的幼儿园里教学，经过一段时间的成长与发展，肯定有一定的差别。选择优质的幼儿园固然重要，但充分利用幼儿园现有的发展资源同样重要。那么幼儿园现有的发展资源有哪些？幼儿园现有的发展资源主要包括幼儿园运行制度、办学思路、可开发的课程资源和幼儿教师的总体素质等，这些资源都是幼儿教师专业发展的重要力量。

除了幼儿园的发展资源，其发展环境也是不容忽视的。幼儿园的发展环境可以从两个层面加以把握：一是幼儿园的发展潜力，即幼儿园里有哪些东西是基本不会改变的，有哪些东西是近期内可以改变的，有哪些东西是今后必然会改变的；二是幼儿教师可获得的发展资源，比如，在一个重视科研的幼儿园，幼儿教师就可以获得更多的进行教育教学实验的机会。

（三）自我定位与目标设计

1. 进行正确的自我定位

幼儿教师要给自己设置一个比较符合实际又有挑战性的定位。自我定位包括两点：一是对类型的定位，二是对层次水平的定位。对新手型幼儿教师而言，其在确定从事幼儿教师这一工作后，为实现职业目标和职业理想还需要考虑向哪一路线发展。幼儿教师职业也有不同的发展方向，是走专业技术路线向业务方面发展，走行政管理路线向行政方面发展，还是两条路线同时进行？不同的发展路线，对个人各方面条件的要求也就不同。

新手型幼儿教师可以问自己如下 3 个问题。

第一，希望往哪条路线发展？幼儿教师应主要根据个人的价值观、理想、成就动机和兴趣等主观因素，分析自己的人生目标，以便确定自己的目标取向。

第二，适合往哪条路线发展？幼儿教师应主要考虑自己的知识、技能、性格、特长等客观因素，分析自己与他人的优劣势，确定自己的能力取向。

第三，可以往哪条路线发展？幼儿教师应主要考虑自身所处的内外环境等，分析挑战与机会，确定自己的机会取向。

幼儿教师确定目标取向、能力取向、机会取向后，再进行综合分析，确定自己的职业生涯路线。

2. 进行具体的目标设计

幼儿教师要在正确的自我定位的基础上进行具体的目标设计。

制订职业发展规划的重要内容之一就是明确个人的人生与事业目标，这一目标是建立职业发展规划的基础和前提。在对自身实际和幼儿园的发展环境进行分析之后，幼儿教师对自身发展的潜力和发展的空间有了一个全面的了解，幼儿教师成长的目标也就逐渐凸显出来。从阶段上看，目标大体上可以分成近期目标、中期目标和长期目标。

首先，幼儿教师要确立长期目标。成为教学名师是每一位幼儿教师孜孜以求的目标，但这只是外在的东西。幼儿教师的长期目标应当是个人教育水平的不断提升、教育思想的渐进深刻、教育影响的持续拓宽。每一所幼儿园，好教师不少，他们各有特色，既有以教学见长的教学型教师，又有以教育科研见长的教研型教师，同时也有以学校经营见长的领导型教师。幼儿教师应根据自身的知识结构、职业素养及思维方式选择发展路径。

其次，3 个层次的目标详略是不同的。长期目标的时间跨度大，只要目标明确，有大体构想即可；中期目标要求阶段性目标清晰，工作重点明确；近期目标则要求目标具体、行动明朗、弹性适度。

幼儿教师主要的目标设立，可分成下列几种。

① 工作目标：它是个人在工作或职位上所努力追求的理想。②生活目标：有的幼儿教师以促进自身完善、提高能力水平为生活目标，有的则追求良好人际关系的建立，有的则想"教而优则仕"等，不同的人有不同的生活目标。③进修与休闲目标：包括学科进修、做访问学者、学位进修和参加本学科学术活动等。④休闲娱乐目标：用以调节身心，减轻工作、生活

中的压力等。⑤退休目标：事先规划好退休后的目标，如参与社会服务、培养其他专长等。

（四）成长阶段的设计

幼儿教师在明确自己在职业生涯上的定位之后，就要想这样的问题：要成为这种类型、这样层次的人才，实现总的目标，需要有什么样的素质和客观条件？需要经过几个阶段？成长阶段的设计主要就是围绕这两个问题来进行的。

成长阶段的设计的具体工作包括幼儿教师了解自己现在所处的成长阶段，设计以后每个阶段的发展任务和大体时间，以及提出成长中需要具备的条件。

幼儿教师在教学方面的目标主要涉及3个方面：积极参加园本课程建设，成为园本课程专家，在对某门课程的发展、教材的编写、教学方法的改进上有所成就；成为良好的教学管理者，在班级管理、幼儿辅导、师生关系、学习效果提升等方面形成专长；成为教学名师等。

（五）评估与调整

时代在发展，社会在进步，专业发展规划也要紧跟时代的发展和社会的进步，常变常新。影响专业发展规划的因素很多，有的可以预测，有的难以预测。因此，要使专业发展规划行之有效，幼儿教师还需要时时审视内外环境的变化，不断地对专业发展规划进行评估与调整。调整的内容包括职业生涯路线的选择、目标的调整、实施措施与计划的变更等。

（六）确定专业发展规划的表达形式

专业发展规划的设计最终要以一定的成果形式表达出来，幼儿教师一般可以采用计划式文章的形式，也可以采用表格或图形（阶梯式、圆圈式、模型式等）的形式。不管采用什么形式，其所包含的主要内容都是一样的。

总之，好的幼儿教师专业发展规划，主要目的在于促进幼儿教师的持续成长和发展。从社会的角色期望而言，幼儿教师肩负教育下一代的神圣使命，只有能做好专业发展规划的幼儿教师，才能积极主动并快乐地投入幼儿园教学，并在科学研究和社区服务工作中，不断提高自己培育幼儿的质量。

五、幼儿教师专业发展规划的实现

幼儿教师专业发展规划有助于幼儿教师确定发展目标、鞭策自己努力工作、引导个人发挥潜能和评估当前的工作成绩。初入职的幼儿教师可以根据个人兴趣特长与专业发展需求，确定自身的专业发展方向；依托研究团队，促进自身专业发展规划目标的实现；通过学科整合，不断丰富自身专业发展的内涵；运用前瞻理念，拓展自己专业发展规划的广度和深度。幼儿教师也可以采取以下具体的方法来让自己的专业发展规划快速实现。

（一）建立专业发展档案袋

专业发展档案袋是幼儿教师对自己的成就、教学风格等方面的个性化的描述，也是幼儿教师对自己工作进程以档案的形式予以保留的记载方式。建立专业发展档案袋的好处如下。

首先，幼儿教师建立专业发展档案袋有助于形成自己的教育教学风格，彰显自己教育教学的艺术性。

在幼儿教师专业发展档案袋的建立过程中，幼儿教师有意识地把自己有代表性的作品汇集在一起，努力将自己处于潜意识状态的教育教学活动组织理念清晰化和系统化，从而不断地演绎出自己的教育教学活动组织过程中的精彩瞬间。幼儿教师不断地经历这样的过程，自己的教学风格就会越来越鲜明，同时在创造自己的教学风格的过程中，幼儿教师也会不断地升华自己的教育教学思想，从而进一步彰显自己教学的艺术性。

其次，幼儿教师专业发展档案袋记录着幼儿教师的成长和进步，有利于幼儿教师享受其职业幸福感。

工作中的胜任感和喜人的成就感是幼儿教师幸福的核心。在精神领域，被肯定便是一种幸福，因为它体现了人的最高追求和自身价值的实现。过去，我们对幼儿教师的评价往往只根据其教学成绩，从而在无形中让很多幼儿教师丢失了其原本应有的幸福感。现在，我们应该把目光适度地转向幼儿教师的专业成长上，应该让幼儿教师看到自己的教育教学思想和能力提高的过程。幼儿教师专业发展档案袋记载着幼儿教师成长过程中的点点滴滴和方方面面，它使幼儿教师能看到自己的成长和进步，从而使幼儿教师体会到自己工作的意义和价值，获得职业上的幸福感。

再次，幼儿教师专业发展档案袋的管理者是幼儿教师本人，有助于幼儿教师在专业化反思中成长和进步。

幼儿教师专业发展档案袋是幼儿教师专业成长和进步的记录袋，其中展示着幼儿教师的成果、经历和梦想，记录着幼儿教师在其专业发展过程中的收获与困惑、感悟与感动、自我评价与他人评价。幼儿教师专业发展档案袋建立的过程也是幼儿教师反思学习的过程。换言之，幼儿教师专业发展档案袋的建立目的就是要培养教师善于反思、勤于发现、乐于分享的学习习惯，它是幼儿教师反思的"引擎"。

最后，幼儿教师专业发展档案袋是一种实质性的文档，有利于幼儿园为幼儿教师专业化的发展提供帮助。

幼儿教师专业发展档案袋的基本构件如下。

（1）基本信息

其档案袋包括幼儿教师个人的学习工作经历、所学专业、已获得学位、最高学历、专业技术资格级别、教学年限、教学特色、个人爱好，以及幼儿教师对其工作和学习背景的清晰描述，如任教社区、所在学校、班级人数、开设课程、教学理念等。以个人成长3年规划及阶段性目标为例，幼儿教师专业发展档案袋内应该存有已发表的教学科研文章、与其专业发展有关的奖励证书、参与课题研究的相关记录（报告、证明和评价）、能反映幼儿教师个人教育水平的代表性作品或成果、能反映幼儿教师个人教学水平（专业水平）的代表性作品或成果、幼儿教师个人专业成长要事活动和典型事件的记录、幼儿教师参与专业学习或培训的记录及对之进行考试或考核的记录和所获证书、幼儿教师的教育教学的案例及对之进行反思的相关材料、幼儿教师所教幼儿的学习或活动的情况、幼儿教师个性化发展的其他记录等。利用这些资料，通过自我分析与比较，幼儿教师能够做到将个人的职业生涯发展规划与幼儿园的发展目标相融合。

（2）工作范例

幼儿教师作为教学者，其档案袋资料包括自我推荐的教案和课件、承担的公开课的影像等。幼儿教师作为研究者，其档案袋资料包括发现和研究的教学问题及研究过程、参与或自己申请的研究课题及研究成果、发表的论文或著作、课堂观察的记录、个人的教育教学哲学等。幼儿教师作为反思者，其档案袋资料包括教学反思笔记、自我成长史及本人对之所做的分析、所做的名师传记的分析等。幼儿教师作为评价者，其档案袋资料包括对自己的阶段性工作所做出的评价、对学校教学管理工作的评价以及对教研组同行的评价等。

（3）感受与反思

从宏观层面讲，幼儿教师的感受与反思既要考虑自身的教学行为的有效性与合理性，更要关注这种行为背后的观念与教育教学情感。幼儿教师的感受与反思是幼儿教师与自我的对话，是幼儿教师以其教书育人活动为思考的对象，研究并反思自己的教育教学的观念和实践，进而对自己在教育教学活动中的行为进行审视和分析，从而形成对自己的教育教学和教育教学中的问题进行独立思考的过程，是幼儿教师使自己真正成为教育教学和教育教学研究的主人的一种行为。幼儿教师的感受与反思可以通过写个案研究、教育教学笔记、阶段总结、教育教学论文等形式进行。在幼儿教师专业发展档案袋中，幼儿教师必须留下自己的感受与反思记录。

建立幼儿教师专业发展档案袋，一方面要求学校把幼儿教师的专业发展引向一个持续的过程，以引导幼儿教师积极地规划自己的教育人生；另一方面，幼儿教师本人也要保护好自己档案袋中的资料，要如实地描述自己的成长历程和取得的成绩，为幼儿教师本人对自己进行准确的自我评价提供充分而翔实的资料。

（二）进行持续的反思

自我反思是幼儿教师对自己的各方面情况，特别是教学进行情况所进行的一种回顾、分析和总结，是幼儿教师专业发展规划的基础，是幼儿教师自我主动成长发展的基础。

幼儿教师在专业发展中持续不断地自我反思，有利于其在不断总结经验的基础上吸取教训，改进教学，获得提升。

1. 进行自我反思的对象

第一，对自身素质特点的反思。幼儿教师反思自身素质，是为了搞清楚自己的长处和短处，以便在专业发展规划设计中扬长避短或取长补短。具体反思内容包括知识状况、能力状况、个性特点和总的特点，确定自己是属于何种类型和层次的教师。

第二，对成长环境的分析。幼儿教师要分析成长的环境，如社会环境、所在幼儿园的环境和自己的家庭环境等。

第三，对教学活动的反思。幼儿教师对教学活动的反思可以分成两种类型：一种是较长一段时间的反思，比如一周或者一个学期；另一种是对一节课的反思。幼儿教师对教学活动的反思是自身素质反思的具体化，能够更准确地反映自身素质。同时，幼儿教师对教学活动进行反思，可以及时地进行教学调控，解决教学中存在的问题。幼儿教师对教学活动进行反思的内容包括教学的经验、优点、成功之处，教学的教训、问题，教学的类型和风格特点。

第四，对成长历程的反思。幼儿教师对成长历程进行反思，不仅有助于增强自己的职业生涯意识、成长意识和发展意识，而且有助于了解自己已取得的成绩和存在的不足，了解自己所处的成长阶段。

2. 进行自我反思的方法

幼儿教师进行自我反思的方法，主要有记日志和日记、与同事对话、填写问卷调查表、参与幼儿教师座谈会、检查幼儿的作业、参观考察、填写问题清单、写成长自传等。幼儿教师要注意根据自身实际教学情况进行反思，避免一味地"随大流"，反思一些空洞且不切实际的问题。通过"反思—研究—发展—再反思—再研究—再发展"这样循环往复的过程，幼儿教师的专业知识水平与技能会逐步提高，进而形成自身独特的教学理念与风格。

（三）寻求他人的帮助

1. 同伴互助

同伴互助指幼儿教师主动寻找教学伙伴（学校管理者、同事或专家）就教育教学过程中遇到的问题进行研讨，是两个或多个幼儿教师同伴一起组成的伙伴关系。它立足于教学实践，其价值诉求在于通过相互帮助，解决实际问题；它倡导协作交流与互动，是幼儿教师共同进步的一种手段；它的最终目的是让幼儿教师改进技能或建构新技能，提高教学效果。同伴互助具有拥有互惠的共同体、存在交互活动和多元化评价等特征。

同伴互助是一种典型的依托群体支持的活动，是同事之间进行的协作性反思。它既是园本教研的一种重要形式，也是幼儿教师专业发展的一项有效策略。更重要的是，同伴互助有助于突破幼儿教师之间的相互隔绝，形成一种相互协作、相互支持、相互促进的教学研讨氛围，可有效地促进幼儿教师在互补共生中成长。实践证明，同伴互助在幼儿教师的专业发展中正发挥着越来越重要的作用。

同伴互助的实质是幼儿教师作为专业人员相互之间的交往、互动与合作，这种形式的互助是大量的，具有经常性的特点。其基本形式有专业对话、协作两种。

（1）专业对话

专业对话是指幼儿教师在专业领域就教学活动涉及的各种问题，与同事进行交流、切磋研讨，对一些问题相互探讨，达成共识。专业对话是借助他人力量和团体力量的较好形式。幼儿教师之间多项互动、智慧共享的"对话"是"研究共同体"的有效运作机制。研究表明，幼儿教师间的广泛交流是提高教学活动组织能力最有效的方式。

对话的过程是幼儿教师从各自理解的原有的知识背景出发，通过多次的互动所达成的一种视角交融，而视角交融的结果是幼儿教师不断改组和重建认知结构，从而产生与创造新的知识、新的理念。对话的过程实质也是一种学会教学、学会研究、学会合作的过程。对话的方式主要有信息交换、经验共享、课改沙龙、专题讨论、网上对话等。

（2）协作

协作指幼儿教师寻找伙伴共同承担责任、完成对某个问题的研究任务，幼儿教师与伙伴之间既有共同的研究目的，又有各自的研究责任。协作强调团队精神，群策群力，第一要发挥每名幼儿教师的兴趣爱好和个性特长的优势，使幼儿教师在互补共生中成长；第二要发挥每名幼儿教师的作用，使每名幼儿教师都贡献力量，在互动、合作中成长。在合作中，幼儿教师的思想交流是自由的，许多实用和创新的想法正是在合作中生成的，他们在合作中不断受到一些启发。幼儿教师协作的方式有集体备课和听课评课两种。

2. 师徒制

"师徒制"是我国幼儿园目前普遍采用的一种新手型幼儿教师专业发展培养模式，是指以新手型幼儿教师与资深幼儿教师合作的形式，使新手型幼儿教师通过对资深幼儿教师教学实践的观察、模仿和接受资深幼儿教师的具体指导，逐渐积累经验，不断地掌握专业技能的培养方式。它有助于新手型幼儿教师在资深幼儿教师的专业引领下尽快胜任幼儿园的教育教学工作，成为独当一面的教育工作者。

资深幼儿教师的支持是新手型幼儿教师顺利实现由准教师到幼儿教育工作者这一重大转变的桥梁。新手型幼儿教师对自己的工作总是满怀热情与憧憬，但由于不熟悉所在幼儿园的文化环境，不够了解所带班级幼儿的特点及其发展需求，也缺乏将个人教育意图付诸实践的实操经验，在运用师范专业训练中所学的教育理论和教学技能组织幼儿开展活动时，往往感到现实的教学效果与原本的教学预期严重不符。这会导致许多新手型幼儿教师在职业生涯的初期就对自己产生怀疑，他们的工作信心也会因为难以顺利战胜工作上的挑战而受到打击。

管理者的支持与资深幼儿教师的辅导能够帮助新手型幼儿教师克服工作上的困难。在"师徒制"之下，资深幼儿教师主要提供职业支持和心理支持来帮助新手型幼儿教师熟悉幼儿教师的工作内容，顺利地完成幼儿园的工作事务，适应专业工作常态。就职业支持而言，资深幼儿教师一般以行动示范和言语解答的形式给予新手型幼儿教师指导。资深幼儿教师的日常带班行为凸显他们隐性的教育智慧，这可供新手型幼儿教师直接观察学习并积累大量成熟的教学经验。在与资深幼儿教师的沟通中，新手型幼儿教师能从中获得有关教学活动的设计与组织、一日生活的安排、班级管理、同事交往、家园沟通等幼儿园常规工作的反馈意见并加以修正。新手型幼儿教师的教育理论联系教学实践的能力在这样反复沟通交流的过程中不断地得到强化。就心理支持而言，资深幼儿教师是新手型幼儿教师的心理疏导者。资深幼儿教师作为"过来人"，能够对新手型幼儿教师在专业发展初期的工作境遇感同身受，可以通过向新手型幼儿教师分享自己成功应对工作挑战和排解工作压力的经验,给予新手型幼儿教师心理和方法上的支持。相对于其他幼儿教师,有资深幼儿教师指导的新手型幼儿教师更容易从工作中获得快乐,以后也更愿意给予其他幼儿教师支持,离职的概率也更小。

师徒制有如下操作模式。

第一,新手型幼儿教师观察资深幼儿教师的教学实践,以获得教学的感性认识。

新手型幼儿教师观察资深幼儿教师的教学行为,会受到其自身理论储备、知识背景、实践经验和个人兴趣、情感等方面的影响。虽然从逻辑上讲,实践先于理论,但是理论能为实践提供必需的保证。对成功和合理的实践来说,知识经验和实践原则是至关重要的。有关的知识经验和实践原则越丰富,新手型幼儿教师对教学活动的观察就越全面、细致和深入。因此,新手型幼儿教师对资深幼儿教师教学实践的观摩,就是基于理论的储备而去接触实践的过程。

第二,从观察学习到模仿学习。

在观察的基础上,新手型幼儿教师在自己的教学实践中逐步学习、模仿资深幼儿教师有效的教学行为。在这个阶段,新手型幼儿教师主要是对资深幼儿教师教学行为的追随和模仿。

第三,资深幼儿教师对新手型幼儿教师进行具体指导。

资深幼儿教师在充分了解新手型幼儿教师的教学情况的基础上,针对新手型幼儿教师的教学进行具体指导,新手型幼儿教师按照资深幼儿教师的指导进行再实践。新手型幼儿教师在这种不断地学习、实践探索、反思、体悟中逐步改进自己的教学行为,从而使教学行为发生变化。这种变化有时是难以觉察的,在很多情况下新手型幼儿教师是在不知不觉中掌握了教学技能和技巧,甚至包括那些连资深幼儿教师也不是非常清楚的技巧。当然,这个阶段新手型幼儿教师对资深幼儿教师的学习并不是一种完全意义上的机械的、低水平的模仿,而是蕴含着高水平认知与创造的学习。新手型幼儿教师在模仿、实践的过程中,需要资深幼儿教师的指导和帮助,更需要自己的实践反思,以及一定时间的反复实践。正是因为师徒之间密切合作、相互观摩、共同切磋,资深幼儿教师的教学专长才能被新手型幼儿教师接受,并被传承和发展。

3. 加入名师工作室

现在许多教育行政部门和学校都建有名师工作室,目的是带动教师队伍建设,充分发挥名师的示范作用和指导作用,实现教育资源的共享,培养一批师德高尚、造诣深厚、业务精湛的教师。

名师工作室的成员主要是教育教学一线的工作人员,直接从事本专业教育教学工作。想在专业上有所发展的教师是可以大胆提出申请加入的。

名师工作室有培养制度,能为青年教师量身定制成长方案,促进工作室成员成长为某一方面的名师。此外,它会有一些研究课题,会开展教育科学专题研究,会以各种形式推广教研成果。名师工作室的成员经常性地开展论文研讨、专著交流、学术沙龙、研究报告会、教师论坛、公开教学等一系列的活动，不断地进行实践总结、反思批判。名师工作室还会通过一系列的成果展示活动宣传和推广研究成果，如主题观摩成果认证、研究网页专题汇报等活动，可以让参加的成员有所收获。

总之，扎实地制订和落实专业发展规划是幼儿教师专业发展的关键。在不断落实个人专业发展规划的过程中，幼儿教师需要从形式上做到整体推进和个体发展相结合。每一位幼儿教师要结合自己专业发展规划中的目标和任务，落实每周的措施和计划，每月写出自己落实的情况和收获。幼儿教师需要从内容上做到个人专业发展和幼儿园发展相结合，从准备阶段到适应阶段再到发展阶段，形成一个专业信念逐步确立、专业技能不断提高、实践知识日益丰富、专业角色渐进形成的良好情况。幼儿园需要从管理上做到指导激励与考核评价相结合，确保每位幼儿教师的专业发展规划落到实处。

幼儿教师的专业发展规划是一个不断完善的过程，幼儿教师需要根据自身发展和社会的需要不断地进行调整和扩充。这正如一颗健康的种子，需要耕种者根据时节不断地耕耘浇灌，才能生根、发芽、抽枝、开花，最终结出丰硕的果实！随着时间的推移，幼儿教师的教学经验不断丰富，教学技巧更为讲究，其成长呈现出阶段性的特征，因此幼儿教师专业发展规划的撰写应及时反映自身的进步状况，准确定位自身的发展水平，分阶段地进行。而对自身发展水平的准确定位来源于对行为表现的具体分析，形成于实践反思活动的过程中，指向幼儿教师成长的新的目标，最终又回到幼儿教师专业发展规划的行动指南上来。

【课后思考】

1. 根据所学知识和本人对专业发展的期待，撰写一份自己的专业发展规划书。

2. 苏霍姆林斯基说过："如果你想让教师的劳动能够给教师带来一些乐趣，使天天上课不至于变成一种单调乏味的义务，那你就应当引导每一位教师走到研究这条幸福的道路上来。"幼儿教师的专业成长可以通过哪些途径去实现？